SHIYONG SHEHUI
DIAOCHA FANGFA

（第三版）

实用
社会调查方法

李 莉 黄振辉 编著

暨南大学出版社
JINAN UNIVERSITY PRESS

中国·广州

图书在版编目（CIP）数据

实用社会调查方法/李莉，黄振辉编著．—3 版．—广州：暨南大学出版社，2008. 6（2020. 9 重印）

ISBN 978 - 7 - 81029 - 955 - 8

Ⅰ. 实…　Ⅱ. ①李…②黄…　Ⅲ. 社会调查—调查方法　Ⅳ. C915 - 31

中国版本图书馆 CIP 数据核字（2008）第 047452 号

实用社会调查方法（第三版）

SHIYONG SHEHUI DIAOCHA FANGFA（DISANBAN）

编著者：李　莉　黄振辉

出 版 人：张晋升
责任编辑：苏彩桃　陈绪泉
责任校对：曾红明　张学颖

出版发行：暨南大学出版社（510630）
电　　话：总编室（8620）85221601
　　　　　营销部（8620）85225284　85228291　85228292　85226712
传　　真：（8620）85221583（办公室）　85223774（营销部）
网　　址：http：//www. jnupress. com
排　　版：暨南大学出版社照排中心
印　　刷：佛山市浩文彩色印刷有限公司
开　　本：850mm×1168mm　1/32
印　　张：10
字　　数：270 千
版　　次：2000 年 10 月第 1 版　2008 年 6 月第 3 版
印　　次：2020 年 9 月第 14 次
印　　数：41001—43000 册
定　　价：29. 80 元

初版前言

跨入 21 世纪，科教兴国的东风吹遍了神州大地，久被忽略的高等职业技能教育终于被提上议事日程并日益受到应有的关注。期冀为我国的高等职业技能教育尽绵薄之力，我们编写了本书。

在发达国家，人们方方面面的生活都与社会调查密切相关，可以说生活在社会调查之中。随着我国改革的深化和进一步对外开放，信息的价值逐步被人们发现并加以重视，信息就是财富这一观念被政府各部门、各级企事业单位和各类商业机构所认可和接受，社会调查业在我国蓬勃发展起来。本书的目的即在于将社会调查的基本方法介绍给有需要或有兴趣了解这一学科的人们，尤其是为高等职业技能教育提供一本实用的教材。根据联合国教科文组织 1997 年颁布的《国际教育标准分类法》对高等职业技能教育的解释："课程内容是面向实际的，是分具体职业的，主要目的是让学生获得从事某个职业和行业，或某类职业和行业所需要的实际技能和知识，完成这一级学业的学生一般具备进入劳动力市场的能力与资格。"因而，本书在兼顾理论分析的同时，主要侧重于社会调查的基本方法、技能和操作规范，以社会调查实例和辅助图表为特色，尽力做到体系更合理，内容更丰富，更具有针对性与实用性。

本书第一至五章以及第九章由华南师范大学政法学院李莉编写，第六至八章由广东技术师范学院孙绪武编写。由于水平所限，时间紧迫，书中疏漏、失误之处在所难免，欢迎广大读者批评指正。

本书在编写过程中参考了许多专家、学者的相关观点及论述，在此一并致以真诚的谢意。

编 者
2000 年 10 月于广州

修订版前言

　　社会调查是人们认识和分析社会现象、社会问题的主要手段，尤其在现代社会，人们方方面面的生活都与社会调查密切相关，可以说生活在社会调查之中，因此，社会调查日益受到人们的重视，运用也日益广泛。人们在进行社会调查时，能否达到预期目的与其采用的调查方法是否科学密切相关，同时调研效率也直接取决于调查方法的科学性。为了将社会调查的基本理论与方法以最简明的方式介绍给有需要或有兴趣了解这一学科的人们，尤其是为高等学校的学生提供一本实用的教材，我们重新编写了这本《实用社会调查方法》。修订版突出了社会调查作为一门学科的方法性、综合性和实践性的特点，在兼顾理论分析的同时，主要侧重于社会调查的基本方法、技能和操作规范；注重深入浅出，辅以社会调查实例阐明理论，用图表直观地表现复杂的内容。全书力求内容精要，突出实用性、简明性和新颖性。为了便于使用者理解、掌握，体例上每章都前缀本章要点，后附复习与思考题，令使用者更容易地掌握全章重要的知识点；在介绍社会调查基本类型时，每种类型介绍后都附有实例，将相近、相关概念和知识点加以拆解、列表、对比，以便理解等。本书尽力做到体系合理、内容丰富，具有针对性与实用性。

　　本书第一至五章以及第九章由华南师范大学政法学院李莉编写，第六至八章由广东技术师范学院孙绪武编写。由于水平所限，时间紧迫，书中疏漏、失误之处在所难免，欢迎广大读者批评指正。

编　者

2004 年 3 月

第三版前言

　　《实用社会调查方法》自出版以来，承蒙读者厚爱，几年内已经加印了六次。由于近年来社会科学发展十分迅速，新的研究成果大量地涌现，因此有必要对本书再次进行修订。在修订过程中，我们在内容的呈现方式上尽可能地站在读者的角度考虑，努力做到体系更合理、内容更丰富，更具有针对性与实用性，以帮助使用者尽快地掌握科学的社会调查研究的基本理论和方法，提高社会调查的效率、效度和信度。此次修订所遵循的原则是，站在新世纪的高度审视20世纪社会调查理论与方法的发展，既保留了本学科的基本知识、基本理论，又增加了反映本学科最新发展水平的内容，同时适当加强应用性的内容，帮助读者学以致用。因此，原书的第六、七、八三章在本次修订中全部重写，吸收了近年来计算机在社会调查统计与分析方面的应用成果，以反映社会调查技术和社会研究方法的突飞猛进。

　　本书第一至五章以及第九章由华南师范大学政治与行政学院李莉编写，第六至八章由中山市委党校黄振辉编写。本书仍会存在许多不足之处，希望读者多提宝贵意见，以便作者今后进一步改进和提高。

编　者

2008 年 3 月

目　录

第一章　社会调查概述

第二章　社会调查的模式、程序和准备

第三章 社会测量

第四章 社会调查的基本类型

第五章 社会调查收集资料的方法

第六章 调查资料的整理

第七章　定量分析

第八章　定性分析

第九章　调查报告的撰写

第一章　社会调查概述

> **本章要点**
>
> 1. 社会调查概念的内涵和外延
> 2. 社会调查的特点
> 3. 社会调查的作用
> 4. 社会调查的一般原则
> 5. 社会调查的方法体系

第一节　社会调查的概念和特点

一、社会调查的概念

我们面对的是一个纷繁庞杂、不断变化的世界，社会运动作为一种高级的物质运动形态，比机械运动、物理运动、化学运动、生物运动等物质运动形态复杂得多。并且，当今社会活动比以往任何时候都更加丰富、更加错综、更加多变。要正确认识社会运动中的各种社会现象，有效地进行社会活动，必然离不开各类社会信息。社会调查研究作为一种收集和处理信息的基本方法，在现代社会日益受到重视并发挥着越来越重要的作用。

从字面上解释，"调"有计算之意，"查"谓考查、查究，"研"指细磨、审察，"究"则是追究、索源的意思。因此，调查指的是通过对事物的考察和计算来了解和认识客观事物和现象的感性认识活动；研究则是通过对调查得来的感性材料进行审察加工，以达到对事物本质认识的理性认识活动。为方便起见，我们将社会调查研究统称为社会调查。

由此可以认为，所谓社会调查，就是人们有意识、有目的地通过对社会现象的考察、了解、分析和研究，来认识社会生活的本质及其发展规律的实践活动和认识活动。简言之，社会调查指人们运用特定的方法和手段，从社会现实中收集有关社会事实的资料和信息，并对其作出描述和解释的活动。

需要注意的是，社会调查有时简称为"社会调查"或"调查研究"，但若严格区分，二者是有差别的。前者指调查者运用各种手段、方法和技术，直接深入社会生活实际中去了解有关社会现象的情况，收集有关资料和信息，是一种实践活动；而后者主要指调查者通过对调查所收集到的各种资料和信息进行思维加工，以达到探究有关社会现象的本质及其发展规律的过程，是一种认识活动。在社会实践过程中，二者是紧密联系、不可分割的。

正确理解社会调查这一定义需要把握以下三点：

1. 社会调查是有目的、有意识的认识活动

社会调查有别于日常生活中人们对社会现象的观察和了解，它具有特定的、明确的目的。收集什么信息？了解什么情况？反映什么现象？揭露什么问题？调查行为是在明确而具体的调查目标的指引下展开的。

2. 社会调查的对象是社会事实

社会调查研究直接从社会现实生活中收集第一手的事实材料并进行分析研究，而不是仅仅在书斋和图书馆里利用间接的二手资料来进行研究，这是社会调查区别于理论研究的一个显著特点。作为调查对象的社会事实既包括客观存在的各种行为、现象和事实，也包括人们的态度、意愿和意见等主观范畴的社会

事实。

3. 社会调查是一门方法性学科

从学科性质上看，社会调查不同于具有完备范畴体系和理论体系的哲学、社会学等社会科学学科，它是一门方法性的学科。社会调查的方法大体上可分为两类：一类是收集材料的方法，包括文献调查法、实地观察法、访问调查法、问卷调查法和实验调查法等，主要是感性认识的方法；另一类是分析研究资料的方法，有以统计分析为主要内容的数学方法和以比较与分类、归纳与演绎、分析与综合、抽象与具体、证明与反驳为内容的逻辑方法，即理性认识的方法。随着社会的不断发展，社会调查和研究的方法也将不断进步。

二、社会调查的特点

社会调查作为人类的一种认识活动，必然反映人的主观能动性，同时为了适应社会发展的要求，在方法手段上要不断更新。总体来说，任何社会调查都具有以下基本特点：

1. 目的性、计划性

社会调查作为针对社会现实中的问题而进行的认识活动，是围绕当前或今后一段时期内亟须解决的问题而展开的，有着鲜明的针对性和目的性。从调查过程来看，无论是调查课题的选择、材料的收集和整理分析，还是调研成果的体现，都是有计划、按步骤进行的。

2. 实践性、操作性

社会调查研究要求调查者直接深入社会生活中进行实地考察，全面地、系统地收集第一手材料，是一种能动的实践活动。调查课题来自于实际存在的社会现象，调查材料收集来自调查过程中的具体实践操作，调查结论也要在实践中检验。

3. 科学性、程序性

社会调查要求调查者以科学的认识论和方法论为指导，遵循科学研究的一般程序，按正确的、高效的步骤进行。调查的方法、手段更要讲求科学性，这直接关乎调查的成败和成效的大小。要想得出科学的、准确的调查研究结论，就必须自觉地遵循社会调查研究的规律。

随着统计学、数学、计算机科学在社会调查研究中的运用，社会调查的方法越来越科学，所得出的结论也将越来越准确。

就具体的调查而言，从某一次特定的调查过程应该可以发现这些特征：①现实的：是对当前而非过去社会情况的调查或预测；②系统的：遵循一套系统操作逻辑，有特定的规则、程序及有效步骤；③客观的：调查的范围、方式、对象的选择和结论的概括应该不带偏见和倾向性；④有一定代表性：所调查研究的部分能集中代表所研究的问题和受其影响的总体；⑤可量化的：以数值反映调查对象的某些方面，以便更好地解释其特征；⑥可重复的：不同的调查者以同样的方式方法也应得到基本相同的结果。

第二节　社会调查的任务和作用

一、社会调查的任务和功能

由于社会现象的复杂性和多变性，生活在社会环境中的人们不一定能够正确认识社会，而及时、准确地认识社会生活的真实情况及其发展变化趋势和规律，是摆在我们面前的、不容回避的客观需要。这种矛盾决定了我们必须对社会现象进行加工，即将社会现象的迷离混沌变为相对确实，将社会现象的模糊不清变为相对明晰，将社会现象的千变万化变为相对稳定，而这个过程只能通过社会调查来完成。同时，还要从社会现象的主观性中归纳出客观性，从社会现象的偶然性中发现必然性，从社会现象的复杂性中找出规律性，从社会现象的多变性中揭示确定性。

因此，社会调查的任务可以概括为以下三个方面：①从迷离混沌、模糊不清、千变万化的社会现象中，分辨出相对确实、相对明晰、相对稳定的客观事物来；②从客观社会现象中，反映出的人们的思想动机，探索出隐藏的产生某种社会现象的客观的、物质的动因；③从大量的复杂多变的偶然事件中，揭示出社会现象的本质及其发展规律。

总的来说，社会调查的根本任务就是透过社会现象的主观目的性、偶然性、复杂性、流动性和模糊性去认识社会生活的客观性、必然性、规律性和确定性，去揭示社会现象的本质及其发展规律。它是社会调查活动具备社会功能、对社会生活发挥作用和影响的前提。

从社会调查影响社会发展的途径来看，社会调查研究具有多方面的社会功能：

1. 社会调查是正确认识社会的科学手段

人们认识社会可通过参加社会实践、学习书本知识、进行社会调查等多种途径，但个人参加社会实践有诸多客观限制，所积累的只能是一些零碎的、有限的、狭隘的经验，很难获得对社会现象和社会生活全面而深刻的认识。而书本知识提供的是他人的、以前的经验和认识，是第二手的，缺乏直观性和生动性。如果仅仅依靠书本知识，不接触社会实际，不进行调查研究，往往会犯主观主义、教条主义和理论脱离实际的错误。只有通过社会调查，才能使我们超越自身实践经验的局限性，对事物的认识更符合客观实际，才能对社会现象认识得更全面、更深刻。

2. 社会调查是科学管理社会的基本前提

科学的管理离不开分析情况、确定目标、制订计划、组织机构、调配力量、指挥行动、跟踪变化、调节关系及总结经验。在整个管理过程中，科学决策是关键和核心；而科学决策的目标阶段、信息阶段、设计阶段、评估阶段、选择阶段、执行阶段和反馈阶段都离不开对信息的收集和处理，离不开对社会情况的了解和分析。因此，管理过程和决策过程实质上就是不断收集和处理信息的过程，也就是反复进行社会调查的过程。

3. 社会调查是培养、锻炼人才的重要途径

调查研究是一项综合性、技术性、创造性的活动，不但要求调查人员具备一定的知识素养和才能素养，还要求其要有一定的组织能力、应变能力和实践技能。为适应这种需要，人们就必须学习各种知识和技术来提高自己的知识素养和能力水平。在调查研究过程中，调查人员广泛接触社会实际，分析各种社会现象及其原因，个人的世界观、思维方式得到修正，各种知识在实践中得到检验和应用，对思想水平和认识能力的提高有着不可忽视的作用。所以，社会调查可以锻炼人才，加速其知识化、专业化的进程，优化其智能结构，增添其才干，是人才培养不可或缺的摇篮。

4. 社会调查是进行思想教育的有效方法

社会调查能够帮助我们的主观认识符合客观实际，在思考问题和分析问题时做到从实际出发。认识和实践相脱离、主观和客观相分裂，是唯心论、机械唯物论、教条主义和经验主义以及一切错误思想的共同根源。社会调查能改造人的主观世界，使主观和客观更加吻合。

二、社会调查的作用

人的活动范围和认识范围是有限的，调查则可以使我们"看到"超出我们直接经验范围以外的情况。虽然当前报纸、杂志、广播、电视等各种传播媒介十分发达，信息渠道多样且方便，但所提供的信息都是间接的、第二手的，据此了解社会往往流于表面、片面和笼统，因此需要深入社会实际进行调查研究。社会调查作用的基本点在于：调查能够通过了解、研究一小部分情况得知多数的、普遍的情况。这正如厨师通过品尝一勺汤而得知整锅汤的味道一样。

社会调查的基本作用可概括为：

1. 收集各类动态信息，了解社会的真实情况

例：1990 年 7 月 1 日，我国进行了第四次人口普查，调查项目有总人口、户人口、性别构成、民族构成、文化、职业、出生率、死亡率、城镇人口比例等共 21 项。从这次调查的结果得知，我国每天出生 5 万多人，死亡 1.6 万多人。全国有文盲、半文盲 2 亿多人，占全世界文盲的 1/4。调查发现，在经济发达、人口平均素质较高的上海，人口出生率低于全国平均水平。这次调查，为全面地、准确地了解国情、国力，科学地制定国民经济和社会发展规划提供了重要的依据。调查所得到的有关人口的年龄、性别、文化程度、民族、职业分布等多项指标，为科学地制定教育政策、就业政策、民族政策和社会福利政策等提供了必不可少的重要数据。

2. 客观地描述社会现象的现状并正确地解释其原因

例：1999 年末，广州某调查机构对广州市民就社会职业评价进行了调查。在调查结果排名表上，教师名列第三，较之前几年的排名有了显著上升。其原因在于国家开始重视教育，加大对教育的投入力度，使教师的收入有了大幅提高，待遇明显改善。同时，市场经济形成的竞争机制使知识、专长越来越重要，知识和人才的价值得到充分肯定，尊师重教已形成了一种社会风气。

3. 揭示社会现象的本质和发展规律，提出解决问题的对策

例：自 1997 年以来，我国居民储蓄存款保持着两位数的增长，明显偏高，而 GDP 则只有一位数的增长。政府为了刺激消费，先后七次降低银行存款利率，期望老百姓取出存款，从而增加社会投资基金和社会消费资金来盘活市场。结果如何呢？据中国人民银行 2000 年 1 月 13 日发布的 1999 年度金融统计报告，到 1999 年末，城乡居民储蓄存款余额为 59 622 亿元，增长11.6%，增幅比上年末下降 5.5 个百分点。全年储蓄存款增加6 253亿元，比上年少增 1 374 亿元，增长趋势表现为前高后低：

1999 年 1～5 月居民储蓄存款增加 5 599 亿元，比上年同期多增 1 692 亿元，而 6～12 月居民储蓄仅增加 654 亿元，比上年同期少增 3 066 亿元。上半年银行存款并未如预期般减少，消费也没有热起来。何故？原因在于老百姓头上悬着三把利"剑"：一是住房改革；二是医疗改革；三是失业、下岗的威胁。另外还有子女教育的大幅支出。由于住房、下岗、医疗、教育等因素造成预期支出增加，还有几百亿到期国债的兑付，使存款额大幅上升。到了下半年，连连降息并开征利息税，股市火爆，房改政策到位，居民纷纷动用存款，因而储蓄增长回落。至此，扩大内需的宏观经济政策初见成效。(2000 年 1 月 13 日《中国青年报》)

4. 正确地预测社会各种发展趋势

例：《信息时报》2000 年 1 月 15 日发表了《2000 年网络谁赚钱》的调查预测，提出了关于网络发展的八个趋势，指出中国互联网产业将以成倍速度增长。

通过社会调查研究，我们不但能了解社会现象的现状，知道它们"是什么"，而且能揭示社会现象发展变化的原因，阐明其"为什么"，并给予清楚的解释。更重要的是，我们根据社会调查研究所得出的正确结论，还能有效地预测在一定时期内社会现象变化发展的趋势，从而采取一些相应的对策和措施，在某种程度上控制社会现象的发展方向。

第三节　社会调查的基本原则

社会调查是一项复杂的认识世界和改造世界的活动，是人们自觉地观察、分析和解决矛盾的过程，需要一套指导调研人员思想和行为的理论基础和行为准则，即社会调查的基本原则，来贯穿调查全过程。社会调查应遵循的基本原则有职业道德原则、客观性原则、科学性原则、群众性原则和效益原则。

一、职业道德原则

进行社会调查，要将恪守职业道德放在首位。在调查研究过程中，调查者要严格遵守有关的道德伦理规范，具备崇高的职业道德精神，使自己的言行符合有关的道德准则，维护整个社会调查的声誉。

调查者首先要遵纪守法，熟悉、了解国家的各项政策法规，自觉地在法定范围内活动。

社会调查是一项复杂细致的探索性活动，要求调查人员要有高度的事业心和责任感，以崇高的敬业精神来从事该项工作。

为了保证调查过程的顺利，调查人员必须具有优良的工作作风：尽职尽责、严于律己、谦虚谨慎、团结协作。调查过程中的每一环节都要认真细致、一丝不苟，在各种情况和不同条件下都能准确无误地完成调查任务。切忌马马虎虎、粗心大意、草率行事。

调查者应以客观的态度进行调查，不能有任何个人的偏见和动机。必须在调查的全过程中做到实事求是。

调查过程中特别要注意不伤害调查对象的身心健康，不侵犯调查对象的隐私权，不欺骗调查对象。还要对调查对象提供的情况和资料实行保密。

任何对调查对象的身心健康产生伤害的行为，特别是在调查对象不知情或未允许的情况下，都是一种不道德的、有违伦理的行为。在调查过程中要尊重调查对象的隐私权，尤其是诸如个人收入、家庭财产、两性关系与婚姻问题等敏感性问题，应尽量不去涉及，确有必要的话也要尽量委婉或进行技术处理，使调查对象能够接受，例如调查过程中的录音、拍照或摄像应事先征得调查对象的同意。

特别需要指出的是，调查者在调查过程中应该做到"五勤"。

（1）脚勤。作调查研究首先要走出门去，多接触各种类型的调查对象。不吝脚力实践才能收集到丰富、生动的动态信息。在一项调查进行到一定程度、已收集了相当数量的资料时，尤其不能为节省一点力气而到此为止，只有在脚勤的基础上才能圆满、彻底地完成调查任务。

（2）手勤。做好调查记录是调查过程中收集资料的必要手段。俗话说，"好记性不如烂笔头"，当时不注意记录，过后就很难保证资料的完整性和准确性。除了现场记录，调查过程中的其他资料诸如调查提纲、调查日志等也很重要。

（3）口勤。即多开口、多问。调查是一个调查者与调查对象互动的过程，有很多现场因素，需要调查者很好地把握和引导，来补充、修正调查方案的不足和调查者考虑问题的疏漏，这就需要调查者与调查对象多进行语言沟通，只有口勤才能获得详细、生动的资料。同时，口勤不仅可以令一些似是而非的问题明朗化，有时调查者还会因口勤而有意外的收获。

（4）眼勤。客观世界的绝大多数现象都是通过观察而被人们所认识的，勤于观察、用心观察、长于观察，是全面、正确、细致地认识客观事物的前提。

（5）脑勤。社会调查研究是从感性认识上升到理性认识的过程，因而边调查、边思考就显得十分有必要而且重要。事物的发展为什么是这样的而不是那样的？是什么原因造成的？还将怎样发展变化？对相关事物会形成怎样的影响？诸如此类的问题，都是在调查过程中需要认真思考的，而且思考过程应贯彻调查过程始终。

二、客观性原则

客观性原则的含义是指调研人员自始至终均应保持客观的态度，去寻求反映事物真实状态的准确信息，正视事实，不允许带有任何个人主观的意愿或偏见，也不应受任何委托人或管理部门的影响或"压力"去从事调研活动，从而保证调查结果能如实反映客观实际。

客观性原则的核心是实事求是，这是社会调查研究的立足点和出发点。在社会调查中坚持实事求是有利于克服思想方法上的主观片面性。以原则、观念为出发点的调查，是只为收集材料、证明观点和看法的唯心主义调查方式，因而往往忽略与自己看法不同的情况、问题和意见，甚至视而不见，刻意回避和隐瞒，从而得出不正确的结论。所以，社会调查必须实事求是，客观地观察、分析各种社会现象和问题，如实地反映社会现象的本来面目，不带任何个人偏见，更不能歪曲、杜撰事实。

要做到实事求是，一是要注意一切从实际出发，理论联系实际；二是要不唯书、不唯上、只唯实，即不囿于书本，不被过时的条条框框束缚手脚，要让事实与数据说话，而不能以书本、上级领导或权威人士的判断为依据；三是不能只报喜不报忧、弄虚作假，导致判断偏差和决策失误；四是要尽量做到排除个人主观因素的干扰，克服自身思想框架和思维定式的局限，坚持主观和客观的统一，既要敢于坚持真理，坚持自己经过实地调查所得出的符合客观实际的正确观点，又要敢于否定、超越自己，及时修正自己不符合客观实际的观点，才能真正做到理论与实际的统一。

三、科学性原则

应当采用科学的方法去设计调查方案、定义问题、采集数据和分析数据，从中提取有效的、相关的、准确的、可靠的、有代表性的、最新的信息和资料。

科学性原则的一个重要方面是运用系统的观点来分析社会现象。对社会现象进行系统、综合的分析和研究需要注意把握以下三点：

一是要用整体观去认识、了解客观事物，全面了解事物或现象的构成要素及它们之间的相互联系，从总体上把握事物的过程和全貌。不管研究什么事物和现象，都必须从研究构成该事物或现象的各种要素开始，这是正确认识各种事物或现象的基础和要点。

二是要综合地分析调查对象与有关的社会现象之间的相互联系。因为任何调查对象都不是孤立存在的，它与其他的社会现象之间必然存在着千丝万缕的联系，调查者只有在把握这种内在联系的基础上才能抓住其本质和规律。

三是要将调查对象放到整个社会背景和时代背景中进行考察，看其与有关的社会现象及整个社会之间的相互联系、相互作用，从总体上把握调查对象的发展脉络，从而防止出现"只见树木，不见森林"的片面倾向。

四、群众性原则

群众性原则是指在调查研究过程中，坚持相信和依靠群众，处理好与调查对象的关系，取得他们的信任和协助。因为调查的过程就是向社会学习、向群众学习的过程。

坚持群众性原则，首先需要相信群众的力量和智慧，以不耻下问的诚恳态度虚心向群众学习、请教。对自己的调查对象要"三心二意"——虚心、热心、耐心、诚意、好意。千万不能抱着固有的成见，不懂装懂；更不能板着面孔，生硬冰冷。要不急不躁、以诚动人、耐心引导、善解人意，只有这样才能调查到真实的情况。

坚持群众性原则，同时要有艰苦深入的优良作风。这是由于社会调查本身就是一项艰苦、细致的工作，调查者要想真正获得大量的第一手资料，就必须严肃认真、不怕麻烦、深入群众和实际。

坚持群众性原则，还必须有细致入微的敏锐眼光。如果粗枝大叶、走马观花、敷衍了事，势必导致调查的粗疏和资料的失真，从而导致调查的事倍功半甚至失败。

五、效益原则

社会调查是一项特殊的实践活动，很多时候是为了解决比较突出的实际问题，因而必须讲求时效性。就调查的目的而言，调查是为了应用，同样应该注意效益问题。强调效益原则，能促使调查者认真做好调查实施之前的准备，组织好调查这样一个动态系统的管理，协调好人、财、物的使用和结合，优化调查过程，减少浪费。坚持效益原则，还可以加强调查的针对性，并促进调查的现代化，因为社会调查的现代化水平极大地影响着调查进程和调查成效。另外，调查中坚持效益原则，还要注意宏观效益与微观效益、长期效益与短期效益、经济效益和社会效益的统一，以真正提高社会调查的本质效益。

第四节　社会调查的方法体系

人们为了达到一定的目的而采用的工具、技术、手段和途径，逻辑上我们统称为方法。进行社会调查，首先要解决一个方法问题。掌握科学、正确的调查方法，才能有效地搞好社会调查。正所谓"工欲善其事，必先利其器"，一般地，社会调查方法包括方法论、基本方法和具体方法三个层次。

一、社会调查的方法论

社会调查的方法论是社会调查方法体系的最高层次，掌握方法论是为了树立正确的指导思想和基本原则。指导思想和基本原则决定着人们在社会调查中所持的立场和观点，从而影响其看问题的角度和出发点，得出不同的认识和结论。

社会调查的方法论由马克思主义哲学方法论、逻辑方法论和学科方法论组成。马克思主义哲学方法论从世界观和方法论的高度为社会调查指出观察和分析问题的根本方法，构成了社会调查方法体系的理论基础；逻辑方法论为社会调查的具体方法和技术提供思维方式与方法的指导；学科方法论为社会调查的各个具体环节、步骤提供理论帮助。

二、社会调查的基本方法

社会调查的基本方法是社会调查方法体系的中间层次，贯穿于整个社会调查研究的全过程，说明调查者是通过什么途径和手段来得出调查结论的，它主要包括收集资料的方法和研究资料的方法两部分。

根据调查研究对象的范围不同，社会调查有普遍调查、抽样调查、典型调查、个案调查等调查研究基本方式。社会调查收集资料的方法，主要指在调查实施阶段所使用的具体方法。按收集资料的手段不同，可分为文献法、观察法、访问法、问卷法、实验法等具体方法。

社会调查分析资料的方法，主要是指研究阶段分析资料所使用的具体方法，包括统计分析方法和理论分析方法两部分内容。统计分析方法主要有单变量描述统计、双变量相关分析、区间估计、假设检验等；理论分析方法主要有分类与比较、归纳与演绎、分析与综合等。

三、社会调查的具体方法

社会调查的具体方法是调查者在社会调查研究各个阶段中具体使用的操作技术和工具，处于社会调查研究方法体系中的最低层次。它不仅包括调查指标的设计、调查提纲的拟订、调查问卷的设计等资料测量技术，观察、访谈、记录等资料收集技术，以及审核、过录、汇总、绘制图表等资料整理技术；还包括记录表、过录表、统计表等量度工具和照相机、录音机、摄像机、电子计算机等辅助工具的使用技术。

社会调查的具体方法与基本方法的区别在于它的"操作性"。基本方法只是说明调查的过程，而具体方法涉及调查各个阶段运用的方法、技术和工具的具体操作。技术和工具是基本方法的延伸，是服务于基本方法的。

上述三个层次的社会调查方法构成了一个不可分割、有机联系的整体。在整个方法体系中，方法论是基础，决定着调查研究的方向和价值，影响着调查研究具体方法和技术的选择。而调查研究的具体实施有赖于具体方法和技术的运用，具体方法和技术的发展变化又促进着方法论的发展变化，从而构成了社会调查方法的严密的科学体系，如图1-1所示。

社会调查的方法体系
├ 方法论
│ ├ 马克思主义哲学方法论
│ ├ 逻辑方法论
│ └ 学科方法论
├ 方法
│ ├ 基本类型
│ │ ├ 普遍调查
│ │ ├ 抽样调查
│ │ ├ 典型调查
│ │ └ 个案调查
│ └ 具体方法
│   ├ 收集资料的方法
│   │ ├ 实验法
│   │ ├ 观察法
│   │ ├ 访问法
│   │ ├ 问卷法
│   │ └ 文献法
│   └ 研究资料的方法
│   ├ 统计分析方法
│   └ 理论分析方法
└ 技术
   ├ 资料测量技术
   │ ├ 指标设计技术
   │ ├ 问卷设计技术
   │ └ 提纲拟订技术
   ├ 资料收集技术
   │ ├ 观察技术
   │ ├ 访谈技术
   │ └ 记录技术
   ├ 资料整理技术
   │ ├ 审核技术
   │ ├ 过录技术
   │ ├ 汇总技术
   │ └ 绘制图表技术
   └ 工具使用技术
      ├ 照相机
      ├ 录音机
      ├ 电子计算机
      └ 摄像机

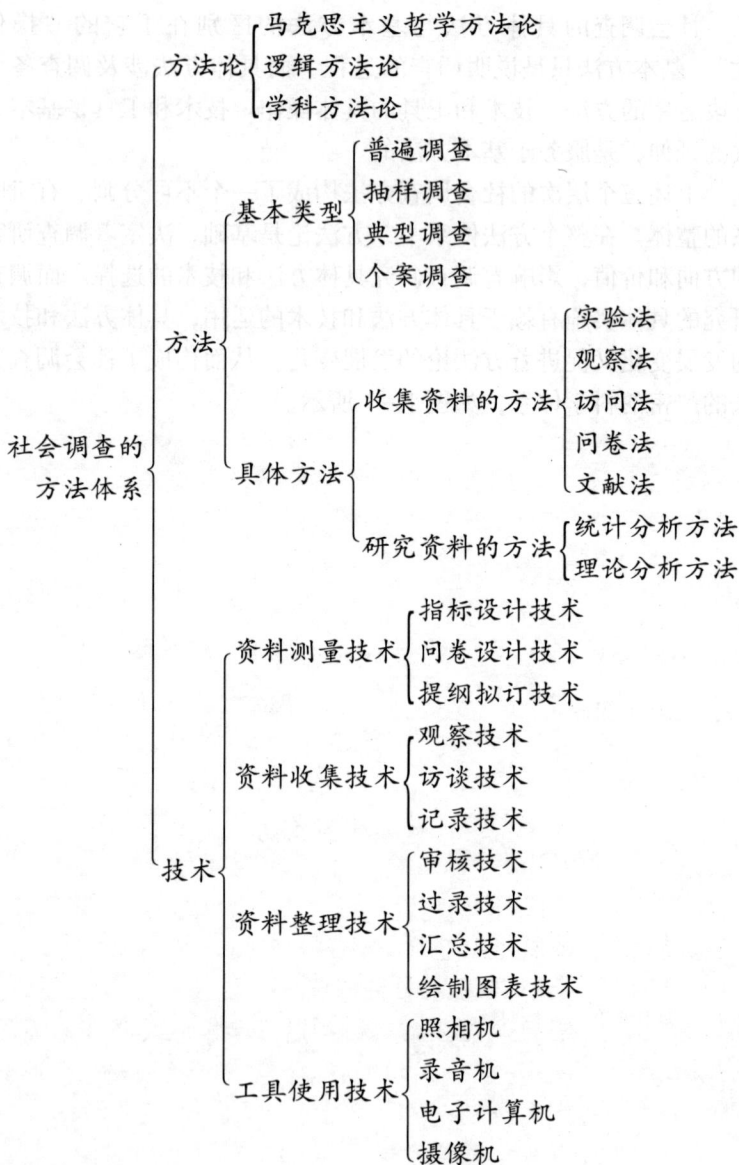

图 1-1　社会调查的方法体系

第五节　社会调查方法的历史发展

人类社会进入奴隶社会后，随着阶级、国家、战争等一系列新的社会现象的出现，统治者为了实现其对内和对外的社会职能，需要征兵和课税，于是就开始对全国范围内或领地之内的人口、土地、劳动工具等社会基本情况进行调查统计。四大文明古国是最早开展社会调查的国家。埃及第一、第二王朝时期，法老为确定课税，每两年左右要清查一次全国的人口、土地、牲畜等的情况。古罗马帝国规定：每五年每户申报一次人口、土地、牲畜、家奴等的情况，政府依据财富的多少将国民划分为六个贫富等级来征税。印度莫卧儿帝国建立初期，亚格伯皇帝为实行改革，曾下令调查全国土地的情况，然后按产量的多少进行分级，作为规定新的土地税率的依据。而我国早在大禹治水时期就有了人口、土地调查，到秦朝时已有了全国的户口资料。

一、社会调查在西方

在古代奴隶制时代，比较发达的文明国家对人口、财产、军事等内容的调查已比较普遍，统治阶级也初步认识到了进行社会调查的重要意义，并设置了一些机构和官吏，建立了调查制度。但社会历史条件决定了古代社会调查的原始性和局限性，表现为范围比较狭小，内容简单，方法原始，没有自觉的、系统的理论作指导思想，因而社会作用十分有限。

（一）早期资产阶级的社会调查

19世纪，社会调查在西方得到进一步发展，调查范围已经涉及农业、工商业、人口及道德方面。早期资产阶级社会调查的代表人物及实践主要有：

（1）约翰·霍华德（1726—1790），英国慈善家、社会改革家。他最早使用直接观察法和访谈法进行实地调查，通过对监狱的系统调查，促使英国众议院于 1774 年通过了改革监狱管理制度的议案。后来他的调查报告《英伦和威尔士的监狱情况以及外国监狱的初步观察和报告》引起了社会的广泛重视。

（2）亚道尔夫·凯特勒（1796—1874），比利时学者，数理统计学派的创始人之一。他率先将概率论、统计规律应用于社会调查研究，在人口调查和犯罪调查等方面有杰出贡献。

（3）查里斯·布思（1840—1916），英国统计学家和社会学家，社区生活调查的创始人。他用 18 年时间写成 17 卷本的《伦敦居民的生活和劳动》，最后促使英国于 1908 年颁布了《老年退休金法》，规定了重体力行业的最低工资，实行了病残救济与失业保险制度。

（4）勒·普累（1806—1882），法国著名社会改革家。他从 1835 年起用 20 年时间调查了欧洲各国数千工人家庭，发表了 6 卷本的《欧洲劳工》，开创了家计调查的先例。

早期资产阶级社会调查的特点：

（1）早期资产阶级社会调查研究的目的是为资产阶级巩固政权和改良某些制度服务。调查研究的指导思想是实用主义理论，以解决实际问题为主要目的。

（2）调查研究逐步走向社会化，调查的内容和范围不断扩大，已经涉及社会政治、经济、生活、工业、农业、家庭等许多领域，得到了政府的重视。

（3）已经有了一整套比较系统的、较为科学的调查方法，如观察法、访问法、问卷法、民意测验法等。

（4）逐渐出现了一些专门的调查机构和人员，如政府的统计局、议会的调查委员会、企业的调查部等。同时，调研社会化和科学化促进了调研成果的科学表现，大量调研成果得以推广和应用。

（二）马克思、恩格斯和列宁的社会调查

以资产阶级思想家、政府官员为主体进行的近代社会调查研究的确对当时社会的发展起了很大的推动作用。但他们大都只是站在资产阶级立场上，在维护资本主义制度的前提下，对资本主义社会的种种弊端提出一些改良措施而已。只有马克思和恩格斯站在无产阶级立场上，为推翻资本主义制度进行了大量的社会调查研究工作。

马克思、恩格斯十分重视参加社会实践和社会调查研究，他们所有的重要理论著作，无一例外都是以在长期、深入的调查研究的基础上得来的大量的现实材料作为论证的依据。在《资本论》的准备和写作过程中，马克思研究了 1 500 多种书籍和档案文件，对英、法、德、俄、美各国的经济状况进行了详细的调查研究。马克思在 1880 年受法国社会党人之托撰写的《工人调查表》包含有 100 个问题，涉及工人的劳动环境和条件、劳动时间、劳动强度、生活状况等，既详尽周到，又细致严密，即使到了今天，对我们进行社会调查研究仍具启发和教育意义。而社会主义文献在世界上最伟大、最优秀的著作之一《英国工人阶级状况》一书，是恩格斯用 21 个月的时间深入英国工人阶级内部进行实际调查和观察，占有大量的从文献资料中无法获取的感性知识和实际材料而写出来的，它以无可辩驳的事实揭露了资本主义制度的罪恶。马克思、恩格斯走上革命道路，从事理论研究，以毕生精力做了大量的社会调查研究，才完成了科学社会主义的创建。

列宁从青年时代起就十分重视调查研究，1893 年发表了第一部深入农村第一线调查后写成的著作《农民生活中新的经济变动》。其后一直不间断地通过社会调查来了解俄国社会的实际。在对 19 世纪末俄国国情和社会进行深入剖析、研究的基础上，列宁于 1899 年出版了他的最详尽的调查报告《俄国资本主义的发展》。这部重要著作是形成列宁主义的一块重要基石。列宁其后的著作《帝国主义论》和十月革命胜利后俄国新经济政策的推行，都是其亲自参加社会调查研究的结晶。

（三）20 世纪早期以美国为中心的社会调查

19 世纪末 20 世纪初，社会学的研究中心转移到了美国，社会调查的理论、实践也在美国发展起来。1920 年前后，出现了第一部系统探讨社会调查研究方法的教科书——美国人查平的《实地调查与社会研究》，标志着社会调查研究正式成为一门学科。

美国社会调查的显著特点是应用性的市场调查和舆论调查比较发达。比较著名的社会调查有 1907 年由保尔·凯洛格主持并在 1909—1914 年发表的《匹兹堡调查》，哈里逊主持并在 1920 年发表的《春田调查》和 1931 年发表的《加州失业调查》等。其中《匹兹堡调查》是美国第一个系统的社会调查，参加这次调查的学者运用实地观察法、访问法、问卷法、个案调查法等方法，对匹兹堡市在工业化过程中出现的各种问题进行了详细的调查研究。另外，以托马斯和帕克为代表的"芝加哥学派"在 20 世纪 20 年代对芝加哥市进行了包括移民问题、贫穷问题、种族问题、舞女问题、社区规划问题等内容的一系列调查，从而开了美国社会学特别重视实证研究、重视研究社会现实问题这一风气的先河。第二次世界大战后，美国社会学家斯托福将数理统计方法应用到社会问题的研究中，对现代社会调查研究方法的发展产生了较大影响。在市场调查和民意测验方面最有代表性的则是乔治·盖洛普和他的民意测验所。成立于 1935 年的"盖洛普民意测验所"经过近 60 年的发展，已成为一家唯一能进行全球性市场调查的跨国公司，其调查网络覆盖了全世界 55% 的人口和 3/4 的经济活动。

概括地说，20 世纪以来社会调查的特点是：功能多元化、机构专业化、技术科学化、结论准确化。首先，社会调查的范围越来越广泛，直接影响多方面的社会活动，不仅能提供一般的经验材料和统计数据，而且能辅助决策和政策研究；其次，涌现了许多社会调查的专业机构，其中既有学术性的调查研究中心，也有提供咨询的智囊机构，还有市场调查公司之类的企业化调查机构；再次，现代社会调查研究中越来越广泛地运用社会学、经济学、人类学、心理学等学科的方法和现代统计技术、抽样技术、计算机技术以及其他先进技术，使社会调查研究的方法和手段越来越具科学性。同时，由于调查研究技术越来越先进，调查研究手段越来越科学，对调查资料的分析也从过去的只注重定性分析转变为定性分析和定量分析相结合，从而使调查研究结论越来越准确。总之，进入 20 世纪以来，社会调查的实践、理论和方法越来越成熟，日益发挥着越来越重要的社会作用。

二、社会调查在我国

（一）我国古代的社会调查

我国是世界上较早进行社会调查的国家之一。早在 4 000 多年前的大禹治水时代，就进行过大规模的人口、土地调查。我国古代较为有影响的社会调查实例还有：

春秋时期，齐国政治家管仲在主政期间十分重视社会调查。《管子》一书《问》篇中提到 60 多个需要进行调查的问题，它是中国古代最为全面的社会调查提纲。

战国时期社会改革家、政治家商鞅曾强调对社会具体情况的数量调查："强国知十三数：竟内仓、口之数，壮男、壮女之数，老、弱之数，官、士之数，以言说取食者之数，利民之数，马、牛、刍藁之数。欲强国，不知国十三数，地虽利，民虽众，国愈弱至削。"

明太祖朱元璋为巩固中央政权，于公元 1397 年对浙江等九布政司和直隶、应天等十八府中田地在七百亩以上的 14 241 户地主进行了调查，准备分批召见，允其参政。

……

我国古代的社会调查活动都是以维护统治阶级利益为目的的，也已形成传统的和较为固定的制度，特别是在封建社会前期，中国的社会调查水平远超各国，尤其在人口普查的组织与制度化、统计调查的发展应用等方面比西方早近千年。但比较系统的社会调查研究则是从20世纪初才发展起来的。

（二）20世纪早期我国的社会调查

20世纪初，一批外籍教授、学者和传教士开始采用近代方法对我国进行社会调查。美国传教士史密斯（1878—1905）在山东传教时，对山东农民的生活进行了比较广泛的调查，并于1899年发表了在西方较有影响的关于中国农村状况的调查专著《中国农村生活》。同时，清华大学及上海沪江大学的美籍教授指导在校的大学生对北京郊区和广东农村进行了一些调查。

由我国学者独立进行的社会调查始于20世纪20年代以后，当时出现了两个重要的从事社会调查的机构。一个是北京的中华教育文化基金董事会社会调查部，后改为社会调查所。该所于1929年对北京郊外乡村家庭进行了调查，1933年对定县社会概况进行了调查，调查报告影响较大。该所还与其他机构合作进行了许多有关家计、物价、工厂状况、农产品贩卖等社会问题的调查。另一个是南京的国立中央研究院社会科学研究所社会学组，由陈翰笙教授主持。其开展的社会调查中最著名、影响最深远的是1929年7月至1930年8月对江苏无锡、广东、河北保定进行的三次大规模的农村调查。这两个社会调查机构对我国学术界的社会调查起了很大的推动作用，使得1926—1937年间成为旧中国学术界社会调查最活跃、调查成果最丰富的时期。

（三）以毛泽东为代表的中国共产党的社会调查

中国共产党继承和发展了马克思主义社会调查的优良传统。尤其是毛泽东对发展马克思主义社会调查的实践和理论作出了杰出的贡献。毛泽东在早期从事革命活动的过程中，对中国社会各阶层的情况及其相互关系，特别是工人和农民的情况进行了广泛、深入的社会调查，撰写了一大批调查报告，其中最著名的是《中国社会各阶级的分析》（1926年3月）和《湖南农民运动考察报告》（1927 年 3 月）。这两篇重要文献为我党正确制定民主革命的总路线奠定了坚实的理论基础。从上井冈山后到长征之前，围绕武装斗争、土地革命、根据地建设等重大问题，毛泽东在艰苦斗争的间隙进行了许多开创性的调查研究，并撰写了一系列调查报告，从而创造性地解决了实行工农武装割据、农村包围城市的中国革命道路的问题。毛泽东对社会调查理论有杰出贡献的文献《调查工作》（在 1964 年公开发表时改为《反对本本主义》）就写于这一时期。这篇文章第一次提出了"没有调查，就没有发言权"的观点，这是毛泽东长期从事社会调查研究的科学总结，是毛泽东社会调查理论形成的标志，是我国马克思主义发展史上系统论述社会调查问题的第一篇文献。

抗日战争和解放战争时期则是毛泽东社会调查理论进一步成熟和发展的时期。毛泽东不仅对社会调查的重要意义、基本态度、指导思想和具体方法等问题在一系列重要著作中作了系统、深刻的阐述，而且把他的社会调查理论应用于整顿党的作风、改进党的领导方法，从而促进了革命根据地的巩固、建设和发展。由于毛泽东的社会调查理论已经逐渐为全党所接受，1941 年 8 月，党中央发布了《中共中央关于实施调查研究的决定》，开展了大规模的调查研究活动，收获了丰硕的调查研究成果，对夺取抗日战争和解放战争的胜利起到了巨大的推动作用。

新中国成立以后，毛泽东依然把调查研究作为党的一项重要任务。20 世纪 50 年代，毛泽东围绕农业合作化问题进行了全面的调查研究活动，在此基础上写出了《论十大关系》。20 世纪 60 年代初，他又在各条战线上开展了广泛的调查研究工作，为纠正当时的"左"倾错误、探索中国社会主义建设的道路作出了重要的贡献。遗憾的是，毛泽东晚年没有将他的社会调查理论贯彻到底，这是造成其晚年悲剧的一个重要原因。

（四）十一届三中全会以来的社会调查

党的十一届三中全会以来，在党中央的大力倡导和亲自带领

下，社会调查的优良传统在我国得到了迅速的恢复和发扬。进入
20世纪80年代，社会调查的理论和实践活动空前繁荣起来：

1978年开始的冤、假、错案调查，使数以百万计的干部和
群众得到了平反昭雪；

1979年开始的农业生产责任制调查，促进了农村经济体制
改革的不断深入和发展；

1981年开始的全国农业资源调查，为农业规划工作提供了
可靠的依据；

1982年春进行的新中国成立以来第一次大规模的工人状况
调查，为弄清全国工人现状提供了全面系统的资料；

1982年夏，为弄清人口现状这一基本国情，我国进行了世
界上规模空前的第三次人口普查。

此后，在全国范围内还进行了第一次全国工业普查、第一次
全国城镇房屋普查、第一次全国残疾人抽样调查以及城市经济体
制调查、社会主义精神文明调查等具有全国规模性的调查。

20世纪80年代以来，我国的社会调查研究呈现出以下
特点：

（1）社会调查研究受到前所未有的重视。从中央到地方都
在强调、倡导调查研究，政府部门将调查研究作为重要的工作手
段。高校恢复了社会学专业，把社会调查研究列为主干课程；一
般公民也树立了社会调查意识。

（2）调查范围扩展到社会各个领域。进入20世纪90年代，
调查领域不再限于一般的社会问题，还冲破了一些禁区，如性知
识教育、未婚女青年人流等。商业性的市场调查更是盛行，大到
汽车、房屋、空调，小到玩具、文具、香烟、饮料，可谓无所
不包。

（3）调查机构多元化，调研主体建设得到加强。除了政府
机关、党政部门的调研室、政策研究室、智囊团、顾问团外，企
业系统有适应其运作方式的信息室、信息中心，学术机构有为理

论研究服务的调研分支。民间社团性质的调研机构也纷纷成立，独立的商业性调研机构更是大量涌现，如著名的华南市场调查公司、零点市场调查公司即为代表，甚至还出现了侦探社性质的私立调查所。

（4）方法手段科学化。在继续使用传统的典型调查、实地调查、口头访问、开调查会等方法的同时，引进了普查、抽样调查、问卷调查、民意测验等现代调查方法并广泛运用，特别是注重定性分析与定量分析相结合，使我国的调查研究在广泛性、科学性和准确性等方面提高到了一个新的水平。

（5）社会调查朝着专业化、制度化方向发展，具有全国规模性的多类型、多层次、多渠道的调查网络已基本形成。

在此，值得提及的是社会调查机构的一种新动态：市场经济下的社会结构较以往计划经济体制下的社会结构发生了很大变化，人与人、人与集团、集团与集团之间的关系越来越复杂，从而导致矛盾重重，而引起的纠纷大都是一些公民间未触及法律的矛盾冲突，即民事问题。此类问题提交法律部门，不仅劳民伤财，而且法律部门目前也没有余力解决这些问题，于是客观上需要一种机构来解决这类法院和公安机关不受理或暂不受理的民事纠纷。在这种情况下，私人侦探社便应运而生。1992年11月11日，上海社会安全咨询调查事务所（隶属上海刑侦学会）正式成立；1993年1月4日，北京汉公民事事务调查所挂牌；1993年1月10日，郑州远东民间事务调查所也宣告成立。鉴于此，可以预见，将来中国"福尔摩斯"的出现也是很自然的事了。

目前，我国社会调查虽一派繁荣，但也存在不少问题，主要是调查常被滥用，调查环境不佳，调查人员自身知识、素养欠缺，调查业职业道德观念未普及且未被遵守等，主要表现为以下七个方面：

（1）社会调查有一定的应该遵循的原则和科学的步骤、方法。一些调查机构和调查者以为调查就是找几个被访者了解情况，不进行严格的调查设计，不按照必要的程序与方案来操作，结果大大降低了调查的科学性和准确性。

（2）随着社会调查需求的扩大，各类调查日趋普及和被广泛运用，一些不具备开展调查业务资格的机构，尤其是社会上一些不规范公司也开始从事这项工作。一时间形成了似乎谁都可以从事社会调查、人人都会从事社会调查的态势。

（3）由于社会调查开始被越来越多的人所接受，出现了似乎什么事情都可以进行调查研究、民意测验的误区。甚至一些商家的促销花样也冠以调查之名，如随处可遇的真正目的不是了解消费者的意见和要求，而是说服、动员被访者购买某些商品的"伪调查"。这种滥用社会调查的一个结果是使得被调查者产生怀疑、抵触、厌烦情绪以至拒绝合作。加之一些低质量的"伪调查"往往都对被访者的合作付费或赠送礼品，使得一些高水平的特别是学术性的调查很难实施。

（4）社会调查是一项科学性很高的工作，主持调查项目的负责人必须具有统计学、社会学、市场学、心理学、计算机应用等多个学科的知识，并应具备丰富的实践经验；参与调查的人员也要经过诸如调查实施具体方法、技巧及公关能力等方面的系统培训。而目前高素质的调查人员数量严重不足，调查实施前的培训也很不规范，甚至被忽略。

（5）职业道德方面，调查机构和调查人员要有高度的责任感和对调查工作的浓厚兴趣，诚实、不怕困难、以礼待人、行为举止文明，在调查过程中要恪守实事求是原则和道德伦理原则。遗憾的是，目前调查业的职业道德、操守还未被普遍倡导和提到应有的高度，亦未被广泛遵守。

（6）一门新行业的正常发展需要相关法规来管理和规范可能出现的各种问题。有关调查的法律法规、管理条例的缺乏和不健全，在一定程度上阻滞了调查业的健康发展。

（7）除了调查者自身的知识结构和文化素养有限的限制之

外，缺乏调查方案设计所需的基础性数据，也是调查质量难以保证的一个重要因素。如在某市调查、抽取调查样本时，需要一份包括性别、年龄、家庭或单位地址、文化程度、当前职业、电话号码等的该市市民信息的名单，否则难以实现科学的随机抽样。但我国的户籍管理系统是不对社会开放的，调查者只能从各种渠道一点一滴地收集资料来构制抽样框，费时耗力且代表性不强，从而降低了调查质量。

进入 21 世纪，中国已成为全世界最大的消费者市场，并驶上了市场经济的快车道，全世界都在关注中国，希望了解中国和中国人；中国政府和各类机构更需要了解老百姓：他们在想些什么、看些什么、他们喜欢什么、需要什么……这些都将刺激中国的信息业、调查业快速发展。可以预见，随着社会的政治、经济发展越来越快，调查研究的社会需求越来越大，社会调查必将越来越广泛、深入地渗透到社会生活的各个方面，从而对推动社会发展起到越来越重要的作用。

复习与思考

1. 什么是社会调查研究？它有何社会功能？
2. 社会调查的基本原则及其含义是什么？
3. 简述社会调查的方法体系。
4. 我国近年来的社会调查有何特点？
5. 我国目前的社会调查存在哪些主要问题？

第二章 社会调查的模式、程序和准备

本章要点

1. 社会调查的三种基本模式
2. 社会调查的一般程序
3. 社会调查各阶段及其具体任务
4. 社会调查课题的类型
5. 假设的特点及形成
6. 试验性调查的特点

第一节 社会调查的基本模式

社会调查作为人们认识社会的一种实践活动，存在着某种规律性。长期以来，人们通过对这种活动过程规律性的概括和总结，得到了社会调查的模式，或称范例。它是人们对调查过程进行的逻辑的、抽象的或形象的概括与描述，是由一些概念和行为规则所组成的内容系统或理论框架，其作用是使复杂的调查活动简单化、本质化，使动态的调查行为变成相对静止的多层次的行为规则，从而使人们能够有效地进行调查研究，收到以简驭繁的效果。

一定的调查模式包含不同的认识角度。从时间角度看，是调查的时间分配的程序和结构；从空间角度看，是调查的地域范围的分布状况；从进行活动的角度看，是调查的方式、方法的应用。

由于人们在调查过程中采用的方法不同、研究角度各异，社会调查的模式出现了多样化的发展趋势。根据人类认识规律和社会科学研究的一些理论，结合社会调查的具体活动，我们可以初步概括出三种模式："事实—解释"模式、"假说—理论"模式、"系统—综合"模式。

一、"事实—解释"模式

这种模式的基本出发点是：社会调查的首要任务是了解客观事实。调查者在实际调查之前不应带有任何主观框架，只能到社会生活中去观察、体会和理解社会事实。只有在占有大量资料的基础上，才能得出一般性结论，即解释必须建立在事实的基础上。

在社会调查中，"事实—解释"模式一般采用的形式是：

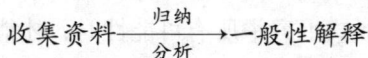

$$收集资料 \xrightarrow[分析]{归纳} 一般性解释$$

按照这种模式，调查实施可按三个步骤进行：①根据调查目的，采用有效方法收集有关资料；②根据收集的资料进行归纳分析，从中概括出一般性认识；③根据一般性认识去解释调查对象，即形成调查结论。

一些领导同志经常根据工作目的和要求到一些单位去了解情况，收集有关资料或选择典型事例进行剖析，然后进行分析总结，归纳出一般性的结论，进而作为下一步决策的依据和今后开展工作的参考，这实际上就是遵循"事实—解释"模式进行调查研究。有人曾对我国公开发表的 94 篇调查报告进行分析，总结出当前我国社会调查的两种主要途径：一是"抽样—问卷—统计表格"，二是"个案（典型）—二手资料—列举事例"。这反映了我国当前社会调查受传统方法和现代方法影响的结果。这两种途径尽管方法各异，但在逻辑结构上却是一致的，即"调查—分析—结论"，它们的逻辑起点是社会事实，终点是理性结论，中介是归纳分析，这实际上就是"事实—解释"的调查模式。

例：我国农村的家庭联产承包责任制的推广普及就运用了"事实—解释"模式的归纳方法。家庭联产承包责任制的雏形——分田到户，最早是安徽省凤阳县一个行政村的18户农民在大队党支部书记、复员军人严宏昌的带领下初创的。刚开始这种做法处于秘密状态，后来被外界得知，各地纷纷仿效，最终引起了中央的关注，派人进行调查，发现其影响之广，已形成了一种新的农村经济模式，且采用这种模式的农村其经济效益有所改善。通过对已试用这种做法的几个省的调查结果的不完全归纳，中央认为这种做法可以在全国试行。于是，一种新的农业经济模式诞生了。

运用"事实—解释"模式，需要认识到其局限性。因为科学的命题只有在形式上穷举所有可能性时，才能证明为合理，而这在实际中根本办不到，因个别现象是数不胜数、无法穷尽的，所以归纳过程还需与演绎推理结合使用。

二、"假说—理论"模式

这种模式的基本出发点是：第一，社会现象虽然与自然现象有区别，但二者具有同一性，因此可以借用一些自然科学的研究方法来研究社会现象。事实上，从近代开始，社会科学研究中已使用自然科学方法，如观察法、实验法。第二，社会现象与自然现象一样，应该是可以"实证"和"检验"的，对社会现象作出解释性的概括（理论），必须以假说作为中间桥梁。

社会调查中的"假说—理论"模式的一般形式为：

调查课题—理论假设—资料收集（检验假说）—解释性理论

运用这种模式一般要遵照以下步骤：①收集有关调查课题的信息；②在综合资料的基础上，借助以往的研究结果并依次加以修改、推演，以建立一种能够解释调查对象的理论假设；③按调查方案规定的要求实施调查，用所得资料检验上一步设立的假说；④形成解释性的理论。

这种调查模式既重视从实际调查中收集资料，又注意对事实的逻辑推演，其科学性在于将人们认识过程的归纳推理和演绎推理结合了起来。常用的试点调查方法，在逻辑程序上就属于"假说—理论"模式：在初步了解情况的基础上，通过归纳分析作出判断和决策，再把它放到某一特定的范围内进行尝试，然后根据尝试的结果来肯定、否定或修改先前的决策，最后再放在大范围中普遍推广。"假说—理论"模式符合"实践—认识—再实践—再认识"的认识规律。它从调查课题的初步探索开始到形成理论假设，实际上就是从感性认识上升到理性认识的过程；而进行实地调查、收集资料，则是从理性认识再回到实践当中，以检验自己的认识正确与否的过程。"假说—理论"模式也有其局限性，一是在社会调查中使用假说方法不同于对自然现象的研究，有一些社会现象比较难以建立抽象合理的假说，因而这种模式的适用范围有限；二是假说作为自然科学的一种研究方法，许多调查研究者对其概念和方法并不熟悉，这就增加了运用这种模式进行调查研究的难度。

三、"系统—综合"模式

由于系统科学的发展和电子计算机的应用，在社会调查中逐渐形成了一套不同于传统模式的结构程序，即"系统—综合"模式。其基本思想是：将调查对象看作一个系统，调查时从系统的整体出发，对系统内外的各种联系和相互作用进行考察和分析，从而达到最佳地认识问题和解决问题的效果。具体步骤如下：①提出问题并明确调查的内容和范围；②明确调查的整体目标（政治目的、经济效益、社会效果等）；③获取信息：主要是收集有关调查课题的历史资料和现实资料、文字资料和数据资料，特别要重视反映系统中各要素相互联系和相互作用的资料；④建立模型，预测效果：找出调查对象（系统）之间的变量关系，并对其进行分析运算，以了解系统的整体功能；⑤尽可能考虑所有的可能性来设计方案，分析评估；⑥按"满意性原则"，在备选方案中择其最佳；⑦验证方案，通过局部的试验验证方案运行的可靠性，即通常所说的"试点"；⑧调查实施，在依据最佳方案进行具体调查的过程中再系统地进行评价与检验，加强反馈，及时纠正偏差。

"系统—综合"模式的突出优点是能把经验知识和科学理论结合起来，把定性研究与定量分析结合起来，使社会调查更加精确化和科学化。并且，这种模式可以选择最佳方案，从而使社会调查收到预期的效果。因此，系统方法在社会调查中的应用越来越广泛，特别是一些大型的社会调查，必须应用系统方法才能科学地完成。

"系统—综合"方法程序图如图2－1所示。

图2－1 "系统—综合"方法程序图

"六五"期间，由国务院经济技术社会发展研究中心（原国务院技术经济研究中心）牵头，会同各方面研究力量共同完成了"2000 年的中国"的研究。这是一个庞大而复杂的课题，"系统—综合"方法在这项研究过程中得到了广泛的应用。

第二节 社会调查的一般程序

社会调查作为人们认识社会的一种主观活动，必须遵照一定的认识规律，科学、合理地安排工作程序，认真做好调查前的各项准备工作，才能使调查顺利进行。社会调查程序既是社会调查模式的具体展开和体现，又是具体调研过程、程序的抽象及规范化，是调查过程中前后时间顺序与具体步骤的规律性反映。

一、调查过程的基本工作内容

以下是任何调查过程都必需的组成环节：①定题：准确地选定准备调研的具体问题；②背景研究：收集有关这个问题已有的各种资料，详细加以了解；③提出假设：对所要调研的各种因素之间的关系作一预先说明；④流程设计：拟定调研的逻辑步骤和进行程序；⑤调研组织：对调研人员、资金、物资作合理安排；⑥调研范围：确定调查对象，拟定实际调查中的提问问题；⑦工具准备：设计好调查表的格式和项目；⑧人员培训：培训调查员掌握收集资料的有效方法；⑨试验性调查：使用已确定方法就调查问题进行预先试验，以便得知是否能得到所期望的资料；⑩具体调查：从被调查者那里获得有用资料；⑪资料整理：摒弃无用资料，将有用资料条理化、系统化；⑫资料分类：将性质相同或内容相近的资料按研究需要列为同一组别；⑬检验：检查、验证各种数据资料的准确性；⑭资料编码：给收集来的资料按一定规则编上代码；⑮汇编及编程：将资料以各种表格的形式反映出来，输入并指示计算机如何处理资料；⑯研究：把整理过的资料联系起来分析，以得出课题要求的答案或解释；⑰调查成果书面化：撰写报告，提出调查结果和结论；⑱评估：回顾调查过程，总结经验及失误；⑲应用：运用调查成果解决手头的实际问题。

可见，调查研究的基本程序就是对实际问题进行调查、研究和解答的过程。

二、社会调查的各个阶段

从调查工作进程的阶段性来看，大致遵循调查准备—调查实施—分析研究—总结评估的逻辑递进步骤。虽然具体的调查过程多种多样，各有特点，但都可以分为四个阶段，即准备阶段、调查阶段、分析阶段和总结阶段。

（一）准备阶段

作为整个调研过程的开始，准备阶段在调查研究中起着基础性的作用。准备阶段的主要任务是确定调查课题、制订调查方案、组建调查队伍。

确定调查课题，就是根据需要确定调查目标和任务，选择课题，并对课题进行可行性研究。

制订调查方案，就是根据课题内容设计出实施调查的总体方案和具体方案，并设计出相应的调查指标体系，提出有关调查的设想。

组建调查队伍，就是根据课题和方案要求选择合适的人选，并做好调查人员的培训工作。

准备阶段是社会调查中不可缺少的铺路和打基础的阶段，对整个调查有十分重要的作用。其中，合理确定调查课题是搞好社会调查的首要前提，科学设计调查方案是保证社会调查取得成功的关键步骤，认真组建调查队伍是顺利完成调查任务的基本保证。准备工作不但影响调查的顺利与否，而且关乎事半功倍还是事倍功半，甚至关乎调查的成败。准备工作看似花费了一定的时间和精力，有时甚至比实施现场调查用的时间还要多，但"磨刀不误砍柴工"，充分、认真的调查准备是保证调查顺利进行、提高调查成效的必要条件。因此，为了避免盲目性和人力、物力、财力、时间的浪费，为了使调查成果更具有科学性和目的性，必须认真做好社会调查的准备工作。

（二）调查阶段

调查阶段是调研活动的现场实施阶段，也是调查者和被调查者直接接触、获取第一手资料的关键阶段。其主要任务是根据调查方案中确定的调查方法，以及调查设计的具体要求，采用各种方法收集调查对象的有关资料，全面掌握调查总体及总体单位各方面的基本情况。

在整个调研活动中，调查阶段的情况最复杂，变化最快；工作人员的接触面最广，工作量最大，因而实际问题也最多。特别是由于各种外部因素的制约，调查者无法完全控制或掌握工作进程，因此，必须同时抓好内部指导和外部协调工作。内部指导方面，首先要讲究调查方法，根据调查对象的实际情况及其特点，有针对性地、尽量全面地收集资料；其次要注意总结经验，及时发现和解决调查中出现的新情况、新问题。要深入群众，切忌有先入之见，同时避免走马观花。外部协调方面，则要密切联系被调查的全部对象，努力争取他们的充分理解和合作。要尽可能与被调查者交朋友，绝不做损害他们利益和感情的事，绝不介入他们之间的内部矛盾，并在可能的条件下给予他们某些必要的帮助。只有这样，调查工作才能顺利进行。

调查阶段要特别把好材料的质量关，根据调查方案的要求，对材料进行严格的质量检查和初步整理，以便发现问题，避免错漏。

（三）分析阶段

分析阶段是对调查对象深入认识的阶段，也是从感性认识上升到理性认识的过程，是深化、提高、出成果的阶段。分析阶段工作完成的好坏，关系到能否获得调查成果。

分析阶段的主要任务是鉴别、整理资料，进行统计分析，开展理论研究。鉴别资料就是对调查所获的文字资料和数据资料进行全面审核，区分真伪和优劣，消除资料中的"假、错、冗"现象，以保证资料的真实、准确和完整。整理资料则是对鉴别后的资料进行初步加工，使之条理化、系统化，并以集中、简明的方式反映调查对象的总体情况。

进行统计分析，就是运用统计学的原理和方法来研究社会现象的数量关系，揭示事物的发展规模、水平、结构和比例，说明事物的发展方向和速度等问题，为进一步开展理论研究提供准确而系统的数据资料。在需要和可能的条件下，应尽可能使用电子计算机来处理各种数据，以提高统计分析的精度和效率。

开展理论研究，就是运用逻辑方法和与调查课题有关的各专门学科的科学理论与方法，对经过鉴别、整理后的事实材料和统计分析后的数据进行科学思维加工，揭示调查对象的内在本质，说明调查对象的前因后果，预测调查对象的发展趋势，作出调查者对调查对象的理论说明，并在此基础上有针对性地提出对实际工作的具体建议。

要完成好分析阶段的任务，一方面，要用科学的世界观和方法论来分析问题，透过现象看本质，因为科学的世界观和方法论是人们认识事物的本质和规律的最好武器；另一方面，要尽量提高资料的信度和效度，资料的准确性和全面性对调查分析十分重要。另外，还要有正确的思维方法，对感性材料进行"去粗取精、去伪存真、由此及彼、由表及里"的加工，来形成正确的概念和调查结论。

（四）总结阶段

总结阶段是产生调查成果的阶段，也是回顾和评估调查过程的阶段。这是调研活动的最后一个阶段。这一阶段的任务主要是：撰写调查报告，总结调查工作，评估调查成果。

调查报告是整个社会调查成果的集中体现，是调查工作最重要的总结。调查报告要侧重说明调查结果和研究结论，并对调查过程、调查方法、调查成果等进行系统的叙述与说明。调查报告的撰写，既是对调查工作的回顾和总结，又是作出调查结论和提出工作建议的过程。

总结调查工作，就是对调查方案、调查方法、调查问题的结果以及调查工作的全面总结。

除了对整个调查工作的总结，调研小组的每个成员也应该作个人小结。通过总结，既要积累成功的经验，又要吸取失败的教训，特别要注意寻找改进社会调查的途径和方法，为今后更好地进行社会调查打下基础。

评估调查成果，包括学术成果评估和社会成果评估两方面。学术成果评估方面，主要是对社会调查所提供的事实和数据资料、理论观点和说明，以及所使用的调查研究方法作出客观的评价；社会成果评估方面，主要是对社会调查结论的社会影响和对实际工作的指导作用作出实事求是的估计。对调查成果的评估须以实践为基础，在实践中应用和检验调查结论。

做好总结阶段的工作应该：①设法提高体现调研成果的调查报告的质量，调查报告要如实反映情况，提出正确的、有现实意义的见解；②以各种方式表彰先进，鞭策后进；③必要时对调查成果进行追踪调查。

上述四个阶段构成了社会调查的完整过程，如图 2-2 所示。

社会调查的基本程序

- 准备阶段
  - 确定调查课题
  - 制订调查方案
  - 组建调查队伍
- 调查阶段
  - 进入调查现场
  - 选用调查方法
  - 收集调查资料
  - 组织管理工作
- 分析阶段
  - 鉴别、整理调查资料
  - 进行统计分析
  - 开展理论研究
- 总结阶段
  - 撰写调查报告
  - 总结调查工作
  - 评估调查成果

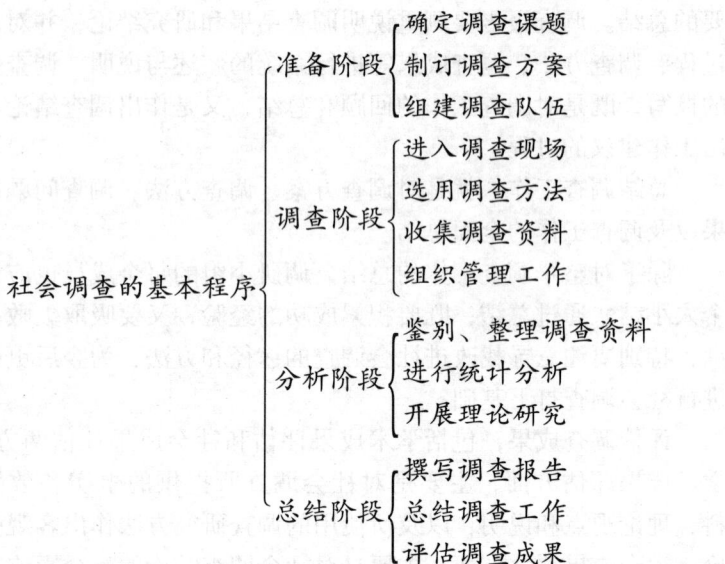

图 2 - 2   社会调查的基本程序

第三节   调查课题的类型、来源和选择

准备阶段的第一项工作就是确定调查任务，而确定调查任务的首要工作则是选择调查课题。调查课题是社会调查所要反映或说明解决的问题。进行调查，首先要明确调查什么问题，然后才能根据调查课题的需要，确定调查的目的、范围和对象。长期以来，人们比较重视培养认识问题和解决问题的能力，而忽视培养提出问题的能力。然而，只有正确提出问题，才可能正确认识问题及找到解决问题的方法。所以，发现问题并正确提出问题往往是解决问题的关键，甚至"提出一个问题往往比解决一个问题更重要。因为解决一个问题也许仅是一个数学上的或实验上的技能而已，而发现新的问题、新的可能性，从新的角度看旧的问题，都需要有创造性的想象力，而且标志着科学的真正进步"

（爱因斯坦：《物理学的进化》，上海科技出版社，1962年版，第66页）。因此，课题的确定是调查任务的核心内容，对于整个调查过程举足轻重。

一、调查课题的类型

不同时期的社会调查有着不同的时代特点，不同的调查课题有着不同的调查主题和内容。一个调查课题涉及范围很广，但每次调查研究只能选择其中一两个重点问题作为调查的对象。调查研究必须从社会需要和实际需要出发。社会需要是多种多样的，因此社会调研的课题也是多种多样的。按照不同的标准，调查课题可以分为不同的类型。

（1）理论性课题和应用性课题。这是按照调查的目的来对调查课题进行划分的。理论性课题是指为检验和发展某些理论或假设而设立的调研课题。这种研究的成果也许将来会被实际应用，但其主要目的是揭示某种社会现象的本质及其发展规律，而不是解决某个现存的具体社会问题。

例："独生子女长大成人后，适应社会生活的能力比非独生子女强还是弱？"

这一课题，是有人根据独生子女日益成为家庭重心和"小皇帝"、"小太阳"的现象，推测独生子女从家庭走向社会后，适应社会生活的能力比非独生子女要差。理由是独生子女性格孤僻、不合群、以自我为中心、不关心他人、缺乏自我管理的能力、独立生活能力差。而这些品质特点，是与适应现代社会的要求相悖的。有人则作出相反的预测，认为独生子女从家庭走向社会后，适应社会生活的能力将会比非独生子女强。原因在于他们无论在身心发育上，还是在智能培育上，都有着比非独生子女优越得多的条件。这两种推测，都是作为理论假设而被提出来的，因为研究对象不是某一时期、某一地区特定的独生子女问题，而是独生子女适应社会生活能力的一般情况，因此这个课题属于理论性课题。

应用性课题是以解决当前的现实问题的具体方案或对策为目的而提出的研究课题。应用性课题与理论性课题的目标不同，它注重实用性，对调查的时效性方面要求较高。在社会生活中，一些迫切需要解决的问题，需要通过调查了解其原因，进而制定可行的对策；有些新现象、新变化的出现，需要及时了解、关注。有些应用性课题研究的是一些较长时期内普遍存在的社会问题，如人口问题、婚姻问题、环境问题等；有些应用性课题研究的是在一定时期内或某种特定的情况下存在的紧迫问题，以及接受委托所进行的各种急需调查结果来说明问题的调查，如居民住房调查、下岗职工再就业问题调查、特定路段的交通状况调查，以及各类商业调查等。

（2）描述性课题、解释性课题和预测性课题。这是按调查深度即对社会现象的揭示程度和认识要求的不同来划分的。描述性课题是指那些为弄清发生了什么事情而提出的调研课题。提出课题的意图在于探明和详细描述社会发生的现象，它所要回答的问题，是什么事和什么情况已经或正在出现，或回答发生了的现象"是什么"的问题。解释性课题是试图进一步对现象产生的原因和过程作出解释或说明，它所要回答的是"为什么"和"怎么样"的问题。这类研究能进一步深化人们对社会现象的认识。预测性课题则是在说明社会现象的现状及其因果关系的基础上进一步推测其发展趋势和现况。

常见的人口普查、市场调查、关于选举的民意测验都是有代表性的描述性研究。人口普查的目的是对人的总体特征和个体特征进行描述；市场调查的目的是对购买或将要购买某种商品的消费倾向进行描述；而针对选举的民意测验则是为了反映选民的投票倾向。在描述性研究中，研究者必须大量收集关于课题的各种情报和信息，以便能够充分地回答调查研究中需要解答的问题并作出详细的描述。

又如青少年犯罪调查，如果只了解和说明青少年犯罪的情况和类型，就属于描述性课题；如果不但要说明犯罪的具体情况，而且要进一步研究其犯罪与家庭状况、学校教育、社会环境之间的因果关系，并从中寻找出解决青少年犯罪问题的途径和方法，即不仅说明"怎么样"，还回答"为什么"，就是解释性课题；如果在说明青少年犯罪这一社会现象的现状及其因果关系的基础上进一步推测青少年犯罪的发展趋势和状况，指出"将怎样"，则属于预测性课题。

另外，还可以根据调查课题的来源、内容等标准来进行分类。

二、调查课题的来源

一般的调查课题来源渠道有三条：自己工作中遇到的课题、上级下达的课题和接受委托的课题。

许多时候，自己工作中会遇到需要进行调查研究的情况。这类课题有时是实际工作者和理论工作者在社会实践和理论研究中所遇到的问题，提出来让社会有关部门共同调查研究并加以解决；有时是为了达到某个工作目标而急需了解某方面的情况、掌握某方面的数据，从而作出正确的决策。

上级单位下达课题的情况很常见。这类课题是领导者从领导决策和制定方针、政策的需要出发提出来的，交由其下属来完成的课题。对这类课题要在保证质量的前提下按时间要求完成。

目前越来越多的是委托调查。一方面，可能是想要调研某一问题但又缺乏调研能力的单位委托有关专业调查研究机构进行调查；另一方面，由于市场经济的发展，信息的作用越来越突出，人们出于各种目的为得到有价值的、详尽的信息不得不求助于专业的调查研究机构。许多大机构都设置有内部的调研部门，尽管不同单位的调研部门在机构中的地位、作用可能不大一样。有些单位的调研部门在机构内很受重视，因而直接隶属于最高管理层；而有些机构，调研部门处于非中心地位，调查研究只在各个小部门起作用，如许多公司可能按产品、顾客（客户）或地域分设许多部门，调研人员就被分配到各个部门中去。对于那些内部没有设置调研部门，或不能由自己完成调查项目全过程的机构，就必须找一个外部提供者（调查服务和调查结果的提供者往往是专业调查研究机构）来完成全部或部分调查。

进行委托调查的原因通常有：①对于需要调查某项目的机构来说，聘请外面的机构或人员进行调查比较经济合算；②调研内容偏向某一专业领域，本单位缺少相应方面的人员；③本单位没有调查内容方面的技术专家来主持项目以确保调查的科学性和价值；④政治上的利害冲突、集团利益冲突或其他矛盾造成的局面需委托外部提供者来完成有关调查；⑤工作任务繁重、时间紧、人手少，从而不得不将调查任务委托出去，等等。

通常来说，调查的需求方作为委托者，在选择调查服务提供者时需要考虑以下因素：①该调查机构的声誉如何；②该调查机构在维护和实践职业道德方面一贯做得怎样；③该调查机构通常是否能够按时完成调查项目；④该调查机构过去完成的调查项目的质量和客户满意度；⑤该调查机构的历史及调查经验；⑥该调查机构是否有长期客户及客户对其评价如何；⑦该调查机构是否有此项目方面的专家和以前有无接受过此类委托；⑧该调查机构能否与客户很好地进行对话和交流；⑨该调查机构提供的报价本单位能否承受，价格是否合理，等等。

之所以将价格因素放在最后，是因为便宜的报价不一定是好的投标，故选择最便宜的方案也许是不明智的。较好的做法是侧重质量的同时比较价格，在首要的几个条件得到保证的前提下挑选最便宜的价格，从而获得最佳的质量价格比。

调查服务提供者对调查项目委托者也需要有一定的了解。在很多情况下，出资的调查委托人对调查研究的程序并不熟悉，他们可能是领导干部、管理人员或专业人员，其专长在于了解问题、决策、行动等方面，但对调查研究可能只有一些模糊的概念。为了调查的顺利进行，让委托方和受托方都满意，对委托人提出以下要求是非常有必要的：①解释调查的目的，即说明为什么需要进行这个项目的调查；②说明真正需要的是什么样的信息，即解释需要什么类型的数据；③说明依据调查的结果可能要作出的决策、选择或行动，即解释调查结果的作用；④在考虑成本和代价（如需要公开一些资料）的基础上估计所获信息的价值；⑤说明完成项目的确切时间要求和能够提供经费的准确数额。

有些委托人可能在不说明调查的具体目的的情况下就希望受托者实施调查，或者通过该项目的调查实现一些其他的隐蔽目的，这是不利于调查取得有价值的结果的。同时也要避免委托者不提供充分的背景材料，或是不公开地、不能坦诚地与受托者讨论所需信息的性质，以及调查结果为其服务的具体目的。委托方应该提供必要而可靠的背景材料，以便调查得以高效实施。双方在调查期内的关系应该同医生与患者、律师与当事人之间的关系一样。

对于专业调查机构，任何一次接受委托都必须谨守的准则应包括以下六条：①以寻求和保护委托人的最佳利益为根本出发点；②所有调查信息（包括过程和结果两方面）的所有权和处置权为委托人所独有，在发布、出版和使用任何调查信息或数据之前，要得到委托者的批准或允诺；③调查过程中坚持实事求是，并且不对委托者隐瞒任何事实真相；④保护委托者和被调查者的匿名权和隐私权；⑤避免任何可降低成本然而却令调查产生偏差的做法；⑥拒绝怀有不道德目的的委托，如为得到某些期望结果而指定或挑选被调查者，以及寻求某种调查偏差，或要求预定调查结果的调查，或附加任何不合法、不合理条件的调查。

三、调查课题的选择

正确选择调查课题，是调查顺利进行的重要保证，是调查取得成功、获得成果的重要前提。那么，如何正确地选择课题呢?

(一) 根据客观需要来选择课题

客观需要有两个方面：一是社会发展的客观需要，二是自己工作的实际需要。调查是为了解决问题，离开了解决社会问题的客观需要，就不可能正确选择课题。一般来说，与人们生活密切相关的、与社会需要紧密相连的和与理论发展相适应的课题，就是具有重要的现实意义和重大的社会价值的调研课题。从宏观角度看，当前改革中遇到的困难与问题，私营企业的发展状况和面临的问题，社会阶级、阶层结构的变化，人们的社会心理与价值观念的变化，学校招生与分配制度的改革，公费医疗制度的改革，农民负担问题，社会保障与社会服务体系的改革问题，以及贫困山区儿童的教育问题等，都是具有重要社会价值的调研课题。

(二) 科学性是选择课题的首要前提

选择调查课题时，一定要以科学理论和客观事实作为依据，遵循客观规律和认识规律并理智地进行选择。例如，明显与已确证的理论相违背的题目不应作为选择对象，除非确已发现了与理论相矛盾的事实，才可以把这种矛盾作为调查课题。如果毫无根据地把推翻或改变已确证的理论作为调查课题，那就失去了最起码的科学性。相应地，毫无事实依据的课题也不应被选为调查对象，除非确有把握在调查过程中可以获取有关事实。

(三) 一定的创新性是调查课题具有价值的重要标准

选择前人没有解决或没有完全解决的问题作为调查课题，有望从中产生创造性的成果。但也不能好高骛远，应从实际出发，结合工作任务，选择那些国外已有而我们尚无的移植性课题，或用新的方法、从新的角度去解决老问题的扩展性课题，以及理论上有分歧的争议性课题。总之，只要包含有一定的新颖性、独特性和先进性因素的课题，都是具有创新性和现实意义的课题。

（四）课题一定要具有可行性

有创造性和需要性的课题，不一定都切实可行。选择课题还要根据调查者和调查对象两方面的现实条件来进行。主客观条件不具备，再诱人的课题也只能是画饼充饥。选择课题时，从调查者方面看，必须考虑思想状况、知识水平、实践经验和人力、财力、物力以及时间等现实条件；而从调查对象方面看，则需要考虑客观事物的成熟程度、被调查对象的回答能力和合作态度，以及社会环境等种种因素。因此，选择课题时要注意宁小勿大，宁窄勿宽，宁精勿泛，宁深勿浅，宁新勿陈。课题具有可行性，才能在一定程度上达到预期效果。

第四节 调查课题的操作化

一、课题的操作化及其作用

（一）什么是操作化

设计调查方案和提出假设都会涉及一些概念。社会现象概念往往比较抽象，而社会调查的目的是要揭示社会现象的状况、变化与发展趋势，探寻社会现象的特点和规律性，这就需要把概念进行分解，分解为可被测量的指标，才能具体实施社会调查。这种将概念转化为指标的过程就是操作化的过程。

例：人口普查中的人口是一个概念，它是指居住在一定地区或单位内的人的总称。这是人们反映社会现象本质属性的一种思维形式，说明人口与其他事物的区别。但是要了解人口的现状、变化及发展趋势，就必须将人口这个概念具体化，具体分解为可以被测量的指标——人口数量和人口质量。这两个指标又可以被分解为下一层次的众多指标。这个概念的分解或具体化过程就是操作化。

另外，命题或假设的操作化同样是一个将命题或假设分解为可测量指标的过程，是一种定量的研究方法。

例：对小学生学习负担过重的调查。

根据长期以来的现实和来自各方面的信息，在应试教育体制下，我国的中小学生长期以来为应付考试不得不完成大量的课外作业，以至于课余已没有多少自由活动时间。但这只是一种概括性的认识，中小学生的学习负担是不是太重，重到什么程度，还需认真调查。如何对这个命题进行调研？首要步骤之一就是将命题进行分解，即进行操作化。中小学生学习负担可分解为：一周课时数、一周考试次数、每天留有课外作业的学科门数、每天完成课外作业需要的小时数等。为取得更为详细的资料，还可以对上述指标再进行分解。

（二）操作化的作用

操作化是进行社会测量和定量分析的基础。现代调查方法与传统调查方法的主要差别之一就是注重对社会现象进行量化分析，避免了模糊不清和主观判断。操作化的主要作用在于：

（1）使不同的调研者对同一个概念或命题有统一而明确的理解，避免理解分歧或在检验调查结果时发生误解。如"农村专业户"这一概念，如将其设计为：70%以上的劳动力和70%以上的收入均来自于某一专业的农户，就避免了因理解和解释的不同而出现不同的调查结果。

（2）使概念或命题具体化，进一步明确调查对象和调查范围，使调查研究得以进行。例如在有关家庭问题的调查中，对"家庭"这一概念所涉及的范围就必须作出明确而具体的解释（如调查统计时无独立户口，即属集体户的青年夫妇是否归入"家庭户"）。

（3）使概念或命题量化，令调查者对调查对象的具体观察和测量成为可能，从而对社会现象的分析更加准确。如命题

"随着工业化的发展，亲属关系会趋向淡化"，其中"工业化"和"亲属关系淡化"是两个比较抽象的概念，在实际调查中不便操作。可通过操作化将其量化，即把前者转变为"工业产值在总产值中的比重"，将后者转变为"亲属间往来次数"，就可以进行实际的操作了。

总之，操作化可以使我们在社会调查研究中将许多抽象的、定性的东西转化为可定量分析的东西，使调查结论建立在科学的基础上。

二、抽象定义和操作定义

对概念的定义方式有两种：抽象定义和操作定义。它们从不同角度对概念作出说明或解释。

（一）抽象定义

抽象定义是对概念的内涵和本质的概括和表述，是对某类事物或现象的共同本质的概括。例如，"三好学生"的抽象定义是"德、智、体全面发展的学生"；"居民家庭生活水平"的抽象定义是"调查对象家庭中人均实际消费和占有社会产品与服务的数量与质量"等。

在社会调查中，抽象定义的作用在于解释事物的内涵，概括事物的共同本质，并将其与其他对象区别开来。但是抽象定义没有解决在调查过程中如何进行实际操作的问题，如实际调查家庭消费水平时，如果我们问："你家平均每人实际消费和占有的社会产品和服务是多少？质量如何？"被调查者将难以回答。因此，对比较抽象的概念还必须作出明确的操作定义。

（二）操作定义

操作定义是对概念的外延或操作过程的表述，是用可感知、可度量的事物对抽象定义作出界定或说明的方法，即用变量和调查指标来反映抽象概念的方法。例如，"三好学生"的操作定义可以是："没有任何违法违纪行为，各科学习成绩均在 80 分以上，经同学评选出来的优秀学生。";"居民家庭生活水平"的操作定义可以用"家庭户内人均收入、人均生活费用支出、耐用消费品拥有量、人均居住面积"等来表示。

在社会调查中，指标的操作定义具有重要的作用。它不但有利于提高社会调查的客观性，而且有利于提高社会调查的统一性和可比性。

可见，抽象定义和操作定义都是对同一类事物或现象所下的定义，只是定义的途径、特点和重点有所不同，如表2－1所示。

表2－1　抽象定义和操作定义的比较

定义方法	抽象定义	操作定义
定义途径	概念	具体的事物、现象和方法
定义特点	逻辑方法（概括）	经验方法（直接感知或度量）
定义重点	揭示内涵和本质	界定外延或操作过程

抽象定义和操作定义二者有着密切的联系：抽象定义决定着操作定义的本质内容，操作定义则是抽象定义在调查过程中的进一步具体化。

三、概念的操作化

概念是人们在认识事物的过程中对客观事物的本质的概括和表述，是理性认识的一种形式。人们通过对大量的感性材料去粗取精、去伪存真、由此及彼、由表及里的加工制作，抽出其共同的、本质的东西，就形成了概念。在社会调查活动中，概念是不可缺少的。由于个人的认识水平和所处的环境不同，对同一概念可能会产生不同的解释，造成运用上的差异。为了在调查中统一认识，减少运用上的差别，有必要对概念的内涵作出明确的界定。

（一）明确概念的确切含义

如果概念的含义不清楚，操作化就无法进行。明确概念的含义要看三方面：定义、内容、性质。明确概念定义的目的，是确定调查和操作化的范围。明确概念的内容是操作化的主要任务，只有概念的内容清楚，才能进行操作化。例如，对我国现行人事制度的研究，就应该明确一项完整的考核制度应包括多少内容。明确概念的性质则是确定概念量化的程度。例如，人口和职工积极性两个概念的量化程度就不同。人口易于量化，因为概念本身的性质就明确包含着量的含义；而职工积极性则不易量化，如果进行量化，必须将其分解为可供测量的指标。

（二）确定概念操作化的框架

在明确概念的确切含义的基础上，对概念或命题应进行初步的探索性研究，或称试验性调查，以便确定操作化的框架，特别是在对概念或命题所包括的范围和领域不够熟悉的情况下，探索性研究尤为必要；然后在试验性调查的基础上构思操作化的框架。

所谓操作化的框架，即操作化的整体结构。这个结构一般包括：①概念或命题；②概念或命题所涉及的范围；③概念或命题所包括的内容；④概念或命题的分解（分解步骤、分解因素的构成及相互关系，分解因素的权重等）。

（三）对概念或命题进行分解

所谓分解，就是将整体拆解为部分，将复杂的事物转换为简单的要素，然后对各个部分或要素进行研究的一种方法。因为概念或命题是抽象的，必须分解才能够进行调查操作；有时还需进行多次分解，分解的层次多少视概念或命题本身的复杂程度和调查目的而定。

例：职位分类中对"职位"的调查研究。

职位是指一个组织分配给每一个工作人员的职务和责任。为了进行职位分类的调查，必须对"职位"这一概念进行操作化，即对此概念进行分解：

职位 = 工作性质 + 责任大小 + 工作难易程度 + 任职资格条件

上述四个方面还是比较抽象，因此可进行第二次分解，即将上述四个方面的每一方面再分别进行分解，其中"工作难易程度"又可分解为：

工作难易程度 = 工作的复杂性 + 工作依据 + 工作所需职能 + 与人接触的范围和目的

分解不是目的，而是为了使调查研究得以进行，故分解必须围绕着命题进行。在对分解后的因素调查研究后，最终还必须综合，即对概念或命题进行整体的分析、说明，得出对概念或命题的结论。

（四）确定概念或命题的评价体系

确定概念或命题的评价体系是指在设计操作化框架中，确定各部分或因素在整体框架中所占的比重，也就是把命题分解为若干部分或若干因素之后还需确定每一部分或因素在整体中所占的地位。特别是在定量的调查研究中，每个部分或因素所占的比重的确定是至关重要的。但如何确定各个因素在整体中的地位或比重并无固定模式，只是根据调查者对概念或命题的认识和理解，凭调查者的经验和阅历来确定。例如，在确定职位评价体系中，总分为 100 分，其中难易程度占 40%，责任轻重占 40%，任职资格条件占 20%。在对概念或命题的操作化框架的评价体系进行确定时，要分清在命题研究中哪些因素是重要方面、哪些因素是次要方面。只有这样，才能对概念或命题进行正确的、科学的研究。

第五节　试验性调查

正如部队在接受作战任务后，必须进行细致周密的侦察才能制订作战方案，调查课题选定以后，也需要围绕选定的课题做一些初步的探索研究，即试验性调查，以获取有关课题的信息，为提出理论假设和设计调查方案提供可靠的客观依据。

一、试验性调查的内容

试验性调查是一种初步探索和预备性调查，其目的不是直接调查某课题所要回答的问题，而是为正式调查做理论准备，提供一些资料，以帮助调研者认识和理解所面临的问题。它的具体作用有三个方面：

（1）增进对课题的了解，借鉴和吸取前人的成果和经验。首先，可以了解对同一问题或类似问题，其他人已经做了哪些研究，得出了什么结果，进而利用这些成果，使本次调查研究一开始就有了一个较高的起点；其次，可以了解别人的调查方法和经过，找出他们成功或失败的原因，从中吸取经验教训，少走弯路；再次，可以了解哪些问题别人已经解决了，哪些问题还没有解决或没有完全解决，进而找出调查的重点和难点。

（2）为调查课题的理论假设提供依据和经验事实。规范的调查过程一般是：确定课题—提出假设—收集资料—分析资料—得出结论—撰写报告—总结评估，其中，提出假设是调查研究中的重要环节。在试验性调查的过程中，可以了解别人在这方面的理论观点和具体建议，并结合实际，对这些观点和建议作出判断，提出自己的见解，形成有关课题的基本观点和看法。尽管这些观点和看法还是尚未经过实践检验的主观认识，但并不排斥以理论假设的形式将其提出来，据此设计调查指标，形成调查方案，最后接受调查结论的检验。

（3）为调查方案和调查指标的设计提供依据。任何一项调查研究的内容都是通过指标来反映和体现的，调查指标是设计调查方案的重要内容。只有在对课题有了比较全面的了解的基础上，才可能设计出科学、合理的调查方案。通过试验性调查，可以帮助调研者将问题定义得更准确，获取有关课题的信息，这样就为设计调查指标和调查方案提供了依据和准备。

二、试验性调查的特点

由于试验性调查的性质是一种铺路的工作，因而这一阶段需要的信息是不精确的，研究过程也很有灵活性，没有什么结构，与正式调查有很大的不同。

通过与正式调查的对比，我们可以更清楚地了解试验性调查的特点：

（1）目的方面，试验性调查是通过对问题或情况的探索或研究，来提供对问题的内部了解；正式调查则是要检验具体的假设，考察被调查对象的内部相互关系。

（2）研究过程方面，试验性调查所需的信息不严格定义，研究过程灵活、机动、无结构，用于调查的样本量很小，且无代表性，对数据的分析多是定性的；正式调查所需的信息均清楚地定义，研究过程是正规的，且有一定的结构性，选取的样本量较大，并有相当的代表性，对原始数据的分析采用定量手段。

（3）结果方面，试验性调查得到的结果是试验性的、参考性的；正式调查的结果是结论性的。

（4）成果方面，试验性调查一般还需要做进一步的探索性或结论性的研究；正式调查的成果则可以用作决策的参考。

上述区别如表 2－2 所示。

表2-2 试验性调查与正式调查的比较

	试验性调查	正式调查
目的	提出假设，了解事物的内部	描述总体的特征或功能
特征	灵活、机动、无结构性 小样本，无代表性 是整体方案的前端部分	过程完整，有结构 样本量大，有代表性
方法	专家调查、试点调查 个案研究、二手资料 定性调查研究	多种方法结合使用 定性分析与定量研究相结合
结果	试验性的、参考性的	结论性的
成果	作为进一步研究的基础	作为决策的参考

三、试验性调查的方法

进行试验性调查的途径一般有：

（一）查阅文献

1. 为什么要查阅文献

文献是知识的结晶。要了解前人和他人调查研究的成果，必须查阅与调查课题有关的各种文献资料。查阅文献需要解决三个问题：查什么，到哪里查，怎样查。

2. 查阅文献注意事项

（1）查什么。查阅文献不能漫无目的，要紧紧围绕课题。首先要明确查阅范围。通过查阅文献，应该要获得三个方面的材料：一是与课题有关的理论观点和科学知识；二是以前别人对这个问题的调查研究情况，包括调查方法和调查结论；三是课题的历史情况和背景材料。

（2）到哪里查。指弄清需要查阅文献的类型。一般来说，下列文献可能包含有价值的信息：报刊，包括各种公开发行和内部发行的图书、报纸、杂志、专业期刊、统计年鉴等；内部资料，包括各种电文、简报、会议记录、档案资料、文件汇编等；私人文件，包括日记、信件、自传、回忆录等。

（3）怎样查。现代文献资料浩如烟海，需要掌握科学的文献检索方法，才能查寻到自己需要的文献资料。常用的文献检索方法有两种：一是检索工具法，就是利用文摘、目录、索引、统计年鉴、百科全书等，从其中给出的信息线索来查找文献；二是参考文献法，就是利用著者在图书和文献后面附录的参考文献，追索信息的来源，从而查找到自己需要的文献。

（二）访问咨询

1. 为什么要咨询

查阅文献可以得到许多有助于课题研究的资料，但这条途径有着明显的缺陷：许多过去的知识没有被记录下来；记录在文献里的知识并不完全正确；即使文献中的观点正确，由于时代的发展于今已没有多大参考价值。另外，凡是记录下来的过去的知识都有明显的滞后性，大量正在发生、正在变化着的事实还没来得及被记录下来。因此，试验性调查必须走向社会，进行访问咨询。

2. 咨询注意事项

咨询应该有一定的准备。咨询之前，要尽量对咨询对象、咨询问题有较多的了解，努力做到向最合适的咨询对象提出最合适的咨询问题，以最短的时间取得最好的咨询效果。同时，咨询应该有一定的广泛性，既要向理论造诣较深的专家、教授请教，又要向具有丰富实践经验的实际工作者学习；既要向有关部门、上级机关的领导请教，又要向最基层的干部和群众学习。特别要向那些处于不同地位、不同状态，具有不同观点的人进行多方面的咨询。被咨询者由于职业、地位不同，观察、思考问题的角度不同，加之知识结构、价值取向、思维方式的差异，对同一问题可能看法不一致甚至相去甚远，调查者应虚心听取、客观评价。

（三）实地考察

1. 为什么要实地考察

查阅文献是了解过去的知识，访问咨询是求教别人掌握的知识，得到的都是间接的东西，是经过文献撰写者和被咨询者的主观因素剪裁和改造过的东西，与客观现实之间有一定距离。试验性调查要形成新观点、提出新见解，只靠这些第二手、第三手的材料远远不够，必须深入实地进行现场考察。

2. 实地考察注意事项

实地考察的对象和范围不宜太广，应尽可能挑选那些具有代表性的地区或单位作为考察的重点。调查亦无须太细，只求对问题有一个大概的了解，突出在正式调查时不便了解或了解不到的东西。人员方面，调查的领导者、组织者特别是方案的设计者必须参加，参加人数也不宜多。在实地考察中，要努力把调查与研究结合起来，把提出问题与研究解决问题的方案结合起来，把虚心学习与大胆探索结合起来。只有这样才能逐步形成自己的观点和看法，提出自己的研究假设。

以上三种试验性调查的基本方法在实际调查中往往是结合使用、交叉进行的，应根据实际情况灵活掌握。同时，试验性调查还可以采用个案研究等方法来进行。

四、关于研究假设

（一）假设及其特征

1. 假设

假设亦称假说，是根据已知的科学事实和科学理论，对未知的客观现象所作的尚未经过时间检验的一种假定性的设想和说明。在社会学中，假设是研究者预先确定但尚未经过实践证明的社会现象之间的相互联系的命题。它是设计社会调查方案时不可缺少的一个环节。

2. 假设的主要特征

（1）科学性。假设是以一定的科学事实为根据、以科学理论为前提提出来的。它既不能与已知的客观事实相矛盾，也不应与已被实践证明的理论相矛盾，除非确已发现了与该理论相矛盾的事实。假设绝不是纯主观的猜测或任意的幻想。

（2）可检验性。假设中包含对未知现象的推测。因为是推测，故科学资料不足、检验条件不充分，带有假定成分。但这种推测必须可以被实践证实或证伪，而不能是一个无法被时间检验的虚幻的假想和说明。

（3）易变性。由于占有材料的程度、看问题的角度、知识水平、研究方法的差异，人们对同一社会现象可以提出多种不同的假设，互相印证或补充。已提出的假设还会随着实践过程中的新发现而变化，随着争论的发展而被修改。

（二）为什么要提出假设

（1）调查指标和调查方案的设计必须以理论假设为指导。假设被提出后，按照从抽象上升到具体的方法，展开成为具体的调查指标项目，构成整个调查的理论框架。例如，研究小城镇的兴衰，若有的人假设，人口的增减是衡量小城镇兴衰的唯一标志，那么，他在设计调查方案时，就会只设计一些与人口相关的指标；若有的人假设，衡量小城镇的兴衰，不仅要看人口的增减，还要看经济的发展状况，那么，他所设计的调查方案就不仅包括一些关于人口的调查指标，还会包括一些关于经济发展状况的调查指标。由于调查指标不同，整个调查方案，包括调查的对象、范围、方法和过程等，也就会有很大的差别。因此，假设是实际调查的指南。

（2）实施调查时，要按照假设的内容和由假设引申出来的调查项目，有目的地去收集材料。无论是直接了解社会现象，还是间接查阅各种文献，研究假设不同，调查的侧重点就不同，所获得的感性材料也会有较大的差异。例如，观察农产品集贸市场的状况，由于研究假设不同，有的人可能重点观察参加集贸市场人员的数量及其构成，有的人可能重点观察上市农产品的品种和结构，有的人可能重点观察集贸市场的建筑和管理等。因为人们总是在假设的引导下有选择地观察社会，而不是对外部事物进行纯客观的扫描，所以，假设是收集调查材料的向导。

（3）假设是形成理论解释不可缺少的中间环节。在科研和科学理论建立过程中，最初都要提出某种假设，随着研究的进一步发展，假设经过检验，得到修正、补充，丰富发展为具有理论形态的科学假设。社会调查也遵循这样的逻辑过程：确定课题—提出假说—收集资料—检验假说—理论解释。可见，假设是调查过程中形成理论解释的重要环节。

（三）假设的类型和形式

假设的基本类型按抽象程度的差异可分为两种：

（1）描述性假设。主要用来说明一些变量指标的存在、特点及分布的情形。例如，"我国人口出生率在过去20年经历了一个由高到低的转变过程"就是一种描述性的假设。

（2）解释性假设。在说明关于什么问题的基础上力图说明变量指标之间的因果关系。例如，"高收入的家庭消费较高"这个假设，说明了"收入"和"消费"两个变量之间的因果关系，这就是解释性假设。

假设的基本形式主要有三种：

（1）条件式假设。即"如果……，那么……"的条件假设。这是一般科学研究的逻辑推理形式。在"如果"部分提出自变量（先决条件），在"那么"部分反映因变量（后果）。例如，"如果长期吸烟，就有可能患肺癌"，"如果家长认为找个好职业比上大学重要，那么其子女的升学意愿就较弱"，"如果社会地位发生变化，那么人的观念也必然发生变化"，等等。条件式假设有充分条件假设和必要条件假设两种。在上述陈述中，A 是 B 产生的充分条件，因而是充分条件假设；在必要条件假设中，A

是 B 产生的必要条件，例如，"只有发挥职工的积极性，才能提高企业效益"，"只有交往频繁，人们之间的关系才会密切"。条件式假设常说明两个变量之间的因果关系，但有时也只说明相关关系。

（2）差异式假设。其形式是：A 与 B 情况不同，则 A 和 B 的结果也不同；A 与 B 情况相同，则 A 和 B 的结果也相同。例如，"经济特区和保税区实施的政策不同，它们的经济发展状况也不同"。

（3）函数式假设。其标准形式是：$A = f(B)$。它是针对各种现象建立的数学模型，对变量测量的水平要求比较高，使用的方法也比较复杂。一般应用系统模式时都采用这种假设形式建立数学模型。

（四）形成假设的条件和方法

在社会调查中，假设的形成是一个复杂的认识过程。除了创造性思维之外，丰富的实践经验、科学理论知识和一定的想象力，都是形成假设的基本条件。

形成假设的一般方法有：

（1）从实践经验中归纳出假设。这是假设最直接、最主要的形成途径。经验来自实践，尽管它在上升为理性认识以前，往往带有感性、直观的性质，但它的内容却是客观的，总在一定程度上反映事物的本质及其发展规律。因此，人们在遇到问题需要解决时，总是首先从过去的经验中寻求答案，自然地把过去的经验当作第一参照系。只要我们客观地认识了形成经验的具体历史条件，掌握了当前研究对象的内外部情况，就有可能从过去的经验中引申出具有一定客观性的研究假设来。

（2）从原有的理论演绎出假设。任何经验都是具体的，都必然具有一定的局限性。对于许多探索性、开创性的课题来说，要提出假设，还必须求助于科学理论。理论的功能就是解释客观事实。在提出假设时，应特别注意运用理论研究成果，从中演绎出假设。借鉴、移植相关学科的研究理论，往往能收到好的效果。例如，研究青少年犯罪时，可以从犯罪心理学、犯罪社会学等一些研究成果中得到一些启示，从而提出假设。

（3）运用丰富的想象力来促成假设。提出假设是一种创造性的思维活动，仅靠经验和理论知识，没有新的联想、构思，是无法提出新假设的。而想象是一种特殊的创造性思维活动，是人的主观能动性的突出表现。在社会调查中，开动脑筋，大胆探索，充分发挥个人的想象力、创造力，努力提出新颖的见解，将大大有利于假设的形成。但运用想象力绝不是胡思乱想、任意猜测，而是以过去的经验、现有的理论和客观事实为依据的合乎逻辑的联想和猜测。总之，科学的想象在形成研究假设时，尤其在寻求从未接触过的调查课题的答案时，具有特别重要的意义。

第六节 调查方案的设计

正如经济建设要制定规划、工程施工要设计蓝图一样，科学的社会调查需要制订详细、周密的调查方案，所谓"凡事预则立，不预则废"。调查方案是整个调查工作的行动纲领，对于保证调查工作的顺利进行具有重要的指导作用。

一、调查方案的内容

（一）设计调查方案需要考虑的因素

一份调查方案就是一个调查项目的框架和蓝图，它应给出获取所需信息的具体过程。在准备进行一项社会调查并开始制订调查方案时，有这样五个问题是我们必须思考的：① 为什么要进行这项调查？② 即将进行怎样的调查？③ 值得做这项调查吗？④ 如何达到所要求的调查目标？⑤ 怎样做进一步的研究？

第一个问题确立了调查的目的，也给出了调查需要达到的总的目标。第二个问题则将总的目标转化成了具体的目标，回答这个问题需明确该调查所涉及的范围。第三个问题是关于调查结果的作用，其另一层意思是应该仔细考虑调查的成本。第四个问题涉及采用怎样的调查方式和方法，即通过什么途径得到所需要的资料和数据。第五个问题是一旦收集好了数据，该如何分析，如何解释，如何从结果中为进一步的行动或决策提出合理的建议。

（二）调查方案的内容

回答上述问题，实际上就是制订调查计划或方案的过程。因此，调查总体方案一般应包括以下内容：

（1）定义有关概念。为了对调查中使用到的概念有确切、一致的理解，需要对有关概念进行定义，以便操作。同时，这也是设计调查指标的需要。需定义的概念因调查课题的不同而不同，如人口和社会经济特征、心理和生活方式、个性、动机、知识、以往行为、态度和观点、行为倾向等。

（2）确定调查目标。调查目标包括三个方面：研究成果的目标（要解决什么问题）、成果形式的目标（调查的成果用什么形式来反映）和社会作用的目标（希望产生怎样的社会影响）。

（3）选择调查单位。指社会调查的对象是谁，在什么地区进行，调查的范围有多大。调查单位的选择应有利于调查目标的实现，有利于实地调查工作的进行，有利于节约人力、物力、财力和时间。

（4）选择调查方法。主要指收集资料和研究资料的方法。一种调查方法可以适用于不同的调查课题；同时，一个调查课题也可以采用不同的调查方法。事实上，往往需要多种调查方法结合使用，才能完成调查任务，关键是所选择的方法要适应调查课题的需要。因此，选择最适合、最有效的调查方法，是调查方案中十分重要的内容。

（5）调查工具的使用。调查工具是指调查过程中所使用的物质手段。它包括两大类：一类是器具性的，如录音机、摄像机、照相机、计算机、各种交通工具等；另一类是反映调查指标的物质载体，如调查提纲、表格、问卷、统计表、卡片等。

（6）调查人员的组织。只要不是个人单独进行的调查，任何社会调查都存在着调查人员的选择和组织问题。其具体包括调查参与人员、课题负责人、分组及小组负责人的确定，人员的培训和管理等。方案中应说明每个人的专业特长和在该项目中的分工。

（7）调查经费的筹措。方案设计中的一个重要问题是如何筹措和使用经费，如何用最少的花费获得最大的调查成果。因此，应详细地列出各项所需费用，通过认真的估算实事求是地给出总预算和每项的单独预算。

（8）调查时间的安排。方案中应详细地列出完成每一步骤所需的天数和起止时间，尽量令调查任务的安排合理、平衡，适应调查课题的特定需要。总体上既要有紧张的节奏和合理的交叉，又要留有余地以应付可能的意外。

（9）其他情况。主要是附录，应包括以下三方面的内容：一是调研项目负责人及主要参加者的名单。二是抽样方案的技术说明及细节说明。三是数据处理方法、所用软件等方面的说明。

（10）其他相关事项。如是否有必要利用报纸杂志、广播电视等各种宣传工具进行适当的宣传，以产生较好的社会效益等。

二、设计调查方案的原则

科学地设计调查方案，必须遵循以下基本原则：

（1）可行性原则。指调查方案要从课题的实际需要出发，根据调查工作的主客观条件选择适当的调查课题，确定调查的范围和地点。例如，社会生活中的重大事件和问题，牵涉的方面较多，需投入的人力、物力、财力较大，就应由政府部门组织并邀请有关专家学者参与调查。如果调查人员是缺乏经验的大学生，解决实际问题方面的调查目标就不能定得太高；同样，如果调查人员主要是理论修养较差的基层工作者，那么学术探讨方面的调查目标就应该适当降低。

（2）时效性原则。设计调查方案必须充分考虑时间效果，特别是一些应用性的课题，往往有很强的时间性要求。例如，市场需求变化调查，应赶在市场需求的重大变化出现前拿出成果，否则就会失去指导作用，从而大大降低调查成果的应用价值。特别是预测性课题，更应作超前的调查和研究。如果总是落在实践的后面放"马后炮"，就失去了这类调查的本来意义。尤其是当前社会发展速度大大加快，许多社会现象瞬息万变，强调调查研究的时效观念就显得尤为必要。

（3）经济性原则。低成本、高成效应该是调查的指导思想之一，并体现在调查方案中。因此，要尽量节约，努力以最少的人力、财力、物力和时间，取得最大的调查效果。例如，在调查类型的选择上，能够作抽样调查的就不作普遍调查，能够作典型调查的就不作抽样调查。在调查方法的设计上，能够通过文献调查解决的问题，就不必作现场调查；能够通过观察、访问解决的问题，就不去作实验调查。同时，调查范围、调查对象、调查时间、调查人员等方面都要体现节约原则。

（4）灵活性原则。由于任何方案都是一种事先的设想和安排，与客观现实之间总会存在或大或小的差距，而实际调查过程中又常常会遇到一些意想不到的新情况、新问题。因此，设计调查方案时，无论是时间安排，还是经费开支以及其他方面，都要考虑到发生预想不到的情况的可能性。保持弹性、留有余地，才不致出现被动局面或无法完成调查任务。

三、调查方案的可行性研究

（一）什么是可行性研究

为了调查方案能够实现，使调查方案具有取得成功的可能性，减少方案实施中的盲目性，避免不必要的重复和浪费，必须对调查方案的可行性进行分析和论证。可行性研究作为一种经过实践证明的科学工作方法，已成为调查课题和任何科研项目必经的工作程序。

（二） 可行性研究的内容

只有具备了必需的主客观条件的调查研究，才是具备可行性条件的调查研究。因此，可行性研究的内容就是对调查研究所必需的主客观条件进行分析评价。这种分析评价通常包括以下一些问题：

此项调查研究是否很有必要，其可行性条件如何？所选择的环境条件和时机条件怎样，是否可能选择最佳环境和最佳时机？参与调研的人员素质如何，能否保证调查研究的质量？调查研究的实施程序和具体安排是否合理，所选择的方法和技术手段是否合适、有效，所需要的资金和工具是否有保证？调查研究的成果及其形式能否满足社会需要，能在多大程度上满足这种需要？本次调查研究的经济效益和社会效益怎样？等等。

（三） 可行性研究的方法

1. 逻辑分析法

这种方法是用形式逻辑的规律来检验调查设计的可行性。例如，调查某地区居民的学历结构，而设计的调查指标却是"文盲"和"半文盲"，这样调查出来的数据是不能说明问题的。因为"学历"与"文盲"、"半文盲"是不同的概念，它们的内涵和外延有很大的差别。同样，调查某地区人口的城乡结构，使用"农业人口"和"非农业人口"的调查指标也是不合逻辑的。因为人口的城乡结构不是由按行业类别划分的"农业人口"和"非农业人口"决定的，而是由按居住地域划分的"农村人口"和"城市人口"决定的。所以若使用"农业人口"和"非农业人口"的概念，就违背了逻辑学上的同一律，会使整个调查研究失去效度。

2. 经验判断法

经济判断法是用以往的实践经验来判断调查设计的可行性。

例如，根据以往的经验，在调查方法的设计上，对文化程度较低的调查对象，不宜采用书面问卷调查的方法；在调查时间的安排上，到农村作调查，一般不宜选择在农忙季节进行；在调查地域的设计上，如果人力、财力不足，就不宜选点太远、分布过广等。运用经验判断法，可采取专家论证会、"知情人"座谈会、民意测验等多种形式。请有经验的人对调查方案的可行性进行研究和判断，是使调研取得预期效果的有效方法之一。

3. 试验调查法

试验调查法是通过小规模的实地调查来检验调查设计的合理性和可行性。通过试验性调查，可以发现方案设计的不足和疏漏，如调查目标的设计是否恰当、调查指标的设计是否正确、调查人员的能力是否适应、调查工作的安排是否合理等，从而及时地根据试验调查的结果来修改和完善原设计的方案，使正式调查可以更顺利地进行，达到预期的调查目标。

应该指出，试验性调查的目的是检验评价调查方案，而不是收集资料或解决具体的调查问题。因此，在实施试验性调查时要注意以下三个方面：

（1）调查对象：力求规模小、数量少，但代表性强。

（2）调查队伍：调查的领导者、组织者、方案的设计者必须参加，并注意选派有经验的调查人员作为试验调查的骨干。

（3）调查方法：应多种方法同时使用，并根据实际情况的变化随时作出调整。

此外，还要注意采取多点对比的形式进行，如一个方案的多点对比、不同方案的多点对比等。

最后，还应根据试验调查所反馈的信息，及时修改和完善原设计方案。如果发现原有方案完全不能实现目标或者基本缺乏可行性，则应重新设计方案。

逻辑分析法和经验判断法简便易行且有实效，因此，这两种方法是对调查方案进行可行性研究最常用的方法。但是，这两种方法也有很大的局限性。逻辑分析法主要适用于对调查指标的设计进行可行性研究，其他方面的设计则很难用这种方法进行可行性研究。同时，有些操作定义的设计在逻辑上是正确的，但在实际调查中则往往行不通。例如：

闲暇时间 = 24 小时 − 睡眠时间 − 家务劳动时间

这一设计在逻辑上的表述是没有错误的，但在进行实际调查时就很难将各类时间划分清楚。经验判断的局限性就更为明显，因为人们的实践经验不同、判断能力不同，即使经验丰富、判断能力强的人，也只能判断那些比较熟悉的东西，而对新事物、新情况、新问题就很难单凭过去的经验去作判断。实践证明，仅仅使用逻辑分析和经验判断这两种方法，还不能最终说明调查设计的可行性，只有试验调查才是对调查设计进行可行性研究的最基本、最重要的方法。

第七节　调查活动的组织管理

一、调查活动的组织管理及其作用

社会调查的组织管理是为了实现调查的目的和任务而对调查活动所采取的一系列协调和指导工作，是搞好调查研究的重要前提。现代社会调查研究一般都不是个人进行的活动，而是由许多人参加的群体活动，需要全体成员的分工合作和密切配合，因此，有效的组织管理是协调调查活动的必不可少的条件。调查过程中，调研的组织者需协调调查者和被调查者之间的关系，以取得被调查者的支持和配合，为实地调查活动提供后勤保障，因此，搞好调查活动的组织管理是调查得以顺利、高效进行的必要保证。

调查活动组织管理的内容主要有：

（一）调查组织的建立和管理

这方面工作包括：①成立调查组织。规模大的社会调查要成立指导社会调查的专门机构，规模较小的社会调查可成立项目小组。②指定调查项目负责人或领导小组。负责人应由有威信、事业心强、精通该调查研究课题的人担任。③调查人员的合理分工。应从调查课题整体的需要出发，考虑协调配合和实施调查的方便。

（二）选择和培训调查人员

调查人员的素质是影响调查质量的关键，为此，应认真选择调查人员。应选择那些有正确的政治观点、有一定的政策水平和理论水平，既具备一定的科学文化知识和专业知识，又掌握基本的调查技能的人担任调查人员。

另外，调查的组织管理还包括筹措调查经费、提供后勤保障、解决矛盾、协调关系，以及进行大型调查前联系调查单位和对象等。

二、调查人员的选择和培训

（一）对调查人员的要求和选择

调查人员要有一定的文化知识水平和良好的自身素质，这是调查实施能够成功的最重要的保证。下列的知识和技能是调查人员必备的：

（1）社会学、心理学、行为学、统计学、定量分析以及市场营销等方面的基础知识。

（2）计算机技术的运用。这是计算机技术日益普及和广泛应用的客观要求。

（3）调查方法和技能，例如，如何进行观察、如何抽样、如何设计问卷，以及如何接近被调查者、如何取得被调查者的信任等。

（4）较好的口头和书面表达能力。无论是访问调查的提问，还是观察调查时的记录、问卷调查中的问卷设计和填答指导，以及调查报告的撰写，良好的口头和书面表达能力都是非常重要的。

（5）较强的人际交流能力。这是因为社会调查的调查者与被调查者之间是一种互动关系，因而要求调查人员具有热情、大方、真诚的人格特征，从而产生良好的人际交流效应。

（6）创造性地思考。调查人员能够创造性地思考才可能在调查中发现新问题，收集到新材料，形成新观点，得出新结论。

调查人员有两个来源：一是在职工作人员，二是招聘调查人员。无论来源于何处，挑选调查人员都要坚持两个原则：一是调查人员要有较高的工作热情。因为调查的实施是一件辛苦而琐碎的事情，要重复地与被调查者打交道，如果没有较高的工作热情，很快就会感到枯燥乏味，丧失耐心，从而影响调查工作。二是调查员必须有认真负责的工作态度。调查资料的真实可信，是社会调查中最基本的要求。如果调查人员不具有科学求实的精神和认真负责的工作态度，就很可能在调查过程中马虎了事、应付差事，甚至弄虚作假，严重影响调查结果。

（二）对调查人员的培训

在调查准备阶段，必须根据调查的目的和要求对调查人员进行必要的培训。培训的内容包括职业道德教育、专业知识教育和调查操作技能等。培训方式可采用以下四种：

（1）授课。指由调查组织者本人或聘请社会调查的专家、学者给调查人员集中授课，讲授有关各种调查方式、方法的基本知识，对调查人员的要求，在调查过程中应注意的事项，等等。

（2）讨论。让调查人员自由交流对涉及调查的各类问题的理解和有关想法。例如，调查过程中可能会出现哪些问题，该如何应付。

（3）示范。由调查组织者模拟实际调查的情景，当场为调查人员演示调查的实施过程。

（4）实习。指由调查人员进行调查者和被调查者的角色扮演，对调查过程进行实际操练，使其熟悉自己将要具体操作的工作流程。在实习过程中要注意随时纠正调查人员各种不规范的语言和行为，使之达到统一、标准。

面授培训调查人员的时间视具体情况而定，一般为一至三天。将调查人员集中起来培训，花费的人力、物力、财力都是很大的，尤其是大范围、大规模的调查。因此，出现了利用文字材料对调查人员进行函授培训的方式。其效果虽不及面授，却有节省时间和调查经费的明显好处。但函授培训对调查人员的素质要求比较高，不仅需要调查人员有较高的文化程度，而且要求他们有较强的领悟能力和工作责任心。

复习与思考

1. 简述社会调查的"事实—解释"模式、"假说—理论"模式、"系统—综合"模式。

2. 社会调查的一般程序是怎样的？

3. 社会调查可分为哪几个阶段？各阶段的任务是什么？

4. 什么是调查课题的操作化？它有何作用？

5. 对比区分抽象定义和操作定义。

6. 为什么要进行试验性调查？试验性调查与正式调查有什么区别？

7. 社会调查中理论假设有什么作用？如何形成假设？

8. 调查方案一般包括哪些内容？

9. 自选调查对象，设计一份调查方案。如何对调查方案进行可行性研究？

10. 调查活动的组织管理要注意什么问题？

第三章　社会测量

本章要点

1. 社会测量的概念和特点
2. 社会测量的尺度
3. 调查指标及其设计
4. 社会指标与社会指标体系
5. 社会测量的信度和效度

在社会调查的过程中，必然会涉及对被调查的社会现象进行测量的问题。对社会现象的测量科学与否，直接影响到社会调查最终成果的质量。

第一节　社会测量的概念与特征

一、什么是社会测量

社会测量是指依据一定的规则，将研究对象所具有的属性和特征用一组符号或数字表示出来。这种方法是社会调查中常用且不可替代的方法，因为有些社会现象不能用具体事物来界定其特征，必须用测量的方法去认识其特征及属性。通过对客观存在的事实和现象进行量化，得到反映事实和现象的数量资料，才能进行统计分析、定量研究。社会测量的作用在于它不但使调查研究的实际操作成为可能，而且为调查研究中的定量分析提供了必要条件。这种方法还有助于提高社会调查的客观性和精确性。

（一）测量对象

社会测量的对象是现实社会中所存在的事物和现象。根据调查课题的具体需要，测量的客体可以是个人、家庭、社会组织、社区等各种实际存在的事物。

（二）测量内容

社会测量的内容主要是测量对象的各种属性和特征。例如，当测量的对象是个人时，个人的年龄、性别、态度、职业、收入、社会地位、家庭状况等就可能成为测量的内容。当测量的对象是社会时，那么测量的内容常常就是反映社会现象的指标，如国民经济状况、人民生活水平、社会福利状况、犯罪率等。虽然调查对象的属性和特征构成了测量的实际内容，但了解孤立的调查对象的属性和特征并非测量的目的，测量的意义在于在调查对象的诸多属性和特征之间发现其普遍联系，通过比较找出它们的内在本质和变化规律。例如，对农民生活水平的测量，可以把农户分成贫困户、温饱户、小康户、富裕户等，在对它们的相互比较中，发现和测定农村的基本生活状况。

（三）测量规则

测量规则是指在测量过程中，用来规范具体的测量内容和测量行为的操作规则。如测量年平均人口数的规则是"年初人口数加年末人口数的和乘以1/2就是该年的平均人口数"。

测量人们对某一事物的态度，即需要获取人们对某些问题或结论的态度的定位时，常用数字符号来代替各种不同的态度及程度。如用"1、2、3、4、5"分别表示"非常同意、同意、说不准、不同意、很不同意"。这些数字仅是一种抽象的代表符号，并无实际的数学意义。

需注意的是，数字和符号与所要反映的事物之间的关系必须一致，即测量规则的制定与运用必须正确，测量才能得到符合实际的结果。

（四）测量工具

由反映测量对象的属性和特征的各种符号和数字所构成的测量指标，我们视为测量工具。测量指标常用文字、数字、符号表示，有时单独使用，有时结合使用。由于社会现象的复杂性，对社会现象的测量单靠某个测量指标是远远不够的，还需要有一系列相关的指标，即测量表。各种调查表、问卷表、量表等都是用来科学地安排这些指标的测量表的具体形式，是社会调查中十分有用的测量工具。

二、社会测量的特点

社会科学研究发展到今天，定量分析早已是其中一种重要而又常用的研究手段。社会现象表面上看是孤立的、个别的，但它们其实有着一定的内在联系和规律。自然科学的定量研究方法，事实证明也完全可以运用于社会科学领域，而进行定量研究的前提是对社会现象进行测量。只有对社会现象的量的特征进行有效的社会测量和科学的分析，才有可能对复杂多变的社会现象进行深入的研究，发现其本质及其规律性。

（一）社会测量的要求

（1）依据一定的法则。法则即测量规则，是社会测量的依据。离开一定的法则就无法进行测量。在社会调查中要确定分辨事物的一定法则，并按照这个法则将数字和符号分派给调查对象。针对不同的调查内容和对象可制定不同的法则。

（2）测量的对象是事物或现象的特征和属性。明确测量的范围是获得正确测量结果的前提，不能反映事物属性和特征的方面不应列为测量范围，从而避免测量的复杂化。

测量问题最早是在自然科学的实验研究领域被关注并得以广泛应用的。到今天，测量在自然科学中的应用和发展已达到十分专业化、精确化的程度。相比之下，社会测量的应用则薄弱一些。这是由测量对象本身的性质决定的，同时也决定了社会测量在社会调查中的特点。

（二）社会测量的特点

（1）在社会调查中运用社会测量的结果有着一定的模糊性，精确化程度较低。因为社会生活纷繁复杂，人的行为表现各种各样，并且不断变化，这使对社会现象、人类行为的测量具有相当的难度。尤其是社会现象之间的关系，大多不是简单的因果关系，而是表现为相关关系；社会规律也不是确定性的规律，而只是一种倾向性或偶然性的规律。这就使得社会测量既不能够找到像自然科学那样的基本规律，也不可能形成彼此联系、相互补充的精确的测量系统，从而令社会测量的标准化程度和精确化程度都比较低。

（2）社会测量受人为因素的影响较大。在社会测量中，人作为测量的主体来实施测量行为，测量者的认识水平、价值取向、思维方式和测量经验不同，测量结果也会因此而出现一定差异。所以，社会测量的成功与否在很大程度上受到测量者主观因素的影响。其根本原因是社会测量很难在真正客观的条件下进行。

尽管如此，社会测量对于调查研究来说仍然具有相当重要的价值和意义。进行有效的社会测量和科学的数量分析，是使社会调查走向真正科学的完备形态的标志。没有社会测量，就没有对社会现象的定量分析，也就没有现代意义上的社会调查。

第二节　社会测量的尺度

对任何社会现象的测量，都必须依据某种能够客观地反映测量课题的属性和特征的标准才能进行。社会测量所依据的尺度，就是社会测量尺度。在各类社会测量尺度中最常用的是定类尺度、定序尺度、定距尺度和定比尺度四种。

一、定类尺度

（一）定类尺度的概念

定类尺度，即定类测量尺度，或称定名测量尺度。它是用分类的方法，对测量对象的属性和特征的类别加以鉴定的一种尺度标准。定类尺度常用于识别目的，常见的有身份证编码、汽车牌照号码、各种职业分类码，如用"1、2、3、4"代表"工人、农民、干部、教师"。但这些数字只是区别事物的识别标志，并非反映这些事物本身的数量状况，因而不能用作数学运算。

（二）定类尺度的特点

（1）定类尺度只能测量指标的各种类别之间的差别，不能比较大小，也不能按顺序排列，测量水平和层次最低，是社会测量中最简单、最基本的测量类型。

（2）对社会现象进行定类测量时可以用数学符号"="、"≠"或"是"、"否"表示，测量给出的数字仅用作识别调查对象或对调查对象进行分类的标签或编码，不具备任何数学特性，也不能说明其本质特征。如身份证号码较大的个体并不意味着比号码较小的个体更优越；职业编码为1的个体也并不低于职业编码为2的个体。

（3）必须有两个以上的变量值才能进行定类测量。如对性别进行定类测量时，要有"男"和"女"两个变量；对人种进行定类测量时，要设计"黄种"、"白种"、"棕种"、"黑种"四个变量。

（4）各变量对性质和特性相同的事物的代表性必须是唯一的，即数字和个体之间是严格一一对应的。只有这样，变量之间才可能互相排斥，不会发生交叉重复。如上例中的人种，被测定者非此即彼，不可能同属两类。一一对应也意味着被测定的每个对象都要有一个合适的变量相对应，不能没有归属。如"婚姻状况"，如果设计的变量"已婚"、"未婚"、"离异"、"丧偶"、

"再婚"、"长期同居（事实婚姻）"中缺少任何一项，都会使现实中的一种婚姻状况无法归类。

二、定序尺度

（一）定序尺度的概念

定序尺度，又叫等级和顺序测量尺度。它是指对测量对象的属性和特征的类别进行鉴别并比较类别大小的尺度标准。如将学校分类后按"高等学校、中等专业学校、普通中学、小学"等顺序排列。但这种排列并不是由人们的主观愿望决定的，而是由被测定对象本身固有的特征决定的。

（二）定序尺度的特点

（1）与定类尺度相同，其变量须包括被测定对象的所有可能性，且各变量之间互相排斥。

（2）用于定序测量的定序尺度不仅能鉴别类别，而且能指明类别的大小和强弱程度，可以用数学符号" > "或" < "表示。因此，定序尺度的测量精度比定类尺度要高一个层次。

（3）定序尺度所测定的各个类别之间没有确切的度量单位，不能进行代数运算，故不能确定各个类别之间大小、高低或优劣的具体数值。如受教育程度分为"小学、初中、高中、大学"，用数字"1、2、3、4"分别加以区分，这些数字不仅表明类别差，也表明序次差，其间的高低、大小差别是显而易见的。但究竟大多少、小多少，高多少、低多少，其具体数值却是难以确定的。

三、定距尺度

（一）定距尺度的概念

定距尺度，即定距测量尺度，是一种能够测定社会现象之间的数量差别和间隔距离的尺度标准。例如，年龄、寿命、人口、产值、产量等一切能用某种基本单位表示其数量、计算其距离的指标，都是定距尺度。

（二）定距尺度的特点

（1）定距尺度可将定距指标转换为数字，其尺度水平比定序指标的测度更高一个层次。它不但能反映社会现象的类别和序列，而且能反映社会现象的具体数量，计算出它们之间的距离，可进行加减运算。如智商60、80、100、120四个变值，其相互之间的距离是可以测定的。但不能说智商120的人比智商60的人聪明一倍。

（2）定序尺度中的"零"并不是绝对的"无"，而是以某种人为的标准设置的标志值。如温度为0摄氏度，并不意味着没有温度。

四、定比尺度

（一）定比尺度的概念

定比尺度是反映社会现象之间的比例和比率关系的测量尺度。例如，出生率、死亡率、性别比例等，都可以用定比尺度来反映；又如国家劳动部门规定的职工最低月工资额，就可作为衡量工资收入的尺度，调查对象的单位总体的工资与这个起点构成一定比率，可说明职工收入的状况如何。

（二）定比尺度的特点

（1）定比尺度除了具有前面三种变量的所有特征外，还能对变量值进行乘除法的运算，是四种测量尺度中测量层次最高的一种。

（2）定比测量要求有一个绝对的、固定的，而非任意规定的零点。这是定比尺度区别于定距尺度的唯一特征。如年龄、身高、体重、工资等都有绝对零点，"零"表示真实的"无"，因而可以对其进行乘除法的数学运算。

定类尺度、定序尺度、定距尺度和定比尺度这四种最常用的社会测量的类型之间存在着不可分割的联系。从定类尺度—定序尺度—定距尺度—定比尺度，测量层次和复杂程度依次递增，每一较高层次的测量尺度，都是以较低层次测量尺度为基础的，并且每一高层次的测量都包含着低层次测量尺度的全部特征。如表3-1所示。

表3-1　四种测量尺度的特征、功能一览表

名　称	特　点	基本功能	数学特征	适用统计方法
定类尺度	分类符号	分类、描述	= ≠	百分比 χ^2 检验 列联相关系数
定序尺度	1. 分类符号 2. 等第顺序	1. 分类 2. 排序	= ≠ > <	中位数 四分位差 等级相关 非参数检验
定距尺度	1. 分类符号 2. 等第顺序 3. 差值大小 　有相等单位	1. 分类 2. 排序 3. 差值的确 　定与比较	= ≠ > < + −	方差 积差相关 复相关 参数检验
定比尺度	1. 分类符号 2. 等第顺序 3. 差值大小 　有相等单位 4. 有绝对零 　点	1. 分类 2. 排序 3. 差值的确 　定与比较 4. 比值的确 　定与比较	= ≠ > < + − × ÷	算术平均值 方差 积差相关 参数检验 几何平均值

第三节　社会测量指标

一、调查指标及其设计

（一）调查指标的含义

调查指标就是在调查过程中用来反映社会现象的某些特性的

标准与尺度。它是概念的指示标志。社会现象的类别、状态、规模、水平、速度等特性的项目均可构成调查指标。例如，"产值、速度、经济效益"是反映经济状况的指标；"消费结构、文化生活、时间安排、生产劳动"是反映人们生活方式的指标；"人口平均寿命、死亡率、人口平均文化程度"是反映人口素质的指标；"犯罪率、自杀率、案发率"是反映社会秩序的指标。

调查指标由指标名称和指标值两部分构成。前者反映指标的内容和所属范围，后者说明指标的测量方法及标准，二者的统一构成了一个完整的指标。如年龄 20 岁，性别比 =（男子数/女子数）×100% 等。

（二）调查指标的种类

（1）按指标的性质来分，有数量指标和质量指标两种。数量指标是表明社会现象的规模、工作总量的指标，如企业总数、职工总数、工农业总产值等。数量指标一般用绝对数来表示。质量指标是表明社会现象的质量和水平的指标，如劳动生产率、资金利用率等。质量指标一般用相对数或平均数来表示。

（2）按指标的数学特征来分，有定类指标、定序指标、定距指标、定比指标四种。定类指标是反映社会事物的性质和类别的指标，如性别、职业、所有制等，是按照事物的性质或类别来区分社会现象的指标。定序指标是反映社会现象之间的等级或顺序的指标，如文化程度分为大学、高中、初中、小学等。定距指标是反映社会现象之间数量差别或间距的指标。例如，特大城市指 100 万人口以上的城市，大城市指 50 万人口以上的城市，中等城市指 20~50 万人口的城市，小城镇指 20 万人口以下的城镇。定比指标是反映社会现象之间的比例或比率的指标，如人口出生率、性别比例等。

（3）按指标的表现形式来分，有绝对指标、相对指标和平均指标三种。绝对指标是表明社会现象总量的指标，又称总量指标，可分为时点绝对数和时期绝对数等。相对指标是由两个相互联系的指标对比而产生的指标，可分为完成相对数、强度相对数等。平均指标是指在一个总体中按照某一数量标志计算的一般水平，可分为算术平均数、调和平均数和几何平均数等。

（4）按指标的计算单位来分，有实物指标和价值指标两种。实物指标是采用自然或物理计量单位来表示的指标，如用"吨"表示粮食产量。价值指标是采用货币单位表示的指标，如工资总额、成本、资金、利润等。

调查指标的选择和确定要根据某项调查对象的实际情况和调查任务的需要，选择其中部分指标作为衡量社会现象的标准。某些复杂的社会现象，还要通过指标体系来全面反映其现状。

（三）调查指标的设计

1. 设计调查指标的要求

调查指标的设计要力求科学、完整、准确、简明。

首先，调查指标的设计要科学。科学是指既要符合科学原理，又要符合客观实际，还要注意符合国际通用原则。

其次，调查指标的设计要完整。指标应全面、正确地反映调查对象的整体，在逻辑上穷尽所有可能性并互相排斥，在对指标的分析中，可以全面了解和认识事物的总体特征。例如，"婚姻状况"这个指标在许多调查表中只设计了"已婚"、"未婚"两个项目，这样的指标设计就不够完整，应该设计为"未婚"、"已婚"、"丧偶"、"离婚"、"再婚"、"分居"、"同居"，只有这样才穷尽了"婚姻状况"的各种可能性，才真正体现了完整性的要求。

再次，调查指标的设计要准确。设计的指标要有明确的定义、统一的计算方法和统一的法定计量单位。如"产值"这一概念，既要明确规定计算产值的范围，又要具体规定计算产值的单位。这样收集的数据才能准确反映实际情况和比较不同的事物。

最后，调查指标的设计要简明。指标设计要力求简单明了，便于操作，不能过繁过细或含糊不清。在具备可操作性的基础上便于统计，以能说明问题为原则。

2. 调查指标的设计方法

设计调查指标，一般都是以试验性调查形成的理论假设为指导，每一个假设由若干个命题或概念组成，每一个概念又需要通过若干调查指标来反映社会现象，这样就会形成一个完整的调查指标体系。所以，设计调查指标的过程，就是由假设—概念—指标的分解过程，也就是从抽象上升到具体的过程。此过程如下图所示。

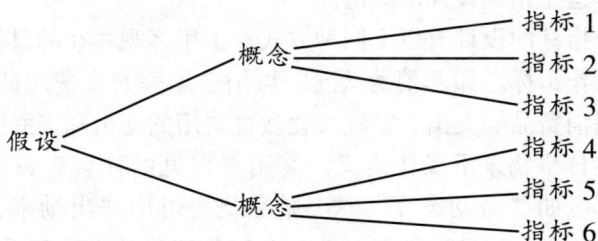

因而，调查指标的设计可按下列步骤进行：

（1）将假设分解成概念。

例：现有假设："经济水平提高后，居民的消费状况发生变化，而消费状况的变化引起生活方式的变化。"经分解，可得到概念："生活方式、经济水平、消费结构。"

（2）将概念分解成指标（项目）。

在上一步骤，假设已分解为概念，而概念需要加以界定和说明，这样就形成了指标。也就是说，一个概念可以通过若干个指标（项目）反映出来。如下图所示。

$$\text{生活方式（概念）}\begin{cases}\text{消费状况（指标 1）}\\\text{娱乐生活（指标 2）}\\\text{时间安排（指标 3）}\\\text{工作学习（指标 4）}\end{cases}$$

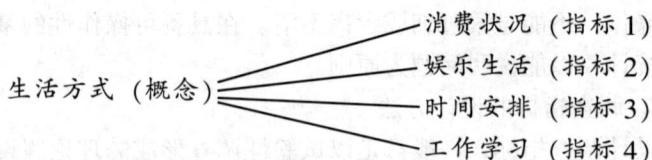

（3）设计操作指标。

一般由概念分解成若干指标时，这些指标（项目）还不是具体的操作指标。如上述的"娱乐生活"指标，还不具有操作性，必须进一步设计成可具体测量的操作指标，即给出指标的操作定义，这是指标设计的关键。

操作指标的设计有以下四种方式：①用客观存在的具体事物来设计操作指标。如"消费状况"可用"家庭衣食费用的支出、家庭耐用消费品的支出、家庭文化教育费用的支出和家庭节余情况"等具体事物来下操作定义。②用看得见的社会现象来设计操作指标。如"劳动态度"这一抽象概念可用"出勤率、技术革新件数、义务劳动次数与时数、合理化建议的次数和采用率"等来进行操作。③用可以量化的概念，通过计算的方法来设计操作。如在产业情况调查中，利用增加值界定的计算方法可取得准确的数据，便于汇总和比较：增加值 = 劳动者报酬 + 生产税净额 + 固定资产折旧 + 营业盈余。④用等级标准方法来设计操作。如对公务员德、能、勤、绩的考核可设置不同的等级标准进行，其评价表如表 3 - 2 所示。

表 3-2 公务员德、能、勤、绩考核评价表

评价内容	政治表现 道德品质				组织领导能力 专业技术水平				工作态度 工作作风				工作实绩			
评价等级\ 姓名	好	较好	一般	较差	好	较好	一般	较差	好	较好	一般	较差	好	较好	一般	较差

综上所述，设计调查指标时要努力做到：

第一，对理论假设中每一概念的内涵，要作出科学的说明。

第二，对反映每一概念的指标，要设计出相对称的操作定义，即设计出来的操作定义必须与有关抽象定义的内涵相对称，而不能过宽或过窄。

第三，设计的调查指标，要形成一个能正确说明调查主题的完整的指标体系。

总之，科学地设计调查指标和指标体系，是提高调查效果的基础和前提。如果设计的调查指标本身就不科学，那么后面的调查工作无论做得多么出色，也不能达到预期的调查效果。

二、社会指标与社会指标体系

（一）社会指标及其特点

指标一般是反映某些状况和现象的标准与尺度。众所周知，一个人的身体状况可以用各种生理指标，如身高、体重、血压、体温、脉搏等来衡量和监测。社会也是一样，其发展变化也可以用各种社会指标来衡量和监测。社会指标是指反映社会发展状况及其特征的统计指标。它既是对社会过程和调查成果的某种概括

和总结，也为系统地、科学地进行社会调查提供了一定的指南和依据。犹如衡量和监测社会发展数量关系的一把尺子，社会指标是研究社会发展各要素的现状、发展趋势和发现社会问题的一种量化手段。如计划指标表明计划中要达到的数量，统计指标表明实际达到的情况，技术指标是反映技术水平的标准与尺度，经济指标是反映经济发展状况的水平。

社会指标与调查指标既有区别又有联系。其区别在于：社会指标是通过系统的调查研究和理论研究而制定出来的，其测量规则的标准化程度较高，主要用于衡量和监测宏观社会现象；而调查指标是调研人员在某项调查中选择和制定出来的，其标准化和精确化程度较低，主要用于对微观社会现象的测量。二者的联系表现在：社会指标是通过调查指标而发展、完善的，调查指标的制定又必须以社会指标为依据和指南。

社会指标通常具有以下特点：

（1）说明性。许多社会状况和社会活动等现象由于定量性不明显而难以具体评价，这时就需要用社会指标来对这类社会现象进行测量，以便更能说明问题。如用"恩格尔系数"来反映社会大众的生活水平，用"大气污染指数"来说明空气质量等。

（2）具体性。社会指标的本质就在于给予一般的、笼统的社会现象以具体的、明确的规定性，因而用社会指标来表达社会现象时先要将其具体化。例如，"现代社区生活环境"是个笼统的概念，当我们将它落实为社会指标时，就要转化为具体标准：每平方公里的人口数，人均拥有绿地面积数，每万人口拥有的教育机构数、教师数、文化娱乐设施数、医疗卫生设施数和商业网点数等。

（3）定量性。社会指标对社会现象的反映形式大多是定量的，那些不容易计量的心理状态、主观态度等方面的社会现象，往往以一定的测量方法将其转化为量化指标。

（4）时间性。社会指标是对社会某一个时期的某一社会现象的反映，因而其数据都有一定的阶段性。随着时间的推移，社会指标所反映的各种数据的滞后性渐渐凸显。要想社会指标长期地、全面地反映社会现实情况，就必须对社会现象进行长期的观察，获得客观事物发展全过程的各种现实数据。社会指标的上述特点，决定了人们在分析、说明某种社会问题时不能使用单一的社会指标，而必须综合使用各种社会指标来说明社会现象。这种由若干有内在联系的社会指标综合而成的成套社会指标就是社会指标体系。

（二）社会指标体系

社会指标体系是从众多的社会指标中选择出的、由具有代表性的重要指标组成的、用科学的计算方法来评价社会发展的各个侧面及整体发展水平的综合测评系统。社会指标体系一般包括社会生活指标和社会发展指标两大类，反映的是除经济以外的重要社会现象。

第二次世界大战后，世界进入了一个相对稳定的时期。为了医治战争创伤，重建家园，迅速恢复国力，各国政府和人们都把主要的注意力集中在如何振兴本国经济、促进社会发展这个重要的问题上来。当时人们普遍认为，只要经济增长，自然就会导致社会的同步发展；经济增长越快，社会发展的水平就越高。在这种"经济增长第一"思想的指导下，形成了各种各样以经济增长为核心的发展战略。依据这些战略，各国政府都制定了以追求国民生产总值高速增长为目标的宏大规划，加快了工业化的步伐。他们把绝大部分力量都投入到扩大经济建设规模中去，把经济产值的增长当作最高的追求目标。

然而，经过几十年的实践，人们才发现，伴随着经济高速增长，并没有自然而然地带来社会生活的全面进步。相反，由于片面地追求经济增长速度，忽视社会各个领域的全面发展，导致了一系列社会问题的出现：生态平衡遭到破坏，生活环境受到污染，生活质量相对下降，人口素质难以提高，社会风气日益恶化，社会秩序动荡不安。这些社会问题的出现和加剧又反过来严重制约着经济的发展。"事实胜于雄辩"，实践的结果告诉人们：经济增长不等于社会发展；物质富裕不等于文明幸福。实践的结果还使人们深刻地认识到：必须放弃"经济增长第一"的指导思想和发展战略，必须在经济增长的同时注重社会生活各个领域的全面发展，寻找一条使经济和社会进步协调发展的道路。

要寻找这样一条协调发展之路，必须对社会经济发展的实际状况进行客观、准确、全面的分析。这就需要确立一种尺度和建立一套方法，而社会综合评价指标体系就是适应社会经济协调发展的客观需要而产生的。

社会实践的发展不仅对社会综合评价提出了客观的要求，而且为进行这种评价提供了现实的可能。科学的发展，特别是数学、统计学等研究数量关系的学科和系统论、控制论等研究综合、联系现象的学科的发展及其向社会生活领域的渗透；技术的进步，特别是电子计算机的广泛应用，都在为人们客观、准确、全面地分析和评估社会发展提供了条件。20世纪60年代以来，国外一批社会学家、统计学家、管理学家和实际工作者纷纷从事社会指标的应用研究并将其应用于社会综合评价的实践中，由于其成果具有定量性和决策服务性的特点，因而受到了许多国家政府和一些国际组织的关注，他们相继建立起各种各样的社会指标体系，作为决策管理的重要依据。

我国对社会指标的研究是从20世纪80年代初起步的。1982年，中国社会科学院与联合国教科文组织合作开办了"社会经济指标及其应用"研究班，把社会指标的理论和方法介绍到我国来。1983年，国家统计局统计司制定了社会统计指标体系，包括社会结构、人口素质、经济效益、生活质量、社会秩序五个方面的社会指标1 500多个，可综合反映社会发展的实际状况，并在此基础上定期出版《中国社会统计资料》，为我国开展社会指标体系的研究和应用打下了良好的基础。经过理论工作者和实际工作者十多年的共同努力，我国社会指标体系在理论研究和实际应用两个方面都取得了一定的成果，并逐渐引起了人们的重视。随着社会经济的进步，我国的社会指标体系研究有了一定的发展，但总的来说，我国的社会指标体系研究工作尚属理论准备阶段，在利用社会发展指标来发现问题、分析问题、预测未来等方面才刚刚起步。

第四节　社会测量的信度和效度

一、社会测量的信度

（一）信度及其影响因素

（1）信度。社会测量的信度是指社会测量活动中测量主体运用某一确定的测量手段重复测量同一对象时测量值的前后一致程度，即测量结果反映测量对象实际情况的可靠性或稳定性。例如，用同一架磅秤去称某一物体或某人的体重，几次得到的都是相同的重量，就说明这架磅秤信度很高；如称几次结果都不同，则意味着其信度很低，说明测量工具或测量方法有问题，不可信。

调查对象的属性和特征具有相对的稳定性，因而对其进行测量的结果也应该是基本相同或相近的。但在实际测量过程中总会产生一些误差。误差或大或小，导致信度有高有低。信度高，表明反复测量取得的结果同客观实际相一致；信度低，表明反复测量的结果同客观实际差距较大。

（2）影响信度的因素。资料的信度极为重要，因为不可靠的资料必然导致错误的结论。但在现实的调查研究中，由于各种因素的干扰，资料的信度往往不高。影响信度的因素主要有以下四个方面：

一是调查者自身的问题。有些调查者缺乏实事求是的态度，或受主观认识的局限，先入为主、带着框框去收集资料和分析资料；或是调查不够深入、细致，以及对调查方法、技能知之不深、掌握不够，致使调查信度大打折扣，甚至完全失实。

二是调查工具和手段不当。调查工具和手段的影响是指在调查研究过程中所运用的理论、观点、方法、技巧等。如果调查方案、方法设计的质量差，语言表述不清晰，自然会降低资料的信度。如调查职工生活水平时，仅测量工资的变动情况，而没有反映通货膨胀等因素影响职工生活的指标，这样调查出的职工生活水平与现实情况就会有相当差距。

三是抽样方法不当或典型事例的选择不当，造成较大的抽样误差。例如，对我国农村近年发生的变化的调查，如果所选择的调查地区是东南沿海地区的农村，尽管资料是可靠的，但因为样本的分布不合理，故不足以说明全国农村的变化。

四是所获得的资料不可靠。调查所得到的资料如果不真实、不完整、不充分、不准确，就难以得出正确的结论或说明某种观点。资料处理过程中出现疏忽和差错，也会影响资料的信度。

不可忽略的是，计量的反复使用需要一定的时间长度，随着时间的推移，客观事物可能发生某种变化，从而造成随机误差，这就给计量的可靠性检验带来了困难。随机误差越大，信度越低，因此要考虑到较长时间使用同一计量的可行性。

另外，被调查者由于种种原因，对调查采取不合作态度，以及不利的调查环境，都会直接、间接地影响调查的信度。

（二）信度的类型及测量方法

1. 信度系数

信度通常以相关系数（r）表示，即用同一样本所得到的两组资料的相关系数作为测量一致性的指标，称为信度系数。它可以解释为在所测对象实得分数的差异中有多大比例是由测量对象本身的差别决定的。信度系数高，表明测量的一致性程度高，测量误差小。例如，当 $r = 0.9$ 时，可以认为实得分数中有 90% 的差异来自测量对象本身的差别，只有10%来自测量误差；若 $r=$ 1.0，表示无测量误差；若 $r=0$，则所有的差异均反映了测量误差。理想的测量结果当然是 $r=1.0$，但这只是理论上的理想值，实际操作中不可能办到。那么，信度系数达到多高才可以认为可信呢？一般来说，当 $r \geqslant 0.8$ 时，即可认为该测量达到了足够的信度。由于不同调查的测量目的、所取样本的编制、使用方法不同，因而对信度系数的要求并没有统一的标准。

2. 信度类型

由于测量分数的误差变异来源不同，各种信度系数的实际意义也不同。因而要从不同方面来检查和评估资料的信度。主要的测量信度的方法有三种类型：

（1）复查信度。复查信度是指第一次测量之后，隔一段时间，再对同一测量对象，用同样的工具和方法进行复查，然后对比两次不同时间的测量结果，进行比较、分析，求出相同项目两次测量值的相关系数，即复查信度。复查信度也称再测信度，这是一种最普遍、最常用的信度测量方法。例如，调查某地区参加养老保险的人数比例，结果为 32.1%；三个月之后进行复查，结果为 32.7%，两次调查结果相差 0.6%，0.6% 即为复查信度。

复查信度的优点在于能提供有关测量结果是否随测量的目的和性质而异的资料，两次的调查结果接近，说明调查结果是稳定的，信度较高。其缺点是由于时间因素的存在，在两次测量的结果有明显差异时，无法区分是测量工具不可靠，还是测量对象本身发生了变化。因此，根据测量的性质和目的，前后两次相隔的时间要适度。

（2）复本信度。研究者设计两套测量工具来测定同一对象，再根据两次测量的得分计算其相关系数，即可得到复本信度。复本类似于考试中的 A、B 卷，是根据同一目的编制出的两种平行的等值量表，用于测量同一主题现象。例如，测量英语程度有 A、B 两套试卷，两者在题数、形式、内容及难度等方面处于同一水准，假如同一个人在 A 卷和 B 卷的得分相同或相近，就说明试卷信度较高；如果得分差异很大，则说明试卷缺乏信度。同样，运用问卷法进行社会调查时，如有必要，可就同类问题设计项目不同的两份问卷，来调查同一对象，其结果的相关程度就是复本信度，可用来证实资料的真实可信程度。需注意的是，使用复本信度这种方法来测定资料的真实性，必须选用真实的复本，也就是说，两个调查表在项目的形式上、数量上、内容上和难度上都要一致。

（3）折半信度。折半信度即调查者用同一调查方法，根据需要，每一条目设计两个或两个以上的问题来对某一命题或概念进行调查。具体是将调查的所有问题按性质、难度编上单双数，将被调查者的测验结果按题目的单双数分成两半记分，在单数题目的回答结果与双数题目的回答结果之间求相关，所得到的就是折半信度。这种折半法类似学生的分组测验：为了获得有关学生成绩的真实评价，教师可以用两组难度相似的题目，对两部分人进行测验。第一组所得成绩与第二组所得成绩相似，就说明这一测验是可靠的；如果一组成绩高，另一组成绩低，则说明该次测验不可靠。

复本信度、复查信度的共同特点是必须经过两次调查才能检验其信度。在一种调查没有复本且只能实施一次的情况下，通常采用折半法来估计测量的信度。

二、社会测量的效度

（一）效度及其特点

社会测量的效度，是指在社会测量活动中，测量主体运用某一确定的测量手段所获得的测量结果的恰当、准确、有效的程度。如果运用效度，首先要考虑测量对象是否是所要测量的变量；其次要考虑被测量的变量的结果是否接近真实值。效度的高低取决于测量结果与真实情况的一致程度，二者一致或十分接近，则效度高；二者差距大，则效度低。例如，某机关公开招聘并通过考核任用干部，如果考试内容不能如实地反映招聘职位的要求，或是试卷分数不能反映应试者的真实水平，那么，这种考试就是无效的。

（二）效度的类型

效度是个多层面的概念，一般把它分为三种类型：

1. 内容效度

内容效度，指测量内容的适合性和相符性。可理解为测量所选题目是否符合测量目的和要求。如测量"工作责任心"这个变量，用"不论领导是否在场均认真、负责地履行工作职责"来测量，具有一定的效度；而如果用"业余时间是否阅读专业书籍"来测量"工作责任心"这个变量，则内容效度不高；如果用"每天是否进行起早锻炼"作为"工作责任心"的测量项目，则没有内容效度。

2. 准则效度

准则效度，也称实证效度。准则是衡量有效性的参照标准，准则效度指的是用几种不同的测量方式或不同的指标对同一变量进行测量时，将其中一种方式或指标作为准则，其他的方式或指标与这个准则作比较。如果其他的方式或指标与准则的方式或指标具有相同的效果，则其他的方式与指标就具有准则效度。

3. 结构效度

结构效度，是指通过对某种理论概念或特质的测量结构的考察，来验证测量对理论概念的衡量程度。具体可表述如下：变量 X、Y 在理论上有联系，如果测量 X 的指标 X_1 与测量 Y 的指标 Y_1 也有联系，并且我们以 X_2 代替 X_1 并复测整个理论时，得出了使用 X_1 时同样的结果，则我们称新的测量（X_2）具有结构效度；反之则没有结构效度。

例如，设立社会经济地位的两个指标，分别为 X_1（收入水平）和 X_2（受教育程度）。假定目前有一个包括社会经济地位与生育率之间的负相关命题——社会地位（X）越高，生育子女数（Y）越少，进而假定这个命题已通过 X_1 这个指标对社会经济地位的测定而受到检验，证实了收入水平越高，社会经济地位越高，生育的子女数越少。那么，结构效度就包括在理论上以指标 X_2 取代 X_1 和复测整个理论。如果整个理论（特别是含有指标 X_2 的命题）得出了我们使用指标 X_1 来测量社会经济地位时同样的结果，即受教育程度越高，社会经济地位越高，生育子女数越少，则我们说这个新的测量（指标 X_2）具有结构效度。

效度测定的这三种类型，从内容效度到准则效度再到结构效度，可视为一个累进或积累的过程，后面的每一类型包括前面所有类型的成分，并具有某些新的特征。正如定距测量需要比定序测量更多的变量信息，定序测量需要比定类测量更多的变量信息一样，结构效度需要比准则效度更多的信息，而准则效度需要比内容效度更多的信息。因此，内容效度只需要一个单一的概念和对它的一个单一的测量法，准则效度需要对一个概念的两个以上的测量法，而结构效度不仅需要对一个概念的两个以上的测量法，还需要其他概念及其通过命题与所研究的概念相关的测量法。由于这一原因，结构效度常被认为是最有作用的效度测量程序。

在一般的社会调查中，评价效度较常用的方法是：

（1）选择对有关情况比较了解的人来鉴定调查资料的效度。这也称为经验效度。如对城市上下班交通情况进行调查，交通民警、公交系统的职工和维持车站秩序的人员，就能对调查资料的效度作出权威性的鉴定。

（2）在调查以外寻找一些有关的、已经核实的资料，如用统计年鉴和政府工作报告中的数据、资料来进行比较。

（3）采用逻辑检查的办法来鉴定调查资料的效度。可从以下两方面进行：①检查测量工具是否测量了所要测量的内容。如在问卷调查中，可以再次检查问卷中的问题是不是都反映了需要测量的东西，其测量的准确与精细程度如何。②检查调查资料中有无自相矛盾的地方。可在调查中安排一些可以互相检验的问题，通过检查对这些问题的回答是否自相矛盾来鉴别被调查者的回答是否可信、有效，这样就可以从逻辑上鉴定调查资料的信度与效度。

三、信度和效度的关系

（一）信度和效度的关系

信度和效度是有效的检验工具所必备的两项主要条件，是评价调查结果的两个既相互区别又相互联系的问题。科学的社会调查，不仅应该有较高的信度，而且要有较高的效度，应达到信度和效度的统一。

信度和效度的相互关系是：信度是效度的基础，有效的测量必须是可信的测量，不可信的测量必定是无效的。其相互关系的四种情况是：

（1）不可信，必无效。就是说，调查结果不能可靠地反映调查对象的实际情况的话，它就必然不能正确说明调查所要说明的问题。

（2）可信，可能有效，也可能无效。就是说，调查结果能够可靠地反映调查对象的实际情况，但对于调查所要说明的问题，它可能是有效的，也可能是无效的。例如，调查某企业的经济效益，如果设计的指标是该企业各种产品的销售额，而且调查获得的数据是可靠的，那么，此指标就能有效地说明该企业营业状况的具体情况；如果设计的指标是该企业的流动资金、固定资产数额，企业的正式和非正式员工等，那么即使调查得到的数据可靠，但对于说明该企业的经营状况和经济效益来说仍然是无效的。因而，可信的设计和调查，不一定能有效地说明调查所要说明的问题。

（3）无效，可能可信，也可能不可信。这是指调查结果不能有效地说明调查所要说明的问题，但对于反映调查对象的实际情况来说，它可能是不可信的，也可能是可信的。例如，关于绿化植树的调查，如果指标设计为"用于绿化植树的资金总额"、"买了多少棵树苗"、"投入多少人力"等，那么，此调查对于说明该单位的绿化成果虽然是无效的，但对于反映该单位在这方面所做的工作来说，却可能是可信的；如果设计的指标是"植树时间累计工时"、"浇了多少次水"等根本不可能可靠回答的问题，那么，这个调查不但是无效的，而且是不可信的。这说明，无效的设计和调查，其结果所反映的实际情况不一定都是不可信的。

（4）有效，必可信。就是说，调查结果能有效地说明调查所要说明的问题，那么，它所反映的调查对象的实际情况就一定是可信的。

上述四种情况如表3－3所示。（表中，＋：可能；－：不可能）

表3－3　信度和效度的相互关系

效度 ＼ 信度	可信		不可信	
有效	1	＋	3	－
无效	2	＋	4	＋

（二）影响社会调查信度、效度的因素

调查研究要真实、准确、可靠地反映所要调查的社会现象，最主要的是提高调查资料的信度和效度。通常影响资料的信度和效度的因素主要有：

1. 调查者

调查者的理论水平、实践经验、工作态度和工作作风会影响调查资料的信度和效度。是否有实事求是的科学态度尤为重要。例如，调查者没有使调查对象明了调查目的和内容；在实地调查时，当所选定的调查对象不在现场而让人代替；由于某种原因给予了调查对象一定的暗示或"启发"，都会在一定程度上降低调查资料的信度和效度。

2. 测量工具

调查问卷中表述问题的语言不通俗、不清晰，令调查对象感到模棱两可；调查内容不能准确地反映调查目的，即与调查目的关系不大甚至无关的内容较多，而跟调查目的密切相关的内容又设计不全面；调查问题提得太笼统，调查中使用的概念不清楚；问题的答案不是互斥而是交叉、重合等，都会使调查得不到真实的、准确的、前后一致的回答，从而影响调查资料的信度和效度。

3. 调查对象

被调查者对调查工作的认识状况、合作程度、对问题的理解和回答能力会直接影响调查的信度和效度。调查对象可能有某种顾虑而抱着敷衍了事的态度，或者因为某种原因对涉及个人的思想观念、态度、意见之类的问题作不实的回答；而问题超出被调查者的经验范围，也会令调查收集到无效的资料。

4. 调查环境及其他因素

调查时的环境，外界因素的干扰，在资料的编码、登录、输入计算机的过程中，每一步骤都可能出现疏忽或差错，导致调查资料的信度和效度的降低。

一个优良的测量指标必须同时具有信度和效度，是信度和效度的有机统一。只有这样，才能保证调查得来的资料是可靠的和有用的。

复习与思考

1. 什么是社会测量？它有何特点？

2. 社会测量的尺度有哪几种？其各自有什么特点？

3. 调查指标主要有哪几类？设计调查指标需要注意什么？

4. 什么是社会指标？什么是社会指标体系？社会指标有何特点？

5. 什么是社会测量的信度和效度？二者关系如何？

6. 影响社会测量的信度和效度的因素有哪些？

7. 社会测量的信度和效度分别有哪几种类型？

第四章　社会调查的基本类型

本章要点

1. 普查的方法与程序
2. 抽样调查的一般步骤
3. 几种主要抽样方法的特点和适用情况
4. 抽样误差的产生原因
5. 典型调查的特点和要求
6. 个案调查的特点和步骤

　　社会调查的基本类型是指根据调查对象的总体情况而采取的调查方式，依据不同层次、不同标准可对其进行多种分类。如按照调查对象的范围划分，有全面调查和非全面调查（普遍调查就是一种全面调查，而抽样调查、典型调查和个案调查都是非全面调查）；按照调查目的划分，有应用性调查和学术性调查；按照调查时间划分，有一次性调查、经常性调查和跟踪性调查；按照调查方法划分，有直接调查和间接调查；而按照调查地域划分，则有农村调查和城市调查。其中，最有实践意义的是按照调查对象的范围和选取对象的方式上的不同，将调查研究分为普遍调查、抽样调查、典型调查和个案调查四种类型。

第一节　普遍调查

一、普遍调查概述

（一）普遍调查的含义

普遍调查简称普查，又叫做全面调查，是指对调查对象的全部单位无一遗漏地逐个进行调查统计，以求全面地、准确地了解客观情况的一种调查方式。例如，人口普查、工业普查就属于这一类调查。

由于调查的目的和要求不同，普遍调查也是分层次的。但只要是对调查对象的每个个体单位都进行全面的调查，就可以视为普遍调查，而不论调查范围是全国性的、全市性的、地区性的，还是行业性的、部门性的。例如，全国工业普查、全国城镇房屋普查、国土普查，以及某一个工厂职工人数的普查等，都属于普遍调查的范畴。

普查一般分两种方式进行：一种需要组织专门的普查机构，由专门的普查人员对调查对象进行直接的调查登记；另一种是由决定普查的机关制定普查表，下级单位按照普查项目和指标申报。如我国的统计报表制度，是一种由国家、部门或地方进行定期的专题调查和统计，以取得基本国情资料的制度，这也是一种普查。其中的国民经济基本统计报表中各个项目的统计调查数据（如工农业产值），是由涉及这一调查项目的每一个具体单位（如企业）的统计数据汇总而来，是一种定期性的、制度化的普遍调查。

普查并不局限于国家统计部门的人口普查和统计报表。它也可以应用到其他政府部门或其他领域。例如，20 世纪 50 年代和 80 年代国家有关部门进行了两次工业普查，调查面涉及了全国几十万主要工业企业，调查内容包括计划、生产、技术、劳动、物资、财务等方面。1983年开始，在全国1 600多个县也进行农业资源的普查。另外，近年来我国还进行了工人状况普查、知识分子健康状况普查、残疾人普查、教育普查、第三产业普查等。

普查可以对社会的一般状况作出全面、准确的描述，其主要意义在于了解基本国情、把握社会总体的全貌、得出具有普遍意义的结论，从而为国家或部门制定政策、计划提供可靠的依据。如进行人口普查，可全面地、准确地了解民情国力，对科学地制订国民经济和社会发展计划具有重要意义。人口普查得到的有关人口的年龄、性别、文化程度、民族、职业分布等多项指标，能为科学地制定教育政策、就业政策、民族政策和社会福利政策等提供可靠的依据。通过人口普查，可以了解到城乡人口的分布状况和流动人口情况，为我国的劳动力资源得到最佳的调配，以及搞好计划生育工作等提供科学依据。而地区性的、行业性的甚至一个单位的普查，可作为了解该地区、该行业、该单位总体情况的科学决策的依据，因此也是非常重要的。

（二）普遍调查的特点

1. 涉及的范围广

普遍调查需要对调查对象的每一个单位都进行调查，在掌握各方面的情况后汇总、分析调查资料。

2. 要求的时间性强

普查资料必须是来自同一时点才有可比性。故需要定出一个合适的标准时点，并在一个统一的时间内完成调查。

3. 完成的工作量大

因为需要对调查范围内的每一个对象都进行调查，所以普查要投入大量的人力、物力、财力。特别是一些调查对象比较复杂的普遍调查，还需要建立统一的领导机构，培训普查人员，进行普查登记，对资料进行汇总和分析，整个工作十分复杂、浩大。例如，我国第三次人口普查，从准备到正式结束共历时6年，动员了500多万人作为调查人员，花费资金4亿元。

二、普遍调查的要求

（一）项目简明

普查是对调查对象一个不漏的全面调查。以人口普查为例，假设全国人口为 14 亿，每增加一个调查项目，就要多收集和处理 14 亿个数据，因而普查项目不能太多、太杂。普查不但所需调查的对象数量多，而且涉及面广、工作量大、参加人员多、组织工作复杂，所以项目必须简明适度。项目太多、太杂，工作量太大，调查难度增大，难以确保统计分析的准确；项目太少，则不足以说明问题，所以项目数量应该繁简适中。例如，我国1953 年 6 月进行的第一次全国人口普查；调查项目只有住址、姓名、与户主关系、性别、年龄、民族 6 项；1964 年进行的第二次全国人口普查，调查项目也只有 9 项；1982 年进行的第三次全国人口普查，尽管有电子计算机作数据处理工具，调查项目也不过是 19 项；1990 年所进行的第四次全国人口普查，调查项目是 21 项，其中按人填报的只有 15 项。

普查时，调查项目一经确定就不能随意改变。此外，调查的项目和内容也要尽可能一致，每个项目都要有明确的操作定义，做到简单明了，便于操作。

（二）时间统一

由于普查的面比较广，普查对象又总是处于不断的变化之中，怎样使普查所收集到的资料全面准确，避免因重复或遗漏而造成误差，就成为一个必须考虑的问题。为了增强调查的科学性和资料的准确性，根据具体情况规定一个统一的普查时间以获得同一时间上的普查资料，就显得十分必要而且重要。

首先要科学地确定普查的标准时间。应该在一个特定的时间点即标准时间来进行登记，如人口普查反映的内容基本上是全国人口在某一时间点上的情况。因为人口时刻都在变动，每天都有人出生或死亡，各种迁徙流动的人口更是无法统计，所以不同时间的人口总数是不可能一样的。如果不规定一个统一的标准时间，调查得到的数据就必然有重复和遗漏，缺乏科学性。

确定普查的标准时间，必须正确区分"时点"和"时期"这两个不同的概念。"时点"指某一确定的具体时间，如"1990年7月1日零时"就是一个严格的时点概念；而"时期"则是指两个时点之间的一段时间，如"1999年全国第三产业状况"指的是1999年1月1日零时至1999年12月31日24时这两个时点之间的这段时期全国第三产业的状况。在进行普查时，要根据普查内容的具体要求来确定普查的时点或时期，二者不可混用。

确定普查时点，一般应选择调查对象最集中、变动最小、登记最方便的时刻。在我国，6月底、7月初是全国人口相对稳定的时间，午夜又是一天中人口最稳定的时点，所以我国的四次人口普查的标准时间，即时点都定在7月1日零时。这样就大大减少了人口流动给普查工作带来的困难，提高了普查的准确性，同时使前后几次的人口普查资料具有可比性。

正确选择普查登记的时间也很重要。普查数据应以调查对象在标准时间，也就是普查登记时计算普查对象和普查项目的时点的状况为准，而登记工作一般在标准时间之后开始进行。例如，我国第四次人口普查确定的标准时间是1990年7月1日零时，普查时期则是1990年7月1日零时至1990年7月10日24时。这是因为在普查时点不可能完成全部登记，而在标准时间之前登记，会因调查对象时刻变化而失去准确性，因而我国的人口普查规定：在标准时间以后死亡和迁出的人需要登记，因为标准时间内此人已存在；而在标准时间以后出生和迁入的人就不登记，尽管登记时这人已实际存在，但标准时间内没有这个人。这样才能获得真正意义上的同一时间内的普查资料和数据。

三、普遍调查要周期性地进行

普查应按一定的周期进行，才便于对历次的调查资料进行横向或纵向的对比分析，进而从中找出规律、测知发展趋势。例如人口普查，联合国就多次建议各国尽量在逢"0"或接近"0"的年份进行，以便了解全世界同一时期内的人口状况，并对各国人口发展变化的情况进行比较分析。目前，世界上大多数国家的人口普查都能在逢"0"的年份进行，不但方便计算世界人口总数，也使"世界50亿人口日"、"亚洲30亿 人口日"等活动有实施前提。

我国近年来按照市场经济体制的要求，参照国际成功经验，着手建立以周期性普查为基础，经常性的抽样调查为主体，重点调查、科学核算等为补充的多种方法综合运用的国家统计调查方法体系。按照这样的周期性普查制度，我国的人口普查、第三产业普查、工业普查、农业普查将每10年进行一次，分别在逢"0、3、5、7"的年份进行。

四、对普遍调查的评价

（一）普遍调查的优点

1. 调查全面，资料的准确性、标准化程度较高

普遍调查是对调查对象的全部单位逐个地进行的调查，因此能够全面地收集到所有调查对象各个方面、各个层次的资料，资料的完整性强；并且资料的收集都是使用统一的统计报表或调查表格，调查对象按要求统一填写，因此资料的准确性、标准化程度均较高，便于统计汇总和分类比较。

2. 结论具有概括性和普遍性

由于普遍调查能够全面地、详尽地占有调查对象的资料，从而为人们科学地分析调查对象奠定了基础。通过汇总和归纳就能得出一般性认识，从而获得比较可靠和准确的结论。

（二）普遍调查的局限性

1. 花费大

由于普查涉及的调查对象数量庞大，所要收集和整理的资料十分繁杂，因而需要投入相当大的人力、财力和物力，还要求有较强的技术力量支持。例如，我国第三次人口普查，工作人员包括 518 万普查员、109 万普查指导员、13 万编码员、4 000 多名计算机工作人员；此外，正式普查期间还动员了 1 000 多万基层干部和群众。耗费资金 4 亿元人民币、1 560 万美元（联合国资助），参加普查的所有工作人员的工资和劳务费等费用另计。所以，大规模的普查只能由政府部门出面组织，动员全社会的力量来完成。

2. 差错多

普查的工作量巨大，参加人员众多，人员的组织难度很大；且每个人的知识水平、素质参差不齐，差错的出现难以避免。同时，普查所需处理的数据资料十分繁复庞杂，例如，我国第三次人口普查，全部数据有 400 亿个字符、259 种表格，信息资料共 20 万页，稍有不慎就会出现各种差错，从而影响调查结论的准确性。

3. 深入难

由于普查的指标项目一般都不可能设计得过多过细，调查内容就有限，只能对某些社会现象作最一般和最基本的描述，进行一些宏观的调查和了解。所以，普查很难对调查对象进行深入细致的研究，深入性差，只能了解某些社会现象"面"上的情况。这也使得普遍调查的应用范围较窄，必须与其他调查方式结合起来使用，才能获得深入的认识。

4. 周期长

普查所需要投入的人力、财力、物力都十分可观，是其他调查方式难以相比的。此外，从普查准备，进行登记，资料汇总到统计分析，需要相当长的时间。例如，我国第三次全国人口普查，从 1979 年底国务院成立人口普查领导小组起到 1985 年 11 月底宣布正式结束止，长达 6 年之久。因此，普查不能经常安排，而只能周期性地进行。周期长带来的问题之一是不能反映客观事物当前最新的动态情况，调查资料滞后性明显。在对信息的及时性要求较高时，普查资料往往显得无能为力，这一局限性需要我们充分认识。

普查实例

全国第三产业普查（实施方案）

第三产业是国民经济的重要组成部分，它不仅能够多方面地满足人民生活的需要，提供广阔的就业门路，而且还以其特有的服务职能促进第一、第二产业的发展。因此，第三产业在社会经济格局中占有非常重要的地位。我国自改革开放以来，第三产业得到了党和政府的高度重视，并有了较快的恢复和发展，尤其是进入 90 年代，各级党委和政府都把发展第三产业作为加快经济发展的一项重要任务。为更好地制定第三产业发展规划和政策，提供全面真实的基础资料，国务院决定 1993 年对全国第三产业进行一次全面普查。根据《国务院关于开展全国第三产业普查工作的通知》（国发〔1993〕47 号）的精神，特制订全国第三产业普查实施方案。

一、普查的目的

（1）适应宏观经济管理的需要，为国家及各级政府部门的第三产业行业规划和产业结构调整，提供全面翔实的第三产业的基础数据。

（2）规范第三产业统计，为新国民经济核算体系的进一步完善和向新国民经济核算体系过渡奠定基础。

（3）满足社会主义市场经济条件下微观经济管理的需要。

二、普查的组织领导机构

全国成立第三产业普查协调小组，负责全国第三产业普查的组织协调工作，协调小组下设全国第三产业普查办公室，负责全国第三产业普查的组织实施工作。各省、自治区、直辖市（简称省），省辖市、自治州和地区行政公署、直辖市辖区（简称地），县级市、县、自治县、旗、市辖区（简称县、区）以及按条条普查的有关部门也相应成立第三产业普查协调小组及下设第三产业普查办公室（以下简称三产办），负责对本地区第三产业普查工作的组织协调和实施。普查方案的布置、培训、数据汇总都分四级进行。乡、街道办事处和大型第三产业单位根据实际工作需要，也可设置临时性的普查机构。

三、普查的范围

普查的范围包括我国内地所有的第三产业（含各种经济类型的）企业、事业、行政单位和社会团体。按照《全国第三产业普查行业分类及代码》，第三产业包括以下经济活动的部门：

（1）为生产和生活服务的部门，包括地质勘察业、水利业、农林牧渔服务业、交通运输业、仓储业、邮电通信业、批发和零售贸易业、综合技术服务业、金融业、保险业。

（2）为提高科学文化水平和居民素质服务的部门，包括卫生事业、体育事业、社会福利事业、教育事业、文化艺术事业、广播电影电视事业、科学研究事业。

（3）为管理国家、管理社会服务的部门，包括国家机关（含军队和武装警察部队）、政党机关、社会团体、基层群众自治组织。

四、普查的内容

第三产业普查的内容包括以下三个方面：

（1）反映第三产业机构和人员方面的指标，如从事第三产业的独立核算单位、单独核算单位的单位数和从业人员数。

（2）反映第三产业生产经营活动情况的指标，如企业的营业收入、营业成本或费用、销售（营业）税金、营业利润；事业单位、国家机关（含军队、武警部队）、政党机关、社会团体、基层群众自治组织（以下简称事业行政单位）的经费收支、业务（事业）收支、预算外收支和专项资金收支等。

（3）反映第三产业实物资产情况的指标，如固定资产原值和净值、库存总值等。

五、普查的年度

普查年度为 1991 年和 1992 年。

六、普查的统计单位

为了全面准确地反映我国第三产业发展状况和便于同新的国民经济核算体系相衔接，这次普查将从事第三产业活动的单位划分为两种基本统计单位，即独立核算单位和单独核算单位。独立核算单位，根据有关部门的规定是指具备以下条件的单位：①依法成立，有自己的名称、组织机构和场所，能够承担民事责任；②独立拥有和使用资产，承担负债，有权与其他单位签订合同；③独立核算盈亏，并能够编制资产负债表。单独核算单位（也称产业活动单位）须具备以下条件：①具有一个生产经营活动场所，从事或主要从事一种生产经营活动；②单独组织生产、经营或业务活动；③掌握收入和支出会计核算资料。

七、普查的形式

第三产业普查采用条块结合的形式，即中国人民解放军（简称军队）、武装警察部队（简称武警）和铁道部系统（简称铁路）按条条普查。其他第三产业行业按块块普查，分国家、省、地、县四级进行。

（部分内容省略）

省、自治区、直辖市除了按国家统一规定的条块分工以外，是否还要对某些其他行业采用条块结合的普查形式，由各地自行决定。但一定要本着不重不漏的原则，合理划分条条和块块之间的界限。

八、普查的摸底调查

第三产业涉及的行业庞杂、门类广，为使普查工作顺利开展，在全国普查之前有必要进行一次摸底调查。主要是摸清辖区内第三产业的单位数、单位名称、单位住址及行业类别。各级三产办在进行全国普查之前，要拿出一个月的时间进行摸底调查工作。此项工作可与今年统计制度方法改革中的统计单位登记结合起来。摸底调查表式全国不作统一规定，各地可以根据摸底调查的要求自行设计。

九、普查的方法

第三产业普查在全国普查的基础上辅之以抽样调查方法。除个体经济以外的各种经济类型的企业、事业、行政单位采用全面普查的方法，由全国三产办统一制定普查表，各级三产办组织填报。

城乡第三产业个体经济采用抽样调查的方法，以县（区）和直辖市辖区为单位分城乡、分行业等距随机抽样，以 5% 的样本推断全体。

采用抽样调查确实有困难的少数县（区），经上一级三产办批准，可以采用典型调查结合工商税务部门的有关资料进行推算。普查和抽样调查资料由各级三产办逐级汇总上报。

十、普查的分类标准

第三产业普查所涉及的一些分类标准，如经济类型、国民经济行业等，都执行国家统一的分类标准。

十一、普查的表式

第三产业普查基层表采用甲、乙、丙三种表式，执行企业会计制度的单位填报甲表，执行事业行政单位会计制度的单位填报乙表，第三产业个体经济抽样调查户填报丙表。每张表由两部分组成，第一部分是第三产业单位的属性指标，第二部分是第三产业单位的数量指标。

十二、数据汇总

军队、武警部队和铁路的第三产业普查资料由中国人民解放军总后勤部、公安部和铁道部分别汇总，各省、自治区、直辖市的第三产业普查资料分别由各级统计部门计算中心（站）汇总，各级汇总部门要按统一格式和程序做好数据处理和报送软盘工作。总后勤部、公安部和铁道部及各省、自治区、直辖市三产办将普查汇总的资料软盘报送国家统计局计算中心。

十三、质量控制

为了保证第三产业普查资料的质量，必须从以下三个方面把好质量关：

一是保证基层普查单位的不重不漏，普查单位一定要与摸底调查资料进行核对，发现有遗漏或重复，及时纠正。二是保证基层普查表填报的准确无误，基层填报人员填好普查表后，要进行自我核对，无误后才能上报，各主管部门对本系统的普查基层表应逐个进行审核。县（区）和直辖市辖区三产办还要组织力量，按随机的方法对基层表填报质量进行抽查，要派员到所抽中的单位重新组织填报，并与该单位的原普查表进行对照，发现共性的重大问题在全辖区范围内组织重新填报。三是保证普查数据的录入和汇总无差错，县（区）和直辖市辖区三产办在数据录入之前，要组织力量进行人工审核，重点审核属性指标是否按要求填报和各数量指标之间的逻辑关系。发现问题，及时与填报单位联系，予以纠正。普查数据的录入和汇总，由各级三产办和统计局计算中心（站）共同负责，并制定质量控制细则，确保录入的每张基层表在无误的情况下才能进行汇总。国家和省、地三产办对普查资料要进行全国审核，必要时派人深入基层进行质量检查，以确保第三产业普查资料的准确性。

十四、普查分析应用

各级普查机构都要动员力量，充分运用第三产业普查资料开展分析和应用工作，使普查资料发挥最大的社会效益。为了促进这项工作的开展，普查工作结束后将开展分析应用工作的评比活动。

十五、普查工作的总结

各级普查机构要在普查工作全面结束以前，对普查工作的各个方面，包括组织工作、普查登记、数据处理、分析应用等，进行认真的、实事求是的总结，为以后普查工作积累经验，同时开展评选第三产业普查工作的先进单位和先进个人活动，全国三产办适时予以表彰。

十六、普查资料和编印

各省、自治区、直辖市都要按统一标准对普查汇总资料进行编印，形成全国和各省、自治区、直辖市的系列资料汇编。

十七、普查工作进程

第三产业普查工作大体分为三个阶段：

（1）准备阶段（1993年3月至1993年9月）。

这个阶段分两步走：第一步（1993年3月至1993年8月），筹建全国第三产业普查协调小组和办公室；落实经费；起草、制订第三产业普查实施方案；撰写培训教材，进行广泛宣传。第二步（1993年8月至1993年9月），召开全国第三产业普查动员大会。建立省、地、县第三产业普查协调小组和办公室；布置普查方案，对各级从事第三产业普查的工作人员进行培训。

（2）摸底调查阶段（1993年10月至1993年12月）。

这个阶段的工作就是摸清普查单位，对普查单位和抽样调查单位进行调查登记，并对调查登记的质量进行复查，前一项工作于1993年10月进行，后两项工作于1993年11月至12月上旬进行。12月25日，各省、自治区、直辖市向全国第三产业普查办公室报送第三产业机构、人员手工汇总数。

（3）普查资料的汇总、整理上报阶段（1994年1月至1994年12月）。

在这个阶段，需要完成如下四个方面的工作：①数据处理和报送；②资料分析和应用；③普查工作总结；④普查资料的编印。各级普查机构需在规定的时间内完成上述各项工作。

第二节　抽样调查

一、抽样调查概述

（一）抽样调查的含义

抽样调查是指从调查对象总体中，按照随机原则，选取一部分对象作为样本进行调查，然后根据调查的结果推断总体状况的一种调查方式。这种调查的目的是从许多"点"的情况来概括"面"的情况。例如，要了解全国大学生的体质状况，一般不可能也没必要调查全国每一个大学生，调查人员只需从全国几百万大学生中抽取几千人作为样本进行调查，然后再根据调查结果去推断全国大学生的体质状况就行了。

广义的抽样调查包括随机抽样与非随机抽样，狭义的抽样调查仅指随机抽样。因随机抽样在社会生活中应用更普遍、更广泛，所以我们将着重介绍随机抽样。

抽样调查中被研究对象的全部单位总和称为总体或母体。总体可分两种：有限总体和无限总体。例如，我们要研究某一城市的居民生活状况，虽然居民数量比较多，总还是有限的，这种总体我们称为有限总体。而一些公共交通工具，如火车、汽车、轮船的客流量，就很难有一个确切数量，即使观察若干个单位时间，其数量也很可能各不相同，因而这样的总体是无限总体。从总体所包含的全部单位中，抽取出来进行调查的部分单位叫样本。例如，从某企业300名下岗工人中抽取30名来进行生活状况的调查，这30名工人就是样本。

抽样调查要从全部单位中抽取部分单位加以调查分析，以取得统计数字，但这并不是抽样调查的主要目的，抽样调查的最终目的是根据调查所得的样本资料估计和推断被调查对象的总体特征。因此，从一定意义上说，抽样调查虽然不是全面调查，但可以在某种程度上起到全面调查的作用。

抽样调查具有以下四个方面的特点：

1. 以足够数量的调查单位组成的"样本"来说明总体

这一特点使它既区别于普遍调查，也区别于典型调查。抽样调查既不需要对全体调查对象展开调查，也不是用个别单位来代表总体。它是通过数目有限、能够代表总体的样本的调查，对总体的状况作出推断。它所依据的是概率论原理，即在总体中被抽作样本的个体单位虽然各有差异，但当抽取的样本单位数足够多时，个别单位之间的差别会趋向于相互抵消，因而样本的平均数接近总体的平均数，以部分可以说明总体。

2. 抽样调查是按随机原则抽取调查单位

所谓随机原则，即同等可能性原则，是指在抽取调查对象进行调查时，完全排除人们主观意义上的选择，令全体被研究对象中每一个对象被抽取的机会是均等的。这样，便使得样本对于总体来说具有必要的和充分的代表性，不致出现倾向性误差。

3. 以样本推断总体的误差可以事先计算并加以控制

抽样误差是指用样本统计值推算总体参数时存在的偏差。任何调查研究都不可避免地会出现误差，抽样调查也是如此，其准确性是相对而言的。但是抽样调查的抽样误差可以事先计算出来，并可以通过调整样本数和组织形式来控制误差大小。因而，在抽样调查的结论推及总体时，也就可以知道总体数据是在怎样的一个精确度范围之内，从而使调查研究的准确程度比较高。这是其他调查方法所做不到的。

4. 节省人力、财力、物力和时间

通常来说，抽样调查的单位在总体中所占的比重，最大不超过1/3；在一些大的总体中，有时只有百分之几甚至千分之几。调查单位少，使调查收集和综合样本资料工作量小，提供资料快，结论具有时效性。比起普查，抽样调查需要的调查人员少，投入的财力、物力小，节省时间，费用大大降低。

二、抽样调查的应用

由于抽样调查是以足够数量的调查单位组成的样本来代表和说明总体，调查单位又是以随机原则抽取的，以样本推算总体的误差可以事先计算并加以控制，并且调查成本不高，因此它被公认为非全面调查方法中用来推算现象总体的最完善、最有科学依据的调查方法，在现代社会调查中被广泛应用。例如，工农业产品产量调查、城乡居民家庭收支和购买力调查、物价和市场调查、劳动就业调查、资源利用调查、环境污染调查、公共设施和社会福利调查等。抽样调查还常被应用于民意测验、市场调查和各种普查后的复查。

以下是比较适合采用抽样调查的四种情况：

1. 总体范围较大，调查对象较多时

例如全国城乡居民生活水平调查，因范围广、数量多，一般都不使用全面调查而采用抽样调查的方法。因为在总体单位数量相当大、抽取的样本单位足够多时，大数定律就会发生作用，随机现象的偶然离差趋向于互相抵消，总体呈现出稳定的统计规律性。这样，样本的平均数就接近总体的平均数，从而得到可信的调查结果。

2. 不可能进行全面调查，而又需要了解其全面情况时

最常见的是在产品质量检查中，有些产品的检测对产品本身具有破坏性和损耗性，如灯泡和电子管的寿命、药品的成分、灭火器的合格率、炸弹的爆炸能力等，不能够对所有产品都一一进行检查，只能采用抽样调查的方法，而且样本数要尽可能少。又如大气或海洋污染情况的调查，由于调查对象的单位数到底有多少无从掌握，只能分布一些网点进行观测，即作抽样调查。

3. 虽可以但不必要进行全面调查时

许多社会现象的单位数是有限的，可以进行全面调查。但全

面调查意味着花费大量的人力、财力、物力，尤其是在调查对象数量较多时，进行全面调查的必要性便值得权衡。事实上，多数的社会现象是不必要采用全面调查的，而且采用全面调查效果也并不一定就好。如城乡居民收支情况的调查，虽可以按地区、家庭、个人逐个进行登记，但工作量太大、耗资太多，并且许多地区、家庭、个人之间有着许多相似之处，只需抽取其中一小部分进行调查，就可以据之推算全体，不必要进行全面调查。又如市场购买力调查、居民消费倾向调查、人口流动调查等，都可以通过抽样调查获得接近实际的全面资料。

4. 对普查统计资料的质量进行检验、修正时

普查由于范围广、对象多，在调查过程中还有种种干扰因素，故其结果难免有误差。在总体单位数量较多的情况下，通常只能通过抽样调查来测定其误差。因此，世界上所有国家在人口普查、工业普查、农业普查之后，都要对调查结果进行抽样分析。例如，人口普查后，一般要抽取 5% ~ 10% 的居民户进行抽样调查，以确定普查误差。我国 1982 年进行第三次人口普查时，就是在普查登记和复查工作完成后，由省、市、自治区各级人口普查机构，采用分级抽样的方法，抽取了 972 个生产队和居民小组作为样本，由普查人员在抽样的生产队、居民小组所辖的范围内，逐户重新登记调查，再与原来普查登记的数字进行核对，找出差别，并再次核查，由此确定普查的误差。

抽样调查还可以与普查结合起来使用。例如，人口普查每十年才进行一次，工业普查、农业普查每五年进行一次，其余年份则可以通过抽样调查来了解最新情况。日、美等国就是采用这种做法。我国在不进行人口普查的年份以 1% 的比例抽样进行人口调查，从而获得完整的人口变动资料。

三、抽样调查的一般程序

（一）界定调查总体

界定调查总体，即根据调查课题要求，把所调查的对象的范围确定下来，从而取得抽取样本的对象和依据样本作出推断的范围。例如，1988 年全国 1‰生育率调查对总体的定义是：1988 年 7 月 1 日零时全国（除西藏、台湾外）28 个省、市、自治区所有 15～67 岁的妇女。

在实际调查中，有时会出现调查总体难以界定的情况。如在家庭调查中，户口为集体户是否可以算为家庭等。因而在进行抽样时，就必须事先作出一些规定，使得调查人员在现场能毫不犹豫地确定某个模糊的情况是否属于调查总体。

应该明确，调查总体（或称被抽样总体）与研究总体（或称目标总体）是两个不同的概念。前者是调查中实际抽取样本的所有调查单位的集合体，后者是在理论上明确定义的所有调查研究单位的集合体。在实际操作过程中，并不是符合定义的所有调查研究单位都有机会被选入样本，样本只是从调查总体而不是研究总体中抽出来的。而调查总体的范围有时与研究总体的范围是一致的，更多的情况下则要小于研究总体的范围。因此，明确界定调查总体是抽样调查成功的前提条件。调查者在抽样之前，首先要根据调查目的和要求，明确界定调查对象的内涵、外延和数量，以及调查内容和抽样单位等。否则，就难以保证所抽取的样本是具有代表性的随机样本，特别是当调查总体和研究总体的范围不一致的时候，样本的结论是否适用于研究总体，要特别小心地讨论，以免导致错误的结论。1936 年，美国的《文学文摘》杂志对总统选举所作的民意测验，就是因为没有正确地界定调查总体和研究总体的范围，错误地将调查总体——拥有电话和汽车的选民，当作研究总体——全体美国选民，从而导致了整个预测的失败。同样，要了解中学生作业负担，若只到几所重点中学抽样调查，得到的结论只适用于重点中学，不能说明该地区所有中学的情况。因为重点中学与非重点中学在学生的作业负担方面有差别。而要了解包括重点中学与非重点中学在内的中学生的作业负担，就必须同时在重点中学和非重点中学作抽样调查，其结论才能说明整个中学生总体作业负担的情况。

（二）选择抽样方法

抽样方法可分为两大类：随机抽样和非随机抽样。调查者可根据研究目的和要求，结合要研究的总体的具体情况，选取不同的抽样方法。具体选择哪一种抽样方法，则要综合考虑下列因素：

1. 总体性质

通常来说，对于那些规模小、同质性强的总体，要选用简单随机抽样和等距随机抽样；对于那些规模大、内部结构复杂、类别分明且地域分布范围集中的总体，则要选用类型随机抽样；而对那些规模大、内部结构复杂但类别界限模糊、地域分布广的总体，则要选用整群随机抽样和类型随机抽样。

2. 抽样误差

抽样调查中的误差包括非抽样误差和抽样误差两类。非抽样误差是一种工作误差，主要是指由于抽样中各种人为的原因而产生的误差。理论上，这种工作误差可以通过各种措施来缩小甚至消除，但其大小则是无法计算的。而抽样误差则是一种代表性误差，其产生是由于用样本代表总体、推断总体所存在的偏差。理论上，抽样误差无法彻底避免，但其大小则可以计算，并可加以适当的控制。

（三）确定抽样单位及样本容量，编制抽样框

抽样单位，就是总体中的每一个最基本抽样对象，如在人口生育的调查中，抽样单位是个人。在总体中，每个个体应该是独立的。个体的单位有时无须选择，如房改政策实施调查时，抽样的单位是户；有时则需视具体情况加以确定，如人口普查中，抽

样单位可能是个人，也可能是家庭。

进行抽样需要一个完整的抽样单位一览表，即抽样框，样本即从抽样框中产生。一个良好的抽样框通常不太容易获得。多数抽样框是不完全的，或一部分模糊不清、难以辨认，或含有未知的重复部分。就人口调查而言，制定完全准确的抽样框几乎是不可能的，因为人的出生和死亡每天都在发生，人们的住址可能会更换，已提供的地址和电话号码也可能有错误。在作较大规模的调查（如对一个城市的调查）时，因调查总体包含有易变因素（如城市移民），建立比较理想的抽样框不但难度高，时间和财力的耗费通常也较大。

所谓样本容量，也称样本大小或样本规模，是指样本内所含抽样单位数目的多少。样本容量的大小不仅影响到样本的代表性，而且影响到整个调查所要花费的人力、物力和财力。样本容量太小，难以保证样本的代表性，使调查结果发生较大的误差；而样本容量太大，则造成不必要的浪费，增大工作量。

（四）评估样本，收集样本资料

在确定好样本容量和选择好抽样方法后，便可具体实施抽样。但在收集有关的资料之前，调查者还要对样本进行评估。其目的是检验所抽出的样本的代表性，以免产生太大的误差。样本评估的方法可以采用实地调查和比较相结合的方法，即具体收集一些较容易得到的资料，并进行分析、研究，对样本和总体进行比较，得出样本对于总体的代表性、准确性程度。如发现样本代表性、准确性的偏差太大，则要及时加以修正、补充，然后再实施调查。

接下来的任务是集中所有样本的实际资料，尽量减少和避免登记性误差。收齐样本资料后，着手进行审查、整理、分析，找出抽样误差，得出调查结果。由于抽样调查的根本目的是要通过对样本的调查研究，来推断和把握其所在总体的特征及其内部关系，所以，最后要根据样本的有关数值来推断总体指标，说明总体情况。但决不能把在一定总体范围内样本调查的结果任意应用于总体之外。

四、抽取样本的主要方法

按照抽样调查的理论依据和特点，可将抽样调查的基本方法分为两大类：随机抽样和非随机抽样。随机抽样的主要方式有简单随机抽样、等距随机抽样、类型随机抽样、整群随机抽样和分段随机抽样。非随机抽样的主要方式有偶遇抽样、判断抽样、定额抽样和滚雪球抽样。基本抽样方法的分类，如图 4 - 1 所示。

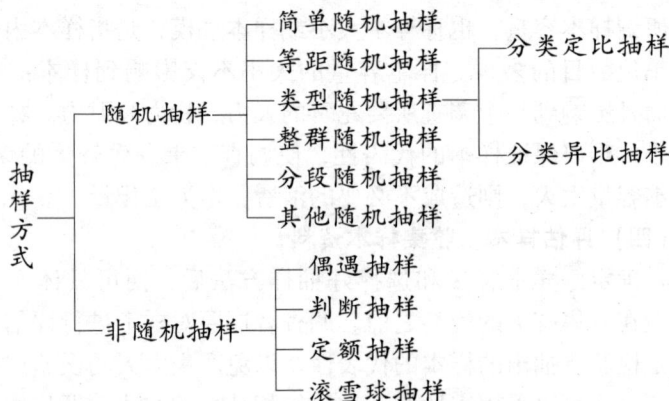

```
                    ┌─ 简单随机抽样
                    ├─ 等距随机抽样
                    ├─ 类型随机抽样 ──┬─ 分类定比抽样
          ┌─ 随机抽样 ┤                 │
          │         ├─ 整群随机抽样   └─ 分类异比抽样
抽样方式 ─┤         ├─ 分段随机抽样
          │         └─ 其他随机抽样
          │         ┌─ 偶遇抽样
          └─ 非随机抽样 ┤ 判断抽样
                    ├─ 定额抽样
                    └─ 滚雪球抽样
```

图 4 - 1　基本抽样方法分类图

（一）随机抽样

随机抽样又叫概率抽样，是按照概率理论来抽取样本的。它严格地遵循随机原则，使得总体中的每一个单位都有被抽出来作为样本的同等机会。随机抽样避免了抽样过程中许多人为的误差，从而保证了样本的代表性。随机抽样不但能够对样本的误差作出评估，还能够对误差加以适当的控制，这一优点是非随机抽样无法相比的。通常我们所说的抽样调查，一般指的都是以随机抽样方法来抽取样本，进行调查。

在具体的抽样过程中，随机抽样又包括下述五种不同的抽样方法。

1. 简单随机抽样

简单随机抽样又叫纯随机抽样，是随机抽样的最基本、最常见的类型。它严格按照使每个单位都有被抽中机会的随机原则，直接从含有 N 个单位的总体中抽出多个单位作为样本进行调查。其特点是抽样时无须对调查总体进行任何分组或排列，而是从中任意抽取预定的单位个数作为样本。通常所见的抽签、摇奖等都属于这种抽样。具体来说，它又有两种不同的抽选方法：

（1）抽签法。其具体的操作方法是将总体中每个单位的名称或号码，逐个填写在卡片上或签条上，将卡片或签条放入容器中，打乱次序，充分搅拌，然后从中任意抽取，被抽中的号码所代表的单位就是样本，如此反复进行，直到抽够所需数目的样本为止。为保证总体单位数的不变和样本抽中的同等可能性，一般使用有回置的抽样，即重复抽样，重复抽中的样本则舍去。抽签法简单易行，但调查单位较大时工作量会很大，所以只适合于规模小的总体。

（2）随机数表法。操作时，首先将总体的每一个单位都按大小顺序编号，然后查找随机数字表（见附表。这种随机数字表是由数字 0 ~ 9 经计算机随机编排而成的数字排列表），直到找够所需要的样本数即可。

例：某校共有 450 名学生，现欲运用简单随机抽样的方法抽取 30 名学生作为样本来调查他们的学习情况。如果采用随机数表法的话，那么首先要将 450 名学生按照 001 ~ 450 顺序编号，然后从随机数字表中找出合适的 30 个数字。由于 $N = 450$ 是一个三位数，因而首先要在随机数字表中的 50 列数字中任意抽取 3 列。在此，我们假定抽中的是第 7、8、9 三列数字，然后从第 1 行（或其他行）开始自上往下数，选出 30 个位于 001 ~ 450 之间的数。在表中，我们得到的这 30 个数字分别是 044、249、059、140、143、199…如果在第 7 ~ 9 列中抽不够 30 个位于 001 ~ 450 之间的数，那么可以再任意抽取 3 列，直到抽够 30 个数为止。于是，这 30 个样本即位于 001 ~ 450 之间的 30 个数字号码所对应的学生就产生了。如果总体单位数不是三位数，而是四位数或五位数，就在随机数字表中任意选取四列或五列，再按上述步骤抽取样本。

适用情况：简单随机抽样虽然是一种简单易行、符合随机原则的抽样方法，但它一般只适用于规模较小、总体各单位之间差异程度较小的情况。如果总体单位数太多，采用这种简单随机抽样，不仅编号工作繁杂而费时，而且所抽取的样本有时很分散，有时又很集中，缺乏代表性。尤其是总体单位的异质性较强，即总体之间差异程度较大时，运用这种抽样方法会产生较大的误差。

2. 等距随机抽样

等距随机抽样又叫系统随机抽样或机械随机抽样。按照某种顺序给总体中所有单位编号，然后随机地抽取一个编号作为样本的第一个单位，样本的其他单位则按照某种确定的规则抽取。这种抽样方法称为系统随机抽样。系统随机抽样中最简单也是最常用的是等距随机抽样。

等距随机抽样的具体操作方法是：

首先，将总体单位按照一定的顺序排列起来，并进行编号。

其次，确定抽样间距 R：

$$R = \frac{总体中的单位数\ N}{样本中的单位数\ n} \quad (R = N/n)$$

再次，采用简单随机抽样的方法，在第一个抽样间隔 R 个单位间随机抽取一个单位作为第一个样本 S。

然后，自 S 开始，每隔 R 个单位随机抽取一个单位作为样本，直到抽取最后一个样本为止。如此，所抽中的样本序号分别为 S，$S+R$，$S+2R$，$S+3R$，$\cdots$，$S+(n-1)R$。

例：要在 1 500 名居民中抽取 100 名居民作为样本进行生活小区内噪音扰民的调查，可将这些居民依次编码，用全部居民人数除以样本人数，得出抽样距离为 15。抽样的起点可从第一段 15 个人中用简单随机抽样法确定，然后每隔 15 个人抽一个。如第一段中被抽中的是 5，则按顺序下一个是每间隔 15 后的 5 + 15，5 + 2 × 15，5 + 3 × 15，…直到抽满 100 名为止。

对总体各单位进行排序时，排序标准可以是有关标志，也可以是无关标志。所谓有关标志，是指排列的标志与单位变量数值的大小有紧密关系或共同性质。如职工收入调查，以本年人均收入为调查变量，就以往年人均收入作为排列的标志。所谓无关标志，是指排列的标志与单位变量数值的大小无关，其性质不同。如调查城市居民的收入或消费情况，可按街道门牌号码或其他号码等距抽取居民户；工业产品质检，可以隔一定时间抽取少量产品来检查。

适用情况：等距随机抽样适用于同质性强、类别之间所含单位的数目不很悬殊的总体。它具有样本在总体中的分布比较均匀、代表性强、抽样误差小于简单随机抽样，且易于实施、工作量小等优点。其局限性在于调查总体的单位不能太多。因为在使用这种方法时，要有一个按某一标志排列的完整的花名册，这在单位总体数太大时难以实施。此外，当调查总体按照某种标志排列后，其抽样间隔如果接近调查对象自身个体的某种规律性，可能会形成周期性偏差。如统计某条街道的公共汽车客流量，每隔几小时抽样，其间隔如恰好与上下班时间相重合，就势必影响样本的代表性。之所以有这种情况产生，是因为对于等距随机抽样，一旦确定了抽样起点，一个样本就只有一种可能。因此，采用随机抽样，应避免抽样间隔和研究对象本身的节律相重合，以减少系统性或周期性误差。

3. 类型随机抽样

类型随机抽样也叫分层随机抽样或分类随机抽样。它是把调查总体按一定的标准分为若干类型，然后从每一类中按照相同或不同的比例随机抽取样本。例如，对企业进行调查时，先将企业划分为煤炭、石油、电力、冶金、化工、机械等部门，然后在每一部门随机抽取若干企业进行调查。分类时要注意使同一类型内部的差异尽量缩小，而使各类型之间的差异尽量增大。同时各类型之间要有清楚的界限，在划分时不致发生混淆或遗漏。其具体操作步骤是：

第一步，根据总体的特性，按照一定的标准将总体 N 分成若干类，即 N_1、N_2、N_3…同时，遵循分类穷尽性和互斥性的原则，令 $N = N_1 + N_2 + N_3 + \cdots$；

第二步，确定所需要的样本总数 n 和从总体的各类单位中抽取样本的数目 n_1、n_2、n_3…，并令 $n = n_1 + n_2 + n_3 + \cdots$；

第三步，按照随机原则从总体的各类单位中抽取所需要的样本数目。

运用随机抽样时有分类定比抽样和分类异比抽样两种具体做法。

（1）分类定比抽样。指按各类型在总体中所占比例来进行类型内的抽样。

例：为了解不同政治面貌的人对当前改革的看法有无分歧，现在某机关进行抽样调查，该机关党员、团员、群众共计 1 020人，其中共产党员占 25%，民主党派人士占 5%，团员占 30%，群众占 40%。根据各类型的抽样比例，即可求得需要抽取的各类型的样本单位数：如果抽取 300 人进行调查，则党员的样本数应为 $300 \times 25\% = 75$，团员的样本数应为 $300 \times 30\% = 90$，群众的样本数应为 $300 \times 40\% = 120$，即在该机关抽样的 300 人中，党员、团员、群众应抽的人数分别为 75 人、90 人、120 人。如此，分层抽样所用的样本比例应与上述比例相符，由此得出的调查结论才能真正说明问题。

（2）分类异比抽样。进行抽样调查时，如果某个类型所包含的个案数在总体中所占比例太小，为了使该类型的特征能在样本中得到足够的反映，需要适当加大该类型在样本中所占的比例。如上例中若需详细了解民主党派人士的态度，就应将该部分的抽样比例作一定程度的加大。

适用情况：类型随机抽样适用于规模大、内部结构复杂且类别分明的总体，例如，农业产量抽样按地区分类，产值调查按国民经济部门分类，产品质量抽样按各类型号分类。在样本数量相同的情况下，类型随机抽样的抽样误差要小于简单随机抽样和等距随机抽样。特别是其在分类时利用了已知的总体性质，使各类型中单位之间共同性增大，差异程度缩小，样本的分布比较均匀，代表性高，因而抽样效果较好，在实际工作中应用广泛。

4. 整群随机抽样

整群随机抽样又叫集体随机抽样，是先将总体各单位按一定的标准分成许多群（或集体），然后按随机原则从中抽出某个或若干个群作为样本，再对样本的每个单位实施调查的方式。

这里的分群与类型随机抽样表面上有相似之处，都要进行分群划类，但二者之间是有区别的：整群随机抽样的分群是为了使群内所有单位之间的差异大一些，以便各群之和更加能够代表总体，同时抽取群的方法是随机的，没有被抽中的那些群内的单位都不会进入样本，被抽中的群内的所有单位则全部是样本。而类型随机抽样的划类是为了尽量减少各类内部所有单位之间的差异，同时每类都要按比例随机地抽取一定数量的单位作为样本来进行调查。二者进行分类的目的正好相反。

整群随机抽样的具体操作是：先按一定标准对总体进行分类，然后以群为抽样单位，抽取需要量的群作为样本，再逐个调查以群为单位的样本。

例：某工厂要检查某月产品的质量，确定抽出 1/8 的产品以整群随机抽样方法检查。其具体做法是：

第一步，将生产的产品按每小时的产量分成若干群；

第二步，在每天 8 小时生产的产品中，抽出 1 小时生产的产品作为样本单位；

第三步，对作为样本的那一个小时的产品实施逐个检查。

前面介绍的集中抽样方法，都是以总体单位作为抽样单位。在实践中，总体单位数目往往很大，而各单位在时间和空间上的分布又很分散，给抽样带来很大困难。相比较之下，整群随机抽样是随机地一群一群地抽取集体单位，抽到哪一群，就对哪一群的所有单位进行调查，调查的对象相对集中在一个群体中，所以调查实施起来方便很多。

适用情况：整群随机抽样适用于规模大、内部结构复杂但类别界限模糊、地域分布广的总体，具有便于组织、花费少和样本抽取容易的优点。但所抽取的样本分布不均匀，样本的代表性较差，在样本数目相同的情况下，其抽样误差要大于前三种方法。因此，它常常结合其他抽样方法一起使用。

例：1982年9月所进行的"全国千分之一人口生育率抽样调查"，就是采用分层、等距、整群相结合的抽样法。在调查中，农村以生产大队（村）、城镇以居民委员会为样本单位，等距、随机地抽取815个样本点，调查了799个县（区）的815个生产大队（村）、居委会中15~67岁的妇女310 485人。也就是说，被抽取的这815个样本点，每个生产大队（村）或居委会年龄在15~67岁的妇女，整群地（或集体地）成为被调查的样本单位。

5. 分段随机抽样

分段随机抽样也叫多段随机抽样或多级随机抽样，是一种分阶段地从调查对象的总体中抽取样本进行调查的方法。其具体操作步骤是：

（1）对调查对象进行分级，即把调查总体各单位按一定标志分成若干子群体，作为抽样的第一级单位；然后将第一级单位又分成若干小群体，作为抽样的第二级单位。如此类推，还可根据需要分出第三级和第四级单位。

（2）分别运用前面四种随机抽样方法，从第一级单位中抽取若干个单位作为第一级单位样本；再从已抽出的第一级单位样本中随机抽取若干单位作为第二级单位样本。以此类推，也可抽取第三级单位样本和第四级单位样本。若最终样本是经过两次抽样获得的，就称为二段随机抽样；若最终样本是经过三次或四次抽样获得的，则称为三段随机抽样或四段随机抽样。

例如，要进行一次全国城市居民家庭平均收入水平的调查，可先以城市为抽样单位进行第一阶段的抽样，选出一部分城市；然后以居民委员会为抽样单位，从所抽出的城市中抽取一部分街道（第二阶段抽样）；最后从已抽出的街道中随机抽取家庭样本（第三阶段抽样）。

采用分段抽样，通常在第一阶段使用严格的随机抽样方法，而从第二阶段起开始使用概率比例抽样，即根据每一群所含个体的多少分配样本名额。因为在将总体划分成子群时，每个子群中个体的含量常常不同。只有在第二阶段按比例抽样，才能使总体中每个分子具有同等进入样本的概率，从而保证总体样本的随机原则。

下面的例子可以说明使用概率比例抽样的原理和方法：

例：某市有23个区共714万人，欲从中抽取1 000人的样本，将区作为初级抽样单位，每区人数不等。每区人数的号码范围是：东区1～120 000号，西区120 001～270 000号，南区……一直排列到7 140 000号。从这714万个号码中用随机数字表确定10个号码，则这10个号码所落入的区即为调查区。如抽中340 000号，它落在南区，则南区为调查区。从这10个调查区中，每区再随机抽取100人就构成最终样本。这样操作，人口多的区在第一次抽样时被抽中的概率高，但由于所有10个被抽中的区不论人口多少，均抽100人，所以人口多的区的居民在自己的区域成为调查区后，个体被抽中的概率反而小，因而最后不论哪个区的居民，被抽中的概率都趋于相等。

分段随机抽样的主要优点是抽样前不需要总体各单位的完整

名单，各阶段的名单数较小，故抽样工作简便易行。同时抽出的样本相对集中，便于调查的组织和开展，节省人力、财力、物力和时间。另外，各个阶段可以根据具体情况分别采用各种抽样方式，比较灵活。特别是在进行大规模调查时，如果抽样单位只有一级，则很难建立抽样框。如在全国范围内进行抽样调查，调查对象是个人。这时若抽样单位也是个人，则编制抽样框的工作极为困难。并且因为样本的分布极为分散，调查所需的费用与人手数量将非常庞大。分段抽样通过采用由多级抽样单位过渡到终极抽样单位的方法，解决了终极单位不易获得的抽样框的问题，并使样本的分布较为集中，从而大大降低了调查费用。

适用情况：由于分段随机抽样在各阶段抽样时可根据具体的情况灵活选用不同的抽样方法，因而能够综合各种抽样方法的优点，且能节约人力、物力和财力，提高样本的质量，获得较好的调查效果。因此，它特别适用于规模大、内部结构复杂且分布广的总体，即调查范围大、单位多、情况复杂的调查对象。但是，分段抽样在每一阶段抽样时都会产生误差，因此，经分段抽样得到的样本的误差也相应增大，这是其不足之处。

三种随机抽样的情况如表4-1所示。

表4-1 三种随机抽样方法的比较

名称	一级单位	二级单位	样本量相同的准确度	提高准确度的办法
类型随机抽样	抽取全部	抽取部分	高于简单随机抽样	扩大层间差异，缩小层内差异
整群随机抽样	抽取部分	抽取全部	低于简单随机抽样	缩小群间差异，增大群内差异，增加群数
二段随机抽样	抽取部分	抽取部分	介于简单随机抽样和整群随机抽样之间	减少一级单位之间的差异，尽量多抽取一级单位

（二）非随机抽样

如前所述，随机抽样能够排除调查者的主观影响，抽选出较有代表性的样本，并且能够确知和控制抽样误差的大小，从而使由样本推论总体，达到对总体的全面认识成为可能。但是，在很多情况下，这种严格的随机抽样几乎无法进行。有时由于调查对象的总体边界不清，便无法编制随机抽样所需要的抽样框。如在进行有关对残疾人的调查时，便会遇到这种情况：由于得到残疾人的齐全名单几乎不可能，因而也就无法进行随机抽样。此外，有些调查研究为了符合研究的目的，不得不按照需要，而不是随机地从总体中抽取少数有代表性的个体作为样本。再者，为了保证随机原则，对抽样的操作过程要求严格，实施起来一般比较麻烦，费时费力。所以，如果调查目的仅是对问题作初步探索，获得研究的线索和提出假设，而不是由样本推论总体，采取随机抽样就不是必须的。在上述情况下，可以采用非随机抽样。

非随机抽样又叫非概率抽样，是以方便研究者个人，从人的主观经验、设想来有选择地从调查总体中抽取样本的方法。非随机抽样的方法主要有四种：

1. 偶遇抽样

偶遇抽样又称任意抽样，是指调查者将自己在特定时间、特定场合下偶然遇到的对象作为样本进行调查的一种方法。例如，新闻记者在商店门口、街头路口、车站码头、公园广场、影剧院等公共场所，随便地选取一些顾客、行人、旅客、观众作为样本进行采访，了解他们对某些刚发生的重大事件的看法，就是一种偶遇抽样。在某些偶遇抽样中，调查过程对被调查者来说可能是不愉快的。这时，为了调查的方便和顺利，常常将那些自愿成为被调查者的人作为样本。例如，为了试验某种心理测验方法，常常将心理系学生作为样本。因此，这种方法又称方便抽样，即以方便调查者为主任意选取样本。

偶遇抽样的优点是方法简单、方便省力、成本较低，但样本的代表性差，有很大的偶然性。

2. 判断抽样

判断抽样又称目的抽样，即由调查者根据自己的判断来确定样本。这种样本的代表性取决于研究者对调查总体的了解程度和判断能力，主观目的性较强。例如，在问卷设计阶段，为检验问题设计是否得当，常有意地选择一些观点差异悬殊的人作为调查对象。有时研究者将那些偏离总体平均水平者作为调查对象，其目的是研究什么原因导致了这种偏离。例如，选择一些收入远高于农民人均收入水平的农民作为调查对象，以了解农民的致富途径。

由于这种方法完全依赖于调查者的主观印象和经验，故它不可能计算抽样误差。换言之，在这种抽样中，凡总体中具有代表性的单位都可作为样本，个别单位被抽取的概率是无法确定的，其抽样结果的精确度也无法判断。所以，运用判断抽样，当总体规模小、所涉及的范围较窄时，样本的代表性较好；但当总体太大且涉及的范围较广时，其代表性将显著降低。此外，如果调查者具备相应的能力，则判断抽样有望有代表性，因而有利用价值；反之，样本可能会出现各种偏差。

判断抽样适用于建立分类模型，其作用在于发现问题，提出假设，而不在于对总体作出概括。在无法确定总体的边界或因研究者的时间、设备有限而无法进行抽样时，可以采用这种方法。

3. 定额抽样

定额抽样又称配额抽样，这种方法是调查者首先确定所要抽取样本的数量，再按照一定的标准和比例分配样本，然后从符合标准的对象中任意地抽取样本。例如，要对某高校的一年级新生的体质状况进行调查研究，假定该校共有新生 1 000 名，其中男生 600 名，女生 400 名。调查者现要从中抽取 100 名新生作为样本，则按比例应抽取男生 60 名，女生 40 名，然后由调查者按上述要求，任意找到 60 名一年级男生和 40 名一年级女生进行调查即可。

定额抽样与分层随机抽样（类型随机抽样）相似，也是按调查对象的某种属性或特征将总体中所有个体分成若干层（类），然后在各层中抽样，且样本中各层所占的比例与它们在总体中的比例一样。不同的是，分层抽样中各层的子样本是随机抽取的，而定额抽样中各层的子样本是非随机抽取的。

定额抽样是以代表总体为目的的，因此，使用这种方法必须对总体的性质有充分的了解。一方面，由于在分层时不可能兼顾总体的众多属性，而只能考虑其中一种或几种，因此不可能作出很细的分类；另一方面，它主要依赖调查者的主观能力，故其结论用来推论总体指标的代表性不强。但它简便易行、快速灵活，因而在民意测验、市场调查等方面经常被使用。

4. 滚雪球抽样

滚雪球抽样是先从几个合适的样本开始，通过它们得到更多的样本，然后一步步地扩大样本范围的抽样方法，就像滚雪球一样，了解的个体越来越多，越来越接近总体，最后便可以在不清楚总体的情况下了解总体。例如，要研究城市的保姆问题，研究者一开始因缺乏总体信息而无法抽样，这时可先通过各种办法，如通过街坊邻居或熟人介绍、家政服务公司、街道居委会等，找到几个保姆进行调查，并让他们提供所认识的其他保姆的情况，然后再去调查这些保姆，并请后者也介绍自己所认识的保姆。依此类推，可供调查的对象越来越多，直到完成所需样本的调查，从调查对象那里获得足够的信息。

滚雪球抽样的主要优点是可以大大增加接触总体中所需群体的可能性。在上例中，如果采用随机抽样，效率将会很低，滚雪球的方法则使得调查者能够高效率地找到符合要求的调查对象。但使用滚雪球抽样有一个前提，即总体分子之间应具有一定联系。如果个体之间缺乏联系，那么就缺乏滚雪球的依据。有时用这种方法抽样，最后仍有许多个体无法找到，还有些个体因某些原因被提供者故意漏掉，因而调查结果可能出现偏差。

（三）随机抽样与非随机抽样的比较

抽样功效反映的是在抽样费用与精确度之间的一种交替关系概念，而精确度表示所测量特征的不确定水平。精确度与抽样误差是反向联系，与费用则是正向联系的，即精确度越高，表示抽样误差越小，但可能意味着花费也越多。在将精确度作为主要要求的前提下，也即需要对总体给出很准确估计的情况下，常选用随机抽样，如人口状况分布、人群心理特征、市场跟踪研究等。而不同的随机抽样技术，其抽样功效是不同的，表4-2给出了基本抽样技术的优缺点比较。

表4-2　基本抽样技术比较

	抽样技术	优 点	缺 点
随机抽样	简单随机抽样	方便，易理解，结论可推广到总体	抽样框不易建立，费用高，精度低，不一定保证代表性
	等距随机抽样	比简单随机抽样易操作，代表性提高，不需要抽样框	样本的代表性不一定能保证，也可能降低代表性
	类型随机抽样	可包括所有重要的子总体，精度高	对许多变量来说不易分层，费用高
	整群随机抽样	易操作，样本集中，成本合理	样本分布不均匀，代表性差，误差较大
	分段随机抽样	精度较高，成本较低，抽样工作较简便易行	计算较复杂，误差机会多

（续上表）

	抽样技术	优　点	缺　点
非随机抽样	偶遇抽样	方便经济，节省时间	样本无代表性
	判断抽样	低费用，方便，省时间	主观性强，结论无推广性
	定额抽样	在某种程度上可对样本进行控制	有选择偏差，不能保证代表性
	滚雪球抽样	样本的代表性有保证	耗费时间

　　非随机抽样由于各个个体进入样本的概率是未知的，而且排除不了调查者的主观影响，因而无法说明样本是否体现了总体的结构，用这样的样本来推论总体可靠性是不高的。但非随机抽样操作方便，省钱省力，统计上也远较随机抽样简单，如能对调查总体和调查对象有较好的了解的话，抽样也可获得较大的成功。例如，市场调研中的概念测试、包装测试、名称测试以及广告测试等研究，其着重点在于样本给出各种不同反应的比例，因此，这类调查的样本可以用非随机抽样的方法。但是，特别应该指出的是，将非随机抽样的结论推论到总体时要十分慎重，否则就容易出现以偏赅全的错误。

　　什么时候选用随机抽样、什么时候选用非随机抽样，应当根据具体条件来决定，例如，研究的性质、对误差容忍的程度、抽样误差与非抽样误差的相对大小、总体中的误差，以及统计上或操作上的方便等。这两类抽样方式的适用条件见表4–3。

表4-3 随机抽样和非随机抽样的适用条件

条件因素	比较适用于所给条件的抽样技术	
	随机抽样	非随机抽样
调研的性质	结论性的	探索性的
抽样误差和非抽样误差的相对大小	抽样误差较大	非抽样误差较大
总体中的变差	异质性（高）	同质性（低）
统计上的考虑	有利的	不利的
操作上的考虑	不利的	有利的

五、抽样误差的计算和样本大小的确定

（一）抽样误差及其计算

抽样误差，是指样本指标数值与总体相应的指标数值之间的差别。抽样的方法不同，抽样误差的程度也不同，而重复抽样的误差则大于不重复抽样的误差。由于各种不同方法的抽样调查都是以简单随机抽样方法为基础的，一般情况下，计算不重复抽样误差，可以用重复抽样误差的计算公式来替代，并且抽样误差的计算实际上是抽样平均误差。因此，采取重复抽样方法时，简单随机抽样平均误差的计算，可以作为计算其他抽样误差的基础。

在重复抽样的条件下，简单随机抽样误差的计算公式是：

$$抽样平均误差 = \frac{总体方差}{样本单位数} = \frac{总体标准差}{样本单位数}$$

这里的总体标准差，是说明总体标志值离散程度的指标，也可以说是表示总体各单位标志值之间差别程度的指标。对于调查总体来说，各单位的标志值差别越大，标准差的数值就越大；各单位之间标志值差别越小，标准差的数值就越小。标准差的平方就叫方差。

在上面的公式中，从抽样误差的计算看，抽样误差与总体标准差成正比，与样本单位数成反比。这就是说，对于特定的调查总体而言（即总体标准差不变），要减少抽样误差，必须增加样本单位的数量，多抽取一些样本单位调查；当样本单位增加到与总体单位一样多即样本等于总体时，则不存在抽样误差。而在样本单位数确定的情况下，总体各单位标志值的离散程度越小，抽样误差越小；总体各单位标志值的离散程度越大，则抽样误差越大。所以，控制抽样误差，尤其是在不增加成本的前提下，确定合适的样本量非常重要。

（二）样本容量的确定

调查要达到较好的成本收益比，样本量必须适当，既不能单纯强调调查精确度，一味地追求大样本，也不应为了节约，不顾调查精确度的需要而任意缩小样本。那么，如何才能取得一个适当的样本容量呢？下列因素应该被考虑：

（1）调查总体的规模大小。一般来说，调查总体的规模越大，所需要的样本数量就越多。但当总体规模增大到一定程度时，样本容量可以不再增大。

（2）调查总体内部的差异程度。在信度要求一定和总体规模相同的情况下，总体单位内部的差异程度较大时，样本数量应多一些；总体单位内部的差异程度较小时，样本数量就可以少一些。

（3）对调查结果的可信度和精确度的要求。调查结果的可信度与精确度要求越高，所允许的误差越小，样本数量就应多一些；反之，样本数量就可少一些。

（4）抽样方法。如信度要求不变，相同的总体因选用的抽样方法不同，所需要的样本容量也不同。每一种随机抽样方法都有自己的样本容量计算公式，调查者可以在选择好抽样方法后，用公式计算出这一方法所需的样本数。

另外，强调样本容量还要考虑调查条件。如果所拥有的人力、物力、财力及时间充分，样本容量可大一点。反之，就要适当缩小样本容量。根据统计学的要求，样本数量一般不能少于50。一般来说，社会调查的样本容量都在 50 ~ 5 000 之间，具体数目则不可一概而论。

理论上，抽样数目是可以用公式进行计算的。例如，在重复抽样（指从总体中随机抽取一个单位之后，又把它放回总体之中，再从总体中抽取单位的方法）的条件下，简单随机抽样所需样本容量的计算公式为：

$$n = \frac{Z^2 \sigma^2}{\Delta^2}$$

其中：Z 为某一信度（如 95%）所对应的临界值（如 1.96，依据正态分布概率表）；σ 为总体标准差；Δ 为误差范围。

信度系数和误差范围通常由调查者自己确定，总体标准差可以利用该总体过去的资料、其他类似总体的资料或者试验性调查的资料来估计。

例：在一个拥有 20 万职工的城市进行职工收入状况调查，经小规模试验性调查，得知职工平均月收入为 1 000 元，标准差为 250 元。现要求可信度为 95%，允许误差为 2%，问：在全市范围内用简单随机抽样方法，应当调查多少名职工？

解：根据正态分布概率表，信度 95%（即 0.05）所对应的 Z 值为 1.96。另外，已知 $\sigma = 250$（元），$\Delta = 1\,000 \times 2\% = 20$（元）。

在重复抽样中：

$$n = \frac{Z^2 \sigma^2}{\Delta^2} = \left(\frac{1.96 \times 250}{20}\right)^2 \approx 600 \text{（人）}$$

即在简单随机重复抽样中，需要抽取 600 人进行调查。

由于在抽样调查前，总体平均数和标准差通常是未知的，故利用上述公式计算抽样数目往往并非切实可行。在实际的抽样过程中，样本数目一般是根据统计学原理大致确定的。在一个较大范围内（如一个城市）抽取 600 个样本，就能使统计结果达到 95% 的信度和不超过 4% 的偏差度（见表 4-4），一般的调查能达到这样的程度就可以了。

表 4-4　较大范围内的抽样选择方案

Δ 偏差度（%）	信度 95%	信度 99%
±1	9 604	16 589
±2	3 401	4 147
±3	1 067	1 849
±4	600	1 037
±5	384	663
±6	267	461
±7	196	339

样本数量不一定要与总体所包含的数目成比例。在一定的范围内，样本数的多少对统计结果会有显著的影响。但当样本数大到一定程度时，再增加其数量，对统计结果的影响已不大了。例如，只要严格按随机原则抽样，在一个城市中抽取 1 000 个职工来推断全市职工的平均收入，与抽取 10 000 个职工来进行推断的准确程度和可靠程度是相差不大的。一般来说，在确保样本数能足够代表总体的前提下，应以选择较小样本容量为宜。

总之，样本容量的确定需要权衡各种因素后精确计算，调查者还要注意吸取成功的抽样调查经验。

六、抽样调查与全面调查的比较

大多数时候，促使我们选用抽样调查而不采用全面调查可能有以下一些原因：

（1）抽样调查花费少，这是全面调查所无法比拟的。

（2）抽样调查能迅速地获取所需的信息，在许多情况下，争取时效对决策者来说往往更为重要。如果进行全面调查，等到调查结果出来时，总体的情况可能已经发生了变化。

（3）许多总体太大，由于客观条件的限制，实际上不大可能对其进行全面调查。

（4）在理论上可以进行全面调查的前提下，总体中的某些对象可能由于现实的原因难以接触，从而无法实施全面调查。

（5）有些调查对调查对象可能是毁坏性的（如对工业产品中某类产品的品质调查），不可能进行全面调查。

（6）科学设计并认真实施的抽样调查，虽然有一定抽样误差（全面调查没有），但抽样误差可以控制，最重要的是抽样误差会大大地小于全面调查中产生的非抽样误差（人为差错造成）。

但有以下情况时，采用全面调查则更为有利：

（1）当总体很小，全面调查的实施并不困难时，采用全面调查则优于抽样调查。

（2）如果所研究的特征（或指标）的方差很大时，抽样调查的误差会较大。如对调查结果要求较高而总体又不是很大，则全面调查更有利。

（3）如果抽样调查所造成的损失或代价很大，则应采用没有抽样误差的全面调查；反之，如果非抽样误差的代价很大，则应选用抽样调查。

二者的情况如表 4-5 所示。

表 4-5　抽样调查与全面调查的比较

比较的方面	比较适用于所给条件的调查方式	
	抽样调查	全面调查
预算经费	低	高
时间要求	短	长
总体大小	大	小

（续上表）

比较的方面	比较适用于所给条件的调查方式	
	抽样调查	全面调查
总体特征的方差	小	大
抽样误差的可能损失	小	大
非抽样误差的可能损失	大	小
是否需要特别注意 个体调查单位	是	否

七、对抽样调查的评价

1. 抽样调查的优点

首先，抽取样本的代表性强。抽样调查一般都是按照随机原则来抽取样本的。这就从根本上排除了调查者各种主观因素的干扰，保证了样本能在较大的程度上与总体的结构保持一致，因而，所抽取的样本都比较客观，具有较强的代表性。

其次，推断总体比较准确。抽样调查的数学基础是概率论和大数定律，抽样误差不仅可以准确计算，而且可以加以控制。因此，抽样调查适合对调查总体作定量研究，其结论是通过数学方法计算得出的，对总体的推断比较准确。

再次，调查代价比较小。抽样调查是对总体中少数样本单位进行的调查，所以无论在人力、物力、财力、时间等方面都比较节省，组织工作也比普查简单得多。

由于抽样调查具有这样一些优点和特点，所以在现代社会调研中应用非常广泛，尤其适用于那些调查对象多或复杂，难以进行普遍调查的课题。

2. 抽样调查的局限性

一是抽样调查主要适于作定量调查而不大适用于作定性调查。

二是对于调查总体的范围尚不十分清晰的调查对象，如许多刚出现的新生事物，就不可能进行抽样调查。

三是抽样调查的深度和广度有限，特别是当样本数量很庞大的时候，对调查对象的研究难以深入细致。

另外，抽样调查需要较多的数学知识，特别是概率论和数理统计方面的知识，对调查人员的要求比较高，使这种方法的使用受到了限制。

抽样调查实例

全国城市职工家计调查抽样方法

家计调查也称居民家庭收支调查。1980年，国家统计局通过多阶段、多种方式抽样的结合，在全国范围内随机抽取44个城市的8万多户职工家庭，进行家庭生活调查。其抽样方法是将总体各单位按其属性特征分为若干类型，然后在各类型中用等距抽样方法抽选样本单位。

具体步骤是：

第一阶段，在全国范围内抽选调查城市。

（1）分层。把全国城市分为大、中、小三种类型（非农业人口在100万以上的为大城市，50～100万的为中等城市，50万以下的为小城市），然后将三种类型的各个城市分别按六个大区（东北、华北、西北、中南、西南、华东）归类。这样一共得到18个城市。

（2）等距抽选调查点。将全国城市按18个分层排列起来。在各层中，又把各城市按职工年平均工资水平由高到低排列，并把城市的职工人数累积起来，进行等距抽样。以第一层的中心点为第一个调查点，每隔100万职工定一点，每个点所在城市就是选中的调查城市，见表4-6。

第二阶段，在被抽中的城市（群）里抽取职工家庭（样本单位）。

第一步，抽选调查单位。首先根据城市规模的大小确定应抽选的职工人数；然后把应抽选的职工人数按所有制和国民经济部门的职工人数比例分配；再确定每个调查单位的调查人数，计算出应抽选的调查单位数和抽选距离；最后将各单位按职工年平均工资水平由高到低排列，等距抽选调查单位。例如，某市有职工70万人，其中全民所有制单位职工56万人，按5%计算，应调查2 800人；集体所有制单位职工14万人，应调查700人。各部门应抽选的职工详见表4-7。

按所有制和国民经济部门把应调查的职工人数分配好以后，接着在各部门内抽选调查单位。例如，全民所有制工业部门，应调查的职工人数是1 160人，假定每个调查单位的调查人数为50人，则：

应抽选的调查单位数＝工业部门应调查人数÷每个调查单位调查人数＝1 160÷50≈23。

应选距离＝工业部门职工总人数÷应抽选的调查单位数＝23.2÷23≈1（万人/个）。

将工业部门内各企业按职工年平均工资水平由高到低排列，等距离抽选调查单位。在抽选距离的中心点抽选第一个调查单位，然后每隔1万人抽一个调查单位，直到抽满23个调查单位为止。

第二步，抽选职工户。在抽中的单位中按人员分类排列，如在工厂里按管理人员、工程技术人员、工人分层排列；每层中再按职工本人的年平均工资水平由高到低排列。再按抽样单位分到的数额决定抽样间隔进行等距抽样，抽到的那位职工，他的家庭即作为调查户。

表4-6　全国城市分类、等距抽样表

大区名称	城市名称	全市职工年平均工资(元)	全部职工人数(万人)	职工人数累积(万人)	选中记号	说　明
西南	A	620	43	43	(50)	以第一层的中心点为第一调查点，抽选第一个城市B，以后每隔100万职工抽选一个城市，依次抽选城市D、G、I、K、M、P、R、U、W、Y。
西南	B	580	23	66		
西北	C	870	37	103	(150)	
西北	D	760	58	161		
中南	E	640	42	203		
中南	F	630	27	230	(250)	
中南	G	560	46	276		
华东	H	620	36	312	(350)	
华东	I	615	54	366		
华东	J	610	37	403	(450)	
华东	K	605	57	460		
华东	L	590	37	497	(550)	
华东	M	580	70	567		
华东	N	570	36	603		
华北	O	710	32	635	(650)	
华北	P	670	46	681		
华北	Q	660	41	722	(750)	
华北	R	650	47	769		
华北	S	610	49	818		
东北	T	780	23	841	(850)	
东北	U	760	35	876		
东北	V	710	50	926	(950)	
东北	W	700	32	958		
东北	X	690	56	1 014		
东北	Y	670	38	1 052	(1 050)	
东北	Z	640	48	1 100		

表4-7 抽选城市调查单位抽样表

部 门	职工人数 （万人）	应调查职工人数 （人）
全市总计	70.0	3 500
全民所有制	56.0	2 800
其中：1. 工业	23.2	1 160
2. 基本建设	5.0	250
3. 农林、水利、气象	6.4	320
4. 交通邮电	3.4	170
5. 商业、饮食、服务、物资	7.1	385
6. 城市公用事业	0.6	
7. 科技、文教、卫生	6.7	335
8. 金融	0.3	180
9. 机关团体	3.3	
集体所有制	14.0	700
其中：1. 工业	9.2	460
2. 建筑业	1.2	60
3. 运输业	1.2	60
4. 商业、饮食、服务	1.3	65
5. 文教、卫生	0.8	55
6. 其他	0.3	

第三节 典型调查

一、典型调查概述

（一）典型调查的含义

典型调查，是根据一定的目的和要求，在对调查对象有了初步了解的基础上，从中选取若干具有代表性的对象作为典型，对其进行深入系统的研究，借以认识同类社会现象的本质及其发展规律的一种方法。典型调查的目的是通过深入"解剖麻雀",以少量典型来概括或反映全局。

典型调查是一种认识世界的科学方法。它以辩证唯物主义认识论关于从个别到一般的原理为理论依据,通过对有代表性的个别典型单位的了解,推及对同类事物和现象的认识,这符合我们认识客观事物从个别到一般的认识规律。马克思主义认为,人们对事物的认识是从具体到抽象,由特殊到一般,这是由于普遍性是通过特殊性表现出来的,共性是寓于个性之中的,人们只能通过对具体事物的剖析,才能认识同类事物的共性和一般性。但另一方面,人们由一些个别事物得出的认识,还需返回到对其他具体现象的研究中加以检验。典型调查就是从特殊到一般的过程。马克思曾以英国为典型,揭示了资本主义社会的一般规律。毛泽东也在中国革命的实践中总结和倡导过这种"解剖麻雀"的工作方法和调查方式。

(二) 典型调查的特点

典型调查的特点在于:①用来进行调查的单位较少,它只是对调查对象中个别的或少数几个单位的调查;②被列为调查对象的单位是调查者有意识地选择出来的;③它是一种定性的、深入细致的调查;④调查结论用于从典型推断一般。

二、典型调查的步骤

(一) 对调查总体进行面上的初步研究

根据调查的目的和任务,通过查找资料、听取汇报和观察等手段,对被研究的事物进行粗略的了解,以便"心中有数"来选择典型。

(二) 选择有代表性的典型

在前一阶段科学分析的基础上,根据调查目的,将被研究对象进行科学的分类,然后分别选取典型进行调查。一般来说,在总体各单位发展较平衡的情况下,选取一个或几个有代表性的典型单位即可；当总体单位较多，各单位发展不平衡，彼此差异较大时，需将总体按研究问题的有关标志进行分类，将其划分为若干个类型组，再从各类型组中找出有代表性的单位作为典型进行调查。这样可以减少类型组中各单位的差异，提高典型的代表性。

（三）深入调查，获取第一手资料

在调查实施过程中，应根据调查开始前设计好的详尽的调查提纲或调查表，采用观察、访问、开座谈会等具体方法进行深入、全面、细致的调查，以充分掌握第一手资料。对于有充分说服力的数字资料要特别注意收集。

（四）分析资料，作出推论

典型调查所获取的资料往往十分丰富，却又十分庞杂。这就需要对收集到的资料进行细致的整理加工，去粗取精，去伪存真，然后进行由表及里、由浅入深的分析工作。最后得出的推论一般只能大致地推断典型所能代表的同类事物和现象。

三、典型调查的要求

（一）正确地选择典型

正确地选择典型，是典型调查成败的关键。实践证明，典型调查最大的误差来自选典的误差。如果所选择的典型没有代表性，那么无论调查工作做得多好，都不可能达到调查的目的。因此，一定要使选择的典型能够最充分地、突出地、集中地体现它所代表的事物最一般的、本质的、合乎规律的特征。具体来说有下面几点：

（1）必须有实事求是的态度。应在对所有调查对象都有一定认识的基础上去挑选典型，以保证典型的真实性和客观性。不能主观地确定典型，更不能人为地树立典型。那种认为越奇特越典型的看法是不正确的。

（2）要有发展的眼光。应根据不断发展变化的实际情况选择具有新的代表性的典型，不可总在老典型中兜圈子，更不可将典型理想化、绝对化，追求"终身制"和"万能式"的典型。

（3）对于复杂的事物，还必须多层次、多类型地选典。可采取择高选点、择中选点、择低选点或择优选点、择平选点、择劣选点等办法，通过先进典型总结经验，通过中间典型了解一般动态，通过落后典型剖析存在的问题，以保证典型调查的科学性。

（二）定性分析与定量分析相结合

进行典型调查时，单纯依靠定性分析，得到的资料往往不完整、不准确。因而在调查过程中，要尽量收集各种数据资料，从量上对调查对象的各个方面进行分析，以提高调查的科学性和准确性。定性分析和定量分析相结合，已成为典型调查法发展的一种趋势，现代调查技术又使这种结合成为可能。

（三）要有深入细致的调查作风

选准典型后，还要有详细周密的调查计划，要有深入实际、吃苦耐劳、耐心细致的调查作风，切忌蜻蜓点水、浅尝辄止、华而不实的做法。这样才有可能收集到各种有价值的第一手资料，使典型更具说服力。

（四）慎重对待调查结论

典型虽然是同类事物中具有代表性的部分和单位，但它毕竟是普遍中的特殊，是一般中的个别。因此，对于典型调查的结论，必须持慎重的态度，严格区分哪些是代表同类事物的具有普遍意义的东西，哪些是由典型本身的特殊条件、特殊因素所决定的具有特殊意义的东西，对这两部分的结论的适用范围作出科学的说明，切不可把典型调查的全部结论不顾时间、地点和具体的条件生搬硬套。

四、对典型调查的评价

（一）典型调查的优点

1. 重点突出，可信度高

典型调查的调查对象较少，调查者可以集中精力，采取各种有针对性的方法来解剖典型，针对性强，重点突出。调查者与被调查者长时间直接接触，因此取得的资料可信度高。

2. 全面系统，深入细致

作为一种面对面的直接调查，典型调查中调查者对现象的内部机制和变化过程了解得比较清楚，资料比较全面系统，比普查和抽样调查更为深入、细致。它克服了个案调查的对象缺乏代表性的局限，调查分析比较深刻，能达到对事物性质的深入认识，所得出的结论也较有代表意义，可以用作对调查对象的所有单位进行定性的判断。

3. 灵活简便，成本低廉

由于典型调查只对总体中的少数单位进行调查，调查的对象少，调查面不广，自然可以节省人力和物力。另外，典型调查在内容、时间和调查的方法上都有较大的灵活性：内容上可以随时发现问题，解决问题；时间上可以自由掌握；方法上各种具体的途径和方法都可选择，其简便灵活的特点十分突出。

（二）典型调查的局限性

1. 典型不易选准

从主观方面看，典型的选择主要是由调查者决定的，易受调查者主观意志左右。调查单位的代表性如何，取决于调查者对总体情况的了解程度。对总体情况的了解程度高，选取的典型的代表性就高；反之，典型的代表性就低。同时，调查者个人的思想水平、判断能力、价值取向以及个人好恶都必然会影响选典的准确性，很难完全避免主观随意性。从客观方面看，调查单位被抽取的概率一般无法确定，典型的代表性只能是相对的，与调查对象的总体之间总是或多或少地存在一定距离，也就是说总体各单位的平均差异不能精确测定，这一差距在多大程度上影响着典型的准确性很难测算。因此，典型调查选典的误差是先天存在的，而且这种误差无法准确测定。

2. 结论推断性差

由于典型的代表性无法测定，典型调查的结论中哪些具有普遍意义、哪些具有特殊意义，它们的适用范围如何，难以用科学的手段准确地加以测定。所以，由典型的结论推及调查对象的总体就要受很大的限制。如果不顾典型的具体条件，片面地夸大它的共性内容，不加限制地用典型调查的结论去分析调查对象的总体，就必然会导致以偏赅全的片面性倾向。此外，典型调查主要是一种定性调查，无法对调查的个别单位和总体之间进行定量分析，这也是此种调查方法的一个明显不足。

典型调查实例

县属镇中的农民工

——江苏省吴江县的调查

第一步：提出课题，进行面上的初步研究。

（1）明确调查对象，即江苏省吴江县大量存在着户口在农村、人却常年在附近县属镇上做工的农民工。实际上，他们多数长期在一个企业工作，早已不是临时工。

（2）提出课题，即越来越多的农民工进入县属镇，是不是经济、社会发展中的一种必然趋势？与建设中国特色社会主义有什么关系？

（3）进行面上的初步研究，即从分析吴江县经济发展形势入手，研究农民工的客观需要：全县七个县属镇经济的快速发展需增加劳动力，而镇上劳动力不能满足生产需要，农村又存在大量剩余劳动力在寻找出路。这样，新出现的大量农民工显然是适应了当地经济、社会发展的客观需要。

第二步：选择典型进行多侧面的分析。

在对全县情况进行粗略分析的基础上，进一步以七个县属镇之一的震泽镇为典型作系统的剖析。震泽镇在历史上长期起着县西南片商品集散地作用，现在更发展成一个以工业为主的工商业市场。推动其发展的一个重要因素就是该镇大量吸收了农民工。农民工占职工总数的 20.4%，超过全县 15% 的比例。虽然受到有关的劳动管理制度的限制，镇上仍以各种名义从农村招收农民工。经过几年的发展，农民工已成为县镇经济生活中的一支重要力量。当然，农民工由于不是正式工，也遇到许多问题，诸如同工不同酬、不能参加业余学习和技术培训等。

第三步，得出结论，提出建议。

通过典型分析，回答调查第一步提出的问题，即究竟应该怎样看待农民工？结论是：①农民工有利于城镇建设。②农民工收入的增加，农村建设资金的积累，农民工从镇上带回的技术和信息，有助于改变农村的落后面貌。③农民工的出现有利于国家宏观经济建设。④农民工的劳动形式和生活方式对促进城乡融合、建设中国特色社会主义具有深远意义。

最后提出建议：应该肯定农民工这种劳动形式，并逐步纳入国家计划轨道。希望有关劳动部门和企业管理部门共同研究，解决农民工遇到的种种问题，并作出具体规定。

第四节 个案调查

一、个案调查概述

（一）个案调查的含义

个案调查，也叫个案研究或个别调查，是社会调查的主要方式之一，属于应用社会学的范畴，主要是指一种对特定的个别研究对象进行详尽的、深入细致的调查研究的方法。这些特定的研究对象可以是家庭、群体、组织、社区、事件等，但一般是指个人。被用来作为研究的对象也称为"案主"。

"个案"（case）一词，来源于医学和心理学，本意是指具体的一个病例。社会学借用其一般的方法和技术，形成了独具社会学特色的个案调查方法。19世纪至20世纪初，个案调查曾是社会调查研究的主要方式。当时的社会调研者常常从工人、农民、贫民、乞丐、娼妓或少数民族、原始部落以及街道、企业等单位中选取一个或几个调查对象作为个案，详细、深入地了解每一调查对象的社会活动、生活方式、行为模式、价值观念、文化、规范等。在对个案的研究中，还发展了社会调查的具体方法和手段，如参与观察、深度访谈、重点访问、生活史研究、个人文献分析、社区研究等。

（二）个案调查的应用

目前，个案调查方法已广泛应用于婚姻家庭研究、犯罪研究、民政工作、信访工作、思想政治工作、民族宗教工作以及企业管理。尤其是以下三个方面比较适用个案调查：

一是社会活动、经济活动的调查。常见的有城市建设个案、农村社区个案、企业个案、学校个案等。通过对在社会经济活动中起各种不同作用的社会团体的个案调查，可以掌握其内在规律和发展趋向，促其更好地发挥自己的作用，提高社会经济活动效益。

二是同社会福利工作有关的专门机关和部门的工作。诸如社会福利、救济机关，精神病院，劳教机关，企事业单位的管理部门等。常见的有老年个案、青少年个案、妇女个案、伤残人员个案、医疗个案等。由此可以认识各类人员的生活状况、心理特征和社会需要等问题，以利于有关部门有的放矢地开展工作。例如老年个案，通过调查老年人的生活、工作和学习情况，老年人的生理、心理特点，以及习惯和爱好、健康状况、生活规律、饮食起居等，可使有关机构合理安排老年人的工作和生活，使其欢度晚年并能发挥余热。

三是用于社会生活中的各种专门问题。以个案研究为手段对给人们正常社会生活造成障碍，或对人们的社会生活产生较大影响的离婚、交通事故、犯罪、吸毒、自杀等社会中形形色色的问题进行专门研究，可以把握有关问题的实质、现状和发展趋势等，由此提出综合治理的方案和措施，消除社会变革进程中的障碍，促进社会协调发展。例如，对离婚问题的调查，通过分析当事人婚恋的经历、家庭生活的变故、生理状况、个人心理素质、文化修养、所处环境等要素的相互关系，找寻出导致离婚的主要社会原因，以利于有关社会机构采取措施，妥善加以解决，维护社会的安定，为人们的正常社会生活创造一个良好的环境。

二、个案调查的程序

1. 登记立案

登记立案可以有两种形式：一是应请求者的要求立案；二是研究者和实际工作者根据具体需要自己立案。立案时，调查者要为每个案主建立单独的档案，一般需要办理登记、编号、制卡、分发等手续，并要在档案的首页上注明要求立案的个人或组织、立案的理由、有待调查的问题等。

2. 访问案主

对案主的访问是为了确认案主的身份及其要求，并详细了解案主的家庭背景、主要经历、生活习惯、兴趣爱好、社交活动、价值观念等方面的情况。

访问案主需注意的事项及技巧如下：

（1）应充分重视第一次访问，因首次访问是和案主的第一次接触，除了了解一般的情况之外，还应注意感情的沟通、气氛的融洽，以取得一个良好的开端，为以后的随访打好基础。

（2）调查者除了需要具备渊博的知识、丰富的阅历外，敏锐的洞察力和较强的应变能力在访问中十分重要。调查者尤其要在个案涉及的领域做好知识上的准备，从而便于与案主交流和调查的顺利进行。

（3）调查者要注意尊重案主，平等待人，取得案主的信任和合作，打消案主的顾虑，使其畅所欲言。同时要注意掌握分寸，避免形成私人关系而影响调查。

（4）访问前要拟出一个提纲来帮助提问，访谈中不要提简单的肯定或否定的问题，更不要提胁迫性问题和诱导性问题，并尽可能避免重复提问。

（5）访谈中应尽可能不在案主面前做记录或录音。要善于通过记忆来做访问笔记。

3. 收集资料

调查者在个案调查中要有选择地、有重点地围绕案主提出的问题或调查者自己所确定的主题，收集一切可能收集到的资料和证据。除了访问、谈话之外，还可以采取阅读文献、参与观察、问卷调查、开座谈会等方法来获得有关的资料和证据。诸如自传、回忆录、日记、信函、报刊、著作、论文、个人档案、会议记录、地方志、录音、照片等书面的、口头的或直接的、间接的材料。但不管是什么资料和证据，都必须进行认真的、仔细的推敲和核实，使所得到的资料能证明所调查的问题，并且可以互相印证。

个案调查者在收集资料的过程中，会涉及一些不宜公开的事件和个人隐私，调查者要充分尊重案主的隐私权，替案主保密。

4. 作出诊断

即通过对所收集到的资料和证据进行核实、整理、分析，作出初步诊断，再根据存在的问题，提出治理的建议或方案，进行社会治疗。这一步要求调查者针对发现的问题，寻找妥善解决的方案，对症下药，以便彻底根治；或者在对一些个案的发展变化过程及方向作深入、细致的分析后，提出一些富有建设性的意见。

三、对个案调查的评价

（一）个案调查的优点

1. 全面系统

由于个案调查的对象比较少，调查者能够对案主进行综合的考察，并围绕有关主题详细地了解案主各方面的情况，把握其全貌，所以，个案调查对调查对象的了解比较全面。

2. 深入细致

在个案调查中，调查者要对调查对象作历史的研究，进行较详细的过程分析，以弄清来龙去脉，有时还要作追踪调查，以掌握其发展变化的情况和规律，因而调查不但具体，而且深入细致。例如，对一个人进行个案调查，就要多方面收集这个人的资料，如个人的经历、物质生活和精神生活状况、心理特征、个人习惯爱好、个人成长阶段的表现、家庭环境甚至遗传因素等。

3. 灵活多样

调查者在进行个案调查时由于只涉及单一的调查对象，在时间、活动安排上就有一定弹性，可采取的收集资料的方法也多种多样，可利用访问谈话、问卷调查、参与观察、阅读文献、开座谈会等方法，十分灵活。

（二）个案调查的局限性

1. 代表性差

个案调查是深入、细致地描述一个具体单位的全貌和具体的社会过程，它不要求调查对象具有代表性或典型性，不试图以少量单位来概括或反映总体的状况，只是对个别问题作具体分析，所解决的问题也是个别的，难以找到有代表性和规律性的东西。

2. 推断性差

个案调查的目的主要不是用来说明同类事物，而是为了了解和认识个案本身的问题，只是对个别问题作具体分析。尽管它可以不受既定结论的约束，却也容易得出不科学的结论。所以，通常不能用它来推断一般性结论。

3. 缺乏定量分析

个案调查是一种定性分析方法，尽管它是研究调查对象因果关系的一种较好的方法，能进行全面系统、深入细致的调查，但由于没有定量分析，所得出的结论有时缺乏说服力。

个案调查实例

城市地方社会保险的一体化建设

——广东省佛山市个案研究

第一步：确立个案。

1983 年 10 月，国家劳动部在郑州召开的全国保险福利工作会议上，提出了开展全民所有制单位退休费用实行社会统筹的工作要求，标志着中国社会保障制度从单位劳动保险向社会保险转变的开始。在经济体制改革的推动下，到 1993 年底，全国各市、县都在不同程度上实行了养老、失业、工伤、医疗和女工生育保险的社会统筹。其中退休费用社会统筹的覆盖面，国有企业已达95.2%，城镇集体企业和其他类型企业分别达 76.2% 和 64.3%。地方社会保险体系开始形成。

地方社会保险体系的形成过程，一般是从各个部门的改革开始，进而在发展的过程中寻求统一，直至出现由一个机构对全部职工开展所有项目的社会保险的一体化格局。在未来的改革方案中，寻求保险体系的统一性是一个基本的取向，但这个目标是否合理、可行性如何，佛山市的经验在一定程度上有助于回答这些问题。

第二步：收集资料，分析个案。

佛山市从 1984 年起进行社会保障管理体制改革，先后在全民所有制企业劳动合同制工人、固定职工及机关、事业单位职工中建立退休社会统筹制度。与此同时，人民保险公司则开展了一些集体企业的退休统筹。这一阶段的社会保险业务属于劳动、财政、人事、人民保险公司等部门管理，政策不统一，缺乏长远的、综合的规划，资金分散，致使社会保险发展慢，保险种类不全，社会化程度不高。针对这种情况，从 1990 年初开始，佛山市政府设置了直属于市政府领导的社会保险事业局，全面负责社会上保险工作的管理和规划，大大加快了社会保险的改革和发展。到 1993 年末，全市参加社会保险一体化的机关、企业、事业单位已达 1 267 个，职工达到191 986人，保险覆盖面达九成以上。

目前，佛山市社会保险事业局仍在进一步强化一体化制度，其措施包括：①巩固临时工保险费统筹；②扩大覆盖面；③健全医疗保险；④提高管理方面的社会化程度。

第三步：发现问题，作出社会诊断，提出建议。

佛山市地方社会保险一体化改革中隐含着许多问题，在未来的发展中可能会逐渐暴露出来，甚至可能从根本上威胁到一体化制度。问题之一是：由一个机构进行社会保险业务，可以简化手续、节约管理费用、提高效率，但佛山的一体化体制是在社会保险发育尚不成熟的阶段出现的，随着社会保险的发展，首先会受到失业保险业务的挑战。现行按工资总额1%筹集失业保险，只能支付不到2%的失业人口，因此，失业基金将来肯定无法平衡，加之失业保险包括避免和减少失业，这一职能很难从劳动部门分离出来。随着失业保险从简单的救济发展到再就业的安置，失业保险越加会靠向劳动部门，这会又一次引起两个部门之间关系的大调整。其次，一体化制度还会受到来自医疗保险的挑战。医疗保险费用的控制，在很大程度上取决于医疗机构，一体化制度将卫生部门排斥在外，会产生很大的矛盾。还有，人民保险公司已开办了许多医疗保险业务，如果将这些业务转到保险局，利益冲突很大。问题之二：地方一体化体系与行业统筹需要协调。有很多行业的企业有其特殊性，例如大型煤矿，其职工人数往往在当地占很大比重，由地方承担其风险的能力是有限的。在没有全国保险体系之前，行业性的统筹特别活跃，目前全国有11个行业进行了统筹。针对这种情况，可以有意识地扩大地方性保险，防止行业性保险的扩展，特别要限制一些效益较好、风险不大的行业统筹。因为参与的行业越多，行业与地方的关系就越复杂，社会保险日后在省级甚至在全国范围内迈向统一的障碍就越多。

复习与思考

1. 普查的特点是什么？进行普查有哪些基本要求？
2. 何谓随机原则？什么是抽样调查中的样本和总体？
3. 举例说明随机抽样的主要类型。
4. 影响确定抽样数目的因素有哪些？
5. 进行典型调查需要注意什么问题？
6. 试比较个案调查与典型调查的异同。

第五章　社会调查收集资料的方法

本章要点

1. 文献调查法的优点和局限性
2. 观察法的种类、观察误差的产生原因及减少观察误差的办法
3. 访问法的程序和技巧
4. 如何设计调查问卷

　　资料收集得是否真实、具体、全面而系统，不仅是衡量社会调查活动有否成效的标准，还决定着社会调查活动的成败。因此，如何运用科学的方法去收集资料，就显得非常重要。

第一节　文献调查法

一、文献调查法概述

（一）文献调查法的含义

　　文献调查法，就是通过收集各种文献资料，摘取与调查课题有关的情报的方法。在目前印刷型文献占主导地位的条件下，它主要是进行书面的文献调查。在当今信息社会，掌握好这一方法，就能收到"秀才不出门，能知天下事"之功。

1. 文献及其种类

文献，其本质是记录一切知识的载体。现代意义上的文献，不仅包括图书馆的全部收藏，也包括档案馆、博物馆、声像馆及情报中心乃至家庭、私人所收藏的一切用文字、图形、符号、声频、视频等技术手段记录人类知识的载体。简言之，一切固化在一定物质载体上的知识都是文献。

文献可以按不同标准划分为不同类型。

根据外部形态，可将文献分为文字文献、数字文献、图像文献和有声文献四类。文字文献是用文字记录的文献资料，包括各种出版物，如报纸、杂志、书籍等；各类档案，如内部文件、会议记录、往来公函等；各种个人文献，如日记、笔记、信件、自传等。数字文献，或称统计文献，是指用数据、表格等形式记载的资料，如统计报表、统计年鉴等。图像文献，即使用图像形式反映社会现象的文献，包括电影、电视、录像、照片、图片等，这类文献特殊的直观性使其在新闻调查、案件调查等特殊的社会调查中具有重要的作用。有声文献，即用声音来记载、反映社会现象而形成的文献，包括唱片、录音磁带等。

随着电子技术的迅速发展，上述各种文献形式都可以"电子出版物"的形式出版。"电子出版物"是将文字、图像、声音、动画等信息数字化处理以后存储于光盘或磁盘上，借助于计算机及其相关设备和专用软件来阅读的"出版物"。我国清华大学光盘国家工程研究中心于 1995 年研制成功的"《中国学术期刊（光盘版）》全文检索管理系统"，与之同时出版的《中国学术期刊（光盘版）》每张可容纳 300～500 种学术期刊的全文，极大地增加了出版物的信息容量。

按照加工程度，可将文献分为零次文献、一次文献、二次文献和三次文献。零次文献指交谈或会议上交流和传递的有用情报，通常未见记载和出版；一次文献为当时由当事人所做的原始记录；二次文献即检索工具，是根据一次文献的外表和特征，对分散的、无组织的一次文献进行加工整理，成为便于掌握和查找一次文献线索的工具，如书目、文摘、索引等；三次文献，是充分利用二次文献，广泛选用一次文献的内容，经综合分析、科学比较后编写出来的文献，如动态综述、专题评述、学科年鉴等。

文献调查往往从二、三次文献入手，进而深入到一次文献中。因有些资料几经加工，其可靠性已比较差，所以在充分利用二、三手资料的同时，应当重视原始资料的收集与利用。如有必要，还应通过实地调查来收集原始资料。

2. 当代文献的特点

当代文献的特点主要有以下四个方面：①数量急剧膨胀，呈现出加速增长的趋势；②文献分布异常分散；③各种文献的内容重复交叉，互相渗透；④文献信息滞后性突出，并伴有不同程度的失真。由于文献的上述特点，决定了文献调查必须做到搜集的文献要广而全，摘取情报要力求精当。这样才能获得充足的、切合调查要求的信息。

（二）文献调查法的要求

查阅文献，应尽量做到以下七点：

（1）内容要有针对性。应紧密围绕调研课题来收集文献资料。不可漫无目的地查阅，以免花费大量时间而收效甚微。这是搜集文献的基本要求，挑选文献时应以此为主要标准。

（2）数量上要充足。对某一调查课题而言，搜集的文献越多越好，有充足的材料才能得出令人信服的结论。

（3）形式上要多样。凡与调查课题有关的各种形式的文献都要想方设法地搜集。在印刷型文献占主导地位的条件下，其他形式的文献，如视听材料，也不可忽视。不但要注意图书，而且要注意图片、表格等辅助资料；既要查阅公开出版物，又要参考档案文件等内部资料。

（4）时序上要连续。作为调查对象的文献，要有一定的连续性和积累性，避免时序上的中断，减少时间上的空白。这样，才能连续、准确、全面地反映问题的发展变化。

（5）要重视原始资料。一般来说，原始资料比加工过的资料可靠，可以成为分析研究的重要依据和比较研究、动态研究的重要资料来源。故文献调查中应尽量注意查找出文献资料的最初出处，以提高资料的权威性和可靠性。

（6）摘取情报要求新。在查阅文献资料时，凡与课题有关的、有用的情报都要及时摘录。首先要选择那些最新的信息资料，尽量缩小情报的"时差"，以提高调查研究的时效性。

（7）要对文献进行必要的鉴别。文献内容的真伪及其可靠程度的判定直接影响调查的信度，所以对文献资料的鉴别和筛选不可或缺。一般可通过对同类、同年代文献的相互比较来鉴别文献、取舍资料，尽可能地剔除文献中的水分和冗余部分。

二、文献检索的程序、方法与途径

（一）文献检索的程序

文献检索是一项实践性、操作性很强的活动，正确的检索程序有助于提高检索效率。通常情况下，查找文献可按以下步骤进行：①通过对课题的分析研究，明确查找文献的目的、要求和范围；②根据实际情况，确定检索方法和途径，应尽可能地提高对检索工具的了解和熟悉程度，从而有针对性地进行选择；③依据文献线索，查阅原始文献；④通过文献浏览、阅读、记录等方法筛选和摘取对调查课题有用的信息。

（二）文献检索的方法

为了迅速、准确地查找所需要的文献，必须掌握一定的检索方法。人们在长期的文献检索实践中，摸索出一些有效的文献检索方法，其中使用最广泛的是追溯法、检索工具法。

1. 追溯法

追溯法，就是利用文章或书后所附的参考文献为线索进行跟踪查找的方法。通过对每篇参考文献的逐个跟踪，查找范围一步步扩大，直到获得足够的文献资料。在没有检索工具或检索工具不齐全的情况下，这种方法十分管用。

2. 检索工具法

利用检索工具来查找文献，是目前人们最常用的方法。它又可分为顺查法和倒查法两种。

顺查法即由远及近的查找法。具体做法是先根据调查课题选好检索工具，然后从较早年代开始按时序进行查找。这种查找法特别适用于查找理论性和学术性文献，遗漏的可能性较小，所得资料系统、全面，但费时费力，效率不高。

倒查法与顺查法相反，是由近及远逆时序查找，即先查近期文献，然后逐年往前查找。由于近期文献不但反映了现在的研究水平，而且一般引用或概述了早期的文献，所以可获得最新资料并了解有关课题的早期发展情况。这种方法不如顺查法全面、系统，但节省时间，效率高。

在实际进行文献检索时，一般将上述两种方法混合或循环使用，既利用检索工具查找，又通过文献后所附的参考文献进行追溯，从而克服两种方法各自的不足，保证查到所需的有价值的文献。

（三）文献检索的途径

查找文献，总是根据文献的不同特征，从各个角度来搜集所需的文献。角度不同，检索文献的途径也不同。常用的文献检索途径有形式途径和内容途径两方面。

1. 形式途径

形式途径是根据文献的外表特征来检索文献。具体有：

（1）书名或篇名途径：指根据书刊资料的名称来查找文献。可利用目录、索引等检索工具。

（2）著者途径：指根据著者姓名来查找文献。可利用著者目录或著者索引、机构索引等进行。

（3）序号途径：指以文献专用的号码特征为线索来查找文

献。这类检索工具有报告号索引、合同号索引、标准号索引、专利号索引等。

2. 内容途径

内容途径是根据文献的内容特征，从文献的学科类别、主题特征角度来进行检索的途径。

（1）分类途径：指按学科分类体系编排和检索的途径，主要利用分类索引、分类号或类别进行检索。它能较好地体现学科系统性，便于从学科所属范围内查找文献，起到按类求书、综观全貌和触类旁通的作用。

（2）主题途径：指通过反映文献内容的主题词来检索文献的途径。由于主题词能集中反映一个主题的各个方面的文献，因而这种途径便于对某一问题作全面、系统的研究。

查找文献是为了搜集文献。只要灵活运用各种检索方法，文献搜集就能够收到事半功倍的效果。

三、对文献调查法的评价

文献调查法是一种重要的调查方法，而且往往是先行的调查方法，作为一种书面的间接调查，它有着明显的优点和不应忽略的局限性。

1. 文献调查法的优点

（1）可以超越时空条件的限制。时间方面，查文献可以了解到已发生的任意历史时间的社会情况；空间方面，查文献可以得知任意距离乃至世界各地的有关信息。文献调查法的这一优点是其他调查法所不可能具备的。

（2）真实性、准确性高，比较可靠。文献调查法作为一种书面调查，所获得的都是"白纸黑字"的东西，调查过程既不会受调查者主观好恶的影响，也不会产生在直接调查中经常出现的种种反应性误差，干扰因素少，因而是一种比较客观的调查方法。

（3）实施方便。比起实地观察、口头访问等直接调查方法，文献调查法更方便、更自由，可随时随地进行，不需要太多外部的支持，客观条件要求低。

（4）效率高，花费少。文献调查是获取知识的捷径，它能够以最少的人力、最少的经费和最少的时间，获得比其他调查方法更多的情报。

2. 文献调查法的局限性

（1）调查结果是间接认识，缺乏直接性。文献调查法所获得的都是书面的东西，"纸上得来终觉浅"，即使其内容是真实的、可靠的，仍然不够具体、生动。

（2）时代、社会的局限性。任何文献都是一定时代、一定社会条件下的产物，因此，任何文献的内容，都受到一定时代、一定社会条件的局限，同时还受到撰写者个人素质的制约。

（3）滞后性。任何文献都是对过去的社会现象的记载，而社会生活是不断发展变化的，不断发生、不断涌现的许多新事物、新现象、新问题和新情况等都还来不及在文献上反映出来。所以，文献调查法所获得的情报，总是落后于客观现实。

（4）不完全性。文献对于社会调查来说，总是一种不完全的资料，因为文献的作者并不都按照同一个主题与要求记录社会现象。有时研究者需要的、能找到的资料太简单，不需要的资料却很详细。所以很难将需要的文献找齐、找全，经常会有有用的文献资料不足的缺陷。

（5）对调查者的素质要求较高。进行有效的文献调查，调查者必须具有较高的文化素养及业务特长，因资料收集者与研究者往往集于一身。同时也要具有客观条件，如检索工具和文献资料等，否则，文献调查就会寸步难行。

基于文献调查法的以上局限性，它只能作为社会调查的先导，而不能作为作出调查结论的现实依据。要真正了解社会实际情况，还必须深入社会实际进行直接调查。

第二节　实地观察法

一、实地观察法概述

（一）实地观察法的含义

实地观察法，是指调查者带有明确目的，凭借自己的感觉器官及其辅助工具，直接从社会生活的现场收集资料的调查研究方法。

（二）实地观察法的特点

（1）实地观察是调查者有目的、有计划的自觉认识活动。调查者一般具有明确的目的，事先做好观察计划，置身特定的现场来进行调查活动。所以，无目的的"看见"不能算作观察。

（2）实地观察是运用一定的观察工具进行的调查活动。其所用的观察工具：一类是眼、耳、鼻、舌、身等感觉器官，一类是工具仪器，如照相机、望远镜、显微镜、录音机、摄像机等。实践证明，观察工具的状况对观察的结果往往会产生重大的影响。

（3）实地观察法的调查对象是当前正在发生的、处于自然状态下的社会现象。如果观察的社会现象不是处于自然状态，而是人为的、故意制造的假象或表面现象，就会使调查者无法了解真相，还可能得出错误的观察结论。

二、实地观察法的类型

（一）直接观察与间接观察

根据观察者与观察对象之间有没有直接接触，可将实地观察法分为直接观察与间接观察。凡是观察者用自己的感觉器官直接去感知观察对象的，就是直接观察，如教师在课堂上观察学生、售货员观察顾客；凡是观察者不能直接感知观察对象的，就是间接观察，如看实时电视、录像。须注意不能以是否使用观察仪器作为区别直接观察与间接观察的标准，因为有时观察者虽然使用了观察仪器，但自己也在现场，与观察对象有直接接触，应该算直接观察。

直接观察与间接观察各有长短。直接观察的最大优点是观察具有强烈的实感，使观察者印象深刻，但观察的时间、空间十分有限，很容易"只见树木，不见森林"，难以观察到全面的情况。间接观察的主要优点是观察的时间、空间极大地扩展，但没有实感，缺乏现场气氛和亲身感受。正如电视教学虽然能选择全国最优秀的教师授课，录像可以播放到城乡的任何地方，但它无法弥补的缺陷是没有现场感，师生没有直接接触，缺乏必要的师生沟通和交流，这必然影响教学效果。所以，电视教学永远取代不了普通教学。

（二）参与观察与非参与观察

根据观察者是否参与观察对象的活动，可将实地观察法分为参与观察和非参与观察。凡是作为局内人加入观察对象的群体，参与观察对象的活动，从内部进行观察，就是参与观察。按照参与程度不同，又可将它分为完全参与观察和不完全参与观察。如公安人员打入犯罪团伙内部"卧底"进行观察，就是完全参与观察；大学生到工厂车间进行实习，则是不完全参与观察。凡是作为局外人，不加入观察对象的群体，不参与观察对象的任何活动，从外部进行观察，就是非参与观察，如大学生到工厂参观，领导到基层视察。一般来说，参与观察比较深入，容易获得真实的资料，但需要花费较长的时间；而非参与观察只能看到一些表面现象，但省时、省力，简便易行。仅进行非参与观察，要想达到透过现象发现本质、了解真相的目的，观察者必须具备相当高的素质。

（三）有结构观察与无结构观察

根据观察内容是否有统一设计的、有一定结构的观察项目和要求，可将实地观察法分为有结构观察和无结构观察。凡是事先设计出观察的内容和项目，按照特定的要求进行观察并填写观察记录，就是有结构观察。而只要求观察者有一个总的观察目的和要求或观察的大致范围，不要求填写观察记录，就是无结构观察。

在有结构观察中，观察者对于观察到的现象的细节可以很清楚地加以识别，其优点是观察可以系统和深入，能够获得进行定量分析和对比分析所必需的数据及资料；而在无结构观察中，观察者需要注意可能与手中问题有关的所有方面，所得的资料往往比较零散和表面，由此引起的偏差可能会很高。但是，有结构观察事先要花费较多时间进行准备，事后也要花费较多时间整理资料，且观察过程中不易灵活应变。无结构观察则比较方便易行，在观察过程中可以随时随地调整观察的目的、内容、范围和要求，它比较灵活。

（四）隐蔽观察与不隐蔽观察

根据被观察者是否知道正在被观察，可将观察分为隐蔽观察与不隐蔽观察。在隐蔽观察中，被观察者并不知道他们正在被观察，这使得被观察者自然地表现自己。因为被观察者如果知道了他们处于被观察之中，就会有不自然的举止行为。隐蔽观察可通过隐瞒、暂时改变观察者的身份，或借助难以察觉的设施、工具来实现。在不隐蔽观察中，被观察者知道他们正在被观察，因而其行为模式有可能发生偏差。

三、实地观察法的实施

为了实地观察的顺利实施和取得良好的观察效果，有必要了解实地观察法的一些规律，注意观察过程中的一些方法和技巧问题。

（一）实地观察法的要求

（1）观察要客观。必须从实际出发，被观察的对象是什么情况，就观察什么情况、记载什么情况，绝不能按照自己的好恶任意增减或歪曲客观事实，或者只注意观察和记载那些有利于自己的事实，而不去观察和记载那些不利于自己的事实。

（2）观察要全面。任何客观事物都有多方面的属性、多方面的联系和多方面的表现形式，只有从不同侧面、不同层次、不同角度进行多方位的观察，才能了解客观事物的全貌。如果只看好不看坏、看表不看里、看此不看彼，必定使观察流于片面，不可能正确认识客观事物。

（3）观察要深入。社会生活本身纷繁复杂、千变万化，如果观察者仅仅走马观花、浮光掠影，或停留在事物表面，就有可能得出片面的、错误的结论，因此，观察必须深入、细致。

（4）观察要持久。实地观察是一种十分单调、枯燥的工作。要进行客观、全面、深入的观察，就必须坚持观察的持久性。尤其是对于复杂的社会现象，更需要长期观察才能了解其真相，弄清其本质。

（5）观察必须遵守法律和道德原则。在实地观察中，不仅要遵守宪法和其他法律的有关规定，还应遵守一般的道德规范。

（二）实地观察的程序和技巧

1．观察程序

（1）实地观察的筹划准备。首先要明确观察目的，即要通过观察解决什么问题；其次要制订一个观察计划，包括观察对象的确定、观察时间的选择和观察程序的安排；再次就是准备必要的观察工具。一般来说，观察者主要通过自身的感觉器官去直接感知外界事物，但许多时候则需要借助辅助工具和仪器来扩大感知的范围。有时还需要制作各种表格和观察卡片，使观察项目标准化。

（2）进入现场并与被观察者建立友好关系。观察者进入现场应取得被观察者的同意。如是隐蔽观察则应不影响被观察者的活动，要尽量取得被观察者的信任。友好关系的建立有助于观察的顺利进行和有用情报的获得。

（3）观察和记录。观察是有目的而系统的，因而应该制定观察提纲，安排好观察程序，令观察有序进行。

观察方法具体有三种：①主次程序法。根据调查的目的和任务，先观察主要对象，后观察次要对象。②方位程序法。根据观察对象的地理位置，按节约、便利的原则安排观察路线和顺序。③分析综合法。先观察事物的整体，后观察事物的局部现象，然后再进行综合和分析，作出观察结论。

观察记录是观察中必要和重要的一环。把观察得来的信息变成文字，是保存整理资料最可靠的办法。记录时要注意：①记录内容要与观察内容相一致，保持观察记录的客观性。②同步记录。它是指在观察的同时就记录，这种记录丢失的信息最少。有时可用录音机先录音，过后再整理成文字资料。③根据记忆补记。在当时情况不允许或不方便时，等观察一结束便要立刻补记，以免忘却。④记下当场的个人印象和感觉、分析意见和推论。这在事后分析、辨别误差的可能来源时非常有用。但要注意与观察内容相区分，不能把评价、解释与事实混为一谈。

2. 观察技巧

（1）抓住典型环境中的典型对象进行观察，即观察重点应是对象环境中的典型对象。如观察环境卫生，重点应是"三废"处理和各个卫生"死角"。

（2）将观察和思考结合起来。观察不应是单纯运用感觉器官的活动。在观察过程中应眼脑并用、耳脑并用、手脑并用。善于开动脑筋才能捕捉到有价值的观察材料，作出科学的观察结论。

（3）努力减少观察误差。

（三）观察误差的产生原因及对策

实地观察法需要克服的一大难题，便是在观察过程中容易产生观察误差。产生观察误差的原因主要来自观察主体和观察客体两个方面。

观察主体即观察者，造成观察误差的因素主要有：

（1）思想因素。观察者的立场、观点、方法不同，观察同一对象的感受与结论就不同。如对同一新生事物，有的人欣喜，有的人怀疑，有的人否定。观察者在世界观与方法论上的缺陷，是造成观察误差的一个重要因素。

（2）知识因素。观察者的知识水平和结构不同、经历和经验不同，观察问题的参照系就不同，因而对同一对象的观察重点、观察结果就会发生很大的差异。如到工厂观察，内行者可能在生产工艺、技术设备、车间管理等方面观察到许多重要的情况，并发现一些问题；而外行者观察到的却只是厂房、工人等表面场景。

（3）心理因素。观察者的兴趣、需要和情绪等心理因素也会对观察的结果产生一定影响。观察者对有需要、有兴趣的事物会观察得较为仔细认真，对无需要、无兴趣的事物就观察得马虎一些，甚至不去注意。观察者情绪高涨时，可能观察到对象的积极方面较多；情绪低落时，则观察对象消极方面的东西更会引起其注意。

（4）生理因素。观察者各种感觉器官的感受能力，在生理上都有一定的局限性。接近或超过限度，感知能力就会下降。正所谓"入芝兰之室，久闻不知其香；入鲍鱼之肆，久闻不知其臭"。同时，人的感觉器官存在一种生理惯性，有时还会产生错觉，如从大城市到乡村调查的人，会对乡村的贫穷落后面貌作出超出实际情况的判断。

观察客体即观察对象，造成观察误差的原因有：

（1）客观事物发展不成熟，其本质尚未通过现象充分暴露出来，就会造成观察误差。例如，我国的股票市场建立以后，很久没有走上规范化的轨道，由于其本质和规律尚未完全暴露，有关管理部门只能边试验、边调查、边调整。此过程中观察误差的出现就在所难免。

（2）由于观察活动引起被观察者的反应性心理和行为，使得被观察者自觉不自觉地在观察者面前表现好的方面，掩盖不好的方面。如口齿伶俐的人在众人面前紧张语塞，闹哄哄的课堂因校长到来而鸦雀无声，这类反应并无欺骗观察者的动机，但也会造成观察误差。

（3）人为制造的假象是造成观察误差的另一个原因。如精美的包装里是劣质产品，干了坏事的人在公开场合表现得若无其事，有的人为了获得提拔在上级面前伪装积极等，这种人为制造的假象在社会生活中是常常存在的。

总之，任何观察都会发生误差，都不可能百分之百地绝对反映社会实际。但我们可以尽量减少观察误差，使观察结论尽可能地接近客观社会实际。可采取以下措施来减少观察误差：

（1）正确选择观察人员。合格的观察人员一要有正常的感知能力，二要有认真、求实的精神。

（2）做好观察前的知识准备。观察人员应该有关于观察对象的历史与现状方面的知识，还要有关于观察方法和观察工具方面的知识，以及进行实地观察的经验和技能。为了提高观察人员的感知能力，在实地观察前应进行必要的感官训练。

（3）合理安排观察任务。观察任务的安排应以感觉器官所能承受的感知范围为限，每个观察人员的观察对象应尽可能单一（观察离散对象时一般不应超过 5～9 个单位），否则就会产生无效观察。观察项目应简明、集中，每次观察的时间不宜过长，以免疲劳程度加强，增大发生观察误差的可能性。

（4）充分利用科学的观察仪器和工具。在实地观察中，根据实际情况，如有可能使用显微镜，望远镜，录音机，照相机，摄影机，各种度、量、衡工具和各种测量仪器时，要充分发挥这些仪器的放大、延伸、计量、记录等功能，在提高观察的客观性、准确性的同时，可以有效地防止和减少观察误差。

（5）自觉控制观察者的观察活动。采取隐蔽观察、伪装观察、突击观察、多点对比观察等方式，可以在不同程度上消除观察活动对被观察者的影响，从而减少被观察者的反应性心理或行为所造成的观察误差。

四、对实地观察法的评价

（一）实地观察法的优点

1. 简便易行

实地观察的观察者可多可少，观察时间可长可短，观察前的准备和观察结束后的资料整理都不需要太多的工作量，并且不需要被调查者的刻意配合，是一种非常方便的调查方法。

2. 真实可靠

实地观察属于直接调查，调查活动在现场进行，所获均为第一手材料。而且实地观察基本上是观察者单方面的活动，特别是非参与观察，极适合对不能够、不愿意、不需要进行语言交流的社会现象进行调查，有利于排除语言交流或人际交往中可能发生的种种误会和干扰。

只要对被观察者的反应性心理和行为掌握得好，所得调查材料就会是十分可靠的。

3. 直观生动

在实地观察中，观察者在自然、生动的环境中直接感知客观对象，所获得的是直接的、具体的、生动的感性认识，观察者对观察对象和调查材料亲身感受，印象深刻，绝非间接调查方法所能相比。

（二）实地观察法的局限性

（1）受时空条件限制。实地观察法一般只能进行微观调查，不能用于宏观调查。而且，已发生过的、外域的、隐秘的社会现象，无法用实地观察法进行调查，所以，其调查对象和范围比较狭窄。

（2）所得材料带有表面性和偶然性。实地观察看到的是特定时间、特定地点、特定条件下发生的社会现象，而事物的本质和规律往往是深藏不露的。社会现象无法重复观察，这就降低了观察的可信度。

（3）观察是在自然环境中进行的，如果观察者原来不熟悉活动对象的情况，要进入其活动环境就非常困难；进入之后也有一个观察对象的反应性心理和行为的问题。观察者的活动方式对观察效果有直接影响，所以实地观察法对观察者的个人素质要求较高。

（4）实地观察法需要花费较多的人力和时间。这也是实地观察法只能在有限的范围内使用的一个原因。

以上种种局限决定了实地观察法只有与其他调查方法结合起来，才能取得良好的调查效果。

尽管实地观察法有上述缺点，但它确实是人们获得第一手材料的可靠来源，是发现问题的重要途径，是建立假说的客观基础，是验证结论的有效手段。因此，实地观察法是社会调查的一种最基本的方法，是一切直接调查方法的共同基础和前提。

第三节　访问调查法

一、访问调查法概述

（一）访问调查法的含义

访问调查法，是指调查人员通过有计划地与调查对象进行直接的交谈来获取资料的调查方法。

访问调查以口头交谈为获取信息的主要方式，基本上是一种面对面的直接调查。因访谈过程首先是人与人之间的交往过程，所以它比实地观察法更复杂、更高一个层次，也能够获得更多、更有价值的社会信息。

（二）访问调查法的特点

1. 访问调查有计划性

调查人员什么时间、什么地点、找什么类型的人访问、通过访谈要达到什么目的等，都是由调查课题确定并事先计划好的。这也是访问调查与普通谈话的根本区别。虽然访谈过程中会交叉一些计划外因素，但就整体而言，其计划性是比较强的。

2. 访问是一种直接的人际交往

访问调查法的最大特点在于，整个访问过程是访问者与被访问者互相影响、互相作用的过程。要取得访问调查的成功，访问者不但要做好各项准备工作，而且要善于进行人际交往，熟练地掌握访谈技巧，并有效地控制整个访问的过程。

3. 调查资料主要从谈话中得到

与实地观察恰好相反，在访问调查中，访问者必须积极影响被访问者，尽最大努力引导他们如实回答问题，提供所需要的调查资料。

二、访问调查法的类型

（一）直接访问和间接访问

直接访问，就是访问者与被访问者进行面对面的交谈。具体来说，访问者可以深入被访问者中进行实地访问，即"走出去"；也可以请被调查者到调查者事先安排的场所进行交谈，即"请进来"。调查者可以根据具体情况和条件来选用。但一般采用"走出去"的方法进行实地访问的为多。

间接访问，就是访问者与被访问者不进行面对面的口头交谈，而是借助某种工具来对被调查者进行访问。例如，电话调查就是一种新兴的访问方式，正在被越来越多地使用，特别在发达国家使用很广泛。其优点是节省时间、时效性强、节省人力、费用低、保密性好，尤其是有重大突发事件发生时，采用电话访谈可以迅速获得信息，很快公布调查结果。但它只能用于询问比较简单的问题，访问环境也难以控制。另外，通过邮寄的书面问卷调查也是一种间接访问，在"问卷调查"一节中再作具体论述。

（二）标准化访问和非标准化访问

标准化访问也称结构性访问，是按照统一设计的、有一定结构的调查表或问卷进行的调查。这种访谈的特点是，访谈的内容已在调查表中作了精密的安排，有一定的内在结构，调查员依据设计好的调查表，逐项向调查对象询问，并将回答填入调查表中。标准化访问要求调查员选择调查对象的标准和方法、提出的问题、提问的方式和顺序以及对调查对象回答的记录方式等都保持相同。其好处是回答率和回收率都较高，比较容易统计汇总，便于对不同对象的回答作比较分析。但这种访问方法缺乏弹性，难以灵活反映复杂多变的社会现象，难以对问题进行深入的探讨，同时也不便于发挥调查双方的积极性。

非标准化访问亦称非结构性访问。它事先不制定统一的调查表或问卷，而是按照一个粗线条的访问提纲来进行访问。这种访问法的主要特点是富有弹性，能够比较灵活地变换提问的顺序和方式，不受预先规定的约束，有利于调查双方主动性、创造性的发挥。但这种方法要求调查员能够控制环境，把握谈话方向和进度，施展较高的谈话技巧；对访谈的结果也难以进行定量分析。

（三）个别访谈和集体访谈

个别访谈是对单个调查对象的访谈。这种访谈基本上只限于访问人与被访问者之间的信息传递，双方的交谈不会受到访谈外的第三者的影响。访问者只要控制好谈话环境，就能较好地打开被访问者的言路。个别访谈比较适合于无结构访谈。

集体访谈就是调查者邀请若干被调查者，通过集体座谈的方式收集有关资料的方法。其特点是访问调查过程不仅要受到调查者与被调查者之间社会互动的影响，还受到若干被调查者之间社会互动的影响。集体访谈要求调查者要有更熟练的访谈技巧和组织会议的能力，事先必须准备充分，人数不宜过多，以 5 ~ 7 人为宜。与个别访谈相比，集体访谈因与会者之间的互相启发和补充，所获得的资料更全面、调查效果更深入、材料更可靠，且省时、省力、省钱，能较快地获得有关社会信息。但它也容易产生一种团体压力，使个人顺从多数人的意见。另外，集体访谈不利于保密，不适合敏感问题的调查。

三、访问调查法的程序和技巧

运用访问调查法，应了解访问过程各阶段的特点和要求，而熟练地掌握和运用各种访谈技巧则有助于取得访谈的成功。

（一）访谈前的准备

（1）选择适当的访谈方法。如果访谈的目的是验证假设或获得多数人的反应，就选择标准化访谈；如是探索性、试验性研究，则进行非标准化访谈。确定访谈方式后，要列出一份包括谈话目的、对象、步骤、问题等内容的详细提纲。这要求访问者掌握与调查内容有关的知识。

（2）了解被访问者的情况。访问者对被访问者的性别、年龄、职业、文化水平、经历特长、性格志趣、习惯爱好，特别是当前的思想状况和精神状态，应尽可能多地了解，以便正确地准备访谈问题、选择恰当的访谈方式和灵活地运用访谈技巧，并将调查主题预先通知被访问者以取得被访问者的支持。

（3）选好访谈的具体时间、地点和场合。访谈环境合适，有利于被访问者准确地回答问题和畅所欲言，从而使访谈顺利进行，提高访谈调查的质量和效率。

（二）接近被访问者并建立友好关系

由于访谈是一种社会交往过程，访问者只有与被访问者建立起相互理解、相互信任的关系，才能使被访问者愿意并积极提供资料。这就是说，访谈应建立在良好的人际关系基础上。

进入访谈现场，访问者和被访问者正面接触的第一步应受到充分重视。入乡随俗、亲切自然的恰当称呼可为接近被访问者开一个好头。接下来，访问者应采取各种有效的方式接近被访问者。

主要有以下五种方式：

（1）正面接近：指自我介绍后开门见山地说明调查的目的、意义和内容，请求被访问者的支持与合作。这种方式高效省时，但简单生硬。

（2）求同接近：指在寻求与被访问者的共同语言中接近对方，或以对方最熟悉的事情、最关心的社会问题，或当时当地最吸引人的事件作为谈话的起点。

（3）友好接近：指从关怀帮助被访问者入手，来联络感情、建立信任。

（4）自然接近：指在某种共同活动的过程中接近对方。这样可消除对方紧张、戒备的心理，有利于在对方不知不觉中了解到许多情况。

（5）隐蔽接近：指以某种伪装的身份接近对方，并在对方没有察觉的情况下进行调查。一般来说，只有在特殊情况下对待特殊调查对象，才采用这种接近方式。

（三）访谈过程的控制

1. 提问

提问是访问调查的主要实施手段，在访问调查中占有十分重要的地位。从一定意义上说，访问技巧首先就是提问的技巧，提问成功与否，是访问能否顺利进行的关键。

访谈过程中提出的问题可分为实质性问题和功能性问题两类。实质性问题是指为了掌握调查所要了解的实际内容而提出的问题，主要有以下四类：

（1）客观事实类的问题。如姓名、性别、年龄、职业以及各种已发生过的事情。

（2）行为和行为趋向类的问题。如："你下班后如何安排业余生活？""你考虑过换一个职业或工作单位吗？"

（3）主观态度类的问题。如："你喜欢哪一类电视节目?""你如何看待当前的医疗制度改革?"

（4）建议性的问题。如："你对目前所在单位进行的机构改革有何建议?"

功能性问题是指在访谈过程中为了创造有利的访谈气氛，或从一个话题转换到另一个话题时，能对被访问者起到某种作用的问题。它包括：

（1）接触性问题。它是为了与调查对象接触而提出的问题，一般是在谈话开始时使用，如先谈调查对象比较熟悉的一些方面来消除陌生感。

（2）试探性问题。它用于试探访问时间和对象的选择是否恰当等，以便确定访谈是否进行和如何进行。如:"你工作忙吗?"

（3）过渡性问题。它用于转换话题时，使谈话过程显得连贯和自然。如话题要转向家庭生活时，可提问:"你下班回到家里后比较轻松吧?"

（4）检验性问题。它用于验证前面所得到的有关问题的回答是否可靠。如关于家庭生活水平的调查，可以用家庭收入和家庭支出两方面的问题来相互验证。

在访谈过程中灵活地运用各种功能性问题，可以促进访谈的顺利进行。提问时或开门见山，或投石问路，或顺水推舟，或借题发挥，访问者应根据被访问者的具体情况、问题本身的性质和特点，以及与被访问者之间的关系等多种因素，选择最恰当的方式，使访谈过程在平等、友好的气氛中进行。

2. 引导与追问

访谈过程中不仅要提问，还需要引导和追问。引导是为了帮助被访问者正确地理解和回答已经提出的问题；追问是为了使调查者能真实、具体、准确、完整地了解或理解被访问者所回答的问题。它们实质上是对提问的引申和补充，是访谈过程中不可缺少的环节和手段。

当访谈过程中出现以下情况时，访问者需要对被访问者进行引导：

（1）被访问者没有听清所提的问题时，就应重复刚才的问题。

（2）被访问者对问题理解不正确时，就应耐心、细致地解释所提出的问题。

（3）被访问者答非所问、文不对题时，就要通过说明、解释来使被访问者从正面回答问题。

（4）被访问者避而不谈或一带而过时，就应先弄清其思想顾虑并帮助消除之。

（5）被访问者漫无边际、离题太远时，就应有礼貌地将被访问者的话题引回正题。

（6）当被访问者回答不出来时，就应从不同方面、不同角度进行启发，帮助其回忆、分析。

（7）当交谈中断后重新开始时，就应复述一下中断的问题，帮助被访问者迅速回归角色。

总之，当交谈遇到障碍不能顺利进行下去或偏离原定计划时，就要及时加以引导。

当访问者遇到以下情况时，则应对被访问者进行追问：

（1）被访问者的回答前后矛盾、不能自圆其说；被访者的回答含混不清、模棱两可。

（2）被访问者的回答过于笼统、不够具体。

（3）被访问者的回答残缺不全、不够完整。

（4）访问者对回答没有听清或一时无法理解。

追问的方式可采用：

（1）正面追问：指严肃指明已给出的回答不真实、不具体、不完整、不准确的地方，请对方作补充。

（2）侧面追问：指换个提法，从另一个角度提问同一个问题。

（3）系统追问：指从何事、何时、何地、何人、何因进行追问，使对方无法回避问题。

（4）补充追问：指要求被访问者补充提供不可或缺的材料。

（5）重复追问：指重新提出前面已经得到回答的问题，以检验回答的前后一致性。

（6）激将追问：指采用激将法刺激被访问者，使其情绪激动吐真言。

追问时可直接追问或迂回追问，可当场追问也可待访谈告一段落后集中追问。不管采用哪一种追问方式，都要尊重被访问者，以适时适度、不伤害对方感情为原则，以免影响整个访谈过程。

3．记录

访问的目的是为了得到资料。在访问调查中，资料是由访问者记录下来的，而做好访问记录需要注意以下一些技术和技巧上的问题：

（1）记录内容。访问记录的内容不仅包括调查对象的谈话，还应包括调查对象的非语言交流及谈话的时间、地点、环境等。

（2）有效地使用记录工具。一般访谈时通常采用笔录方式，而对于一些现场发生的、转瞬即逝的情况，则要及时进行拍照、录音或录像。

（3）不能或不宜当场记录的访谈，要进行事后补记。补记时特别要注意实事求是，尽量记录原话而少作概括，以免掺入主观成分。

4．访谈过程中的非语言信息

访问调查是一种面对面的直接调查，访谈过程也是一种有目的的人际交往过程。在人际交往中，不仅语言可以传递信息，同时人的仪表、举止、神态、周围环境等非语言因素还能表达一定的，有时是相当重要的信息。因此，在访谈过程中，必须重视非语言信息。具体来说：

（1）访问者可以从被访问者的外表形象来获得其职业、教养、内在素质等方面的信息。

（2）访问者可以通过观察被访问者的某些表情、姿势和动作来捕捉对方的思想、感情信息。

（3）访谈环境所蕴涵的信息不容忽视。如在被访问者家中进行访问，那么，访问者不但可以从被访问者的家居用具、器物、摆设和氛围中了解到被访问者的职业和经济情况，而且应该能够从中感受到主人的教养、兴趣、爱好和性格特征。

（4）一个成熟的访问者既要善于观察和接受来自被访问者的非语言信息，又要能恰当地控制和运用自身的非语言信息，来调节和控制访谈的进程，以取得较好的访谈效果。

5. 结束访问

访问调查的最后一个环节是结束访问。为了善始善终，需要注意两个方面：

（1）掌握好访问时间的长短。一般访谈在半小时到一小时之间。时间长了会令被访问者感到疲倦、反感。当觉得该告辞时便适可而止，结束访问。

（2）对被访问者的合作及所提供的信息表示感谢，态度要诚恳。如需再次访问则要预约下次访问的时间和内容。

四、对访问调查法的评价

1. 访问调查法的优点

（1）应用广。访问调查法适用于一切有正常思维能力和口头表达能力的人，包括文化水平很低的人，甚至是文盲和盲人。访问调查的内容不但可以是当时当地正在发生的社会现象，而且可以是过去的、外域的社会现象；不但可以用于调查事实和行为，而且可以用于调查观念、态度等方面的问题。

（2）有深度。访问调查的效果比观察调查和问卷调查的效果深入得多。因为它可以进行反复交谈，了解比较复杂的社会现象；可以通过引导和追问，以及访问过程中的许多非语言信息，提高调查材料的可靠性。

（3）灵活性。在访问调查中，调查者和被调查者直接见面，可以根据访问对象和访谈过程的具体情况，采取灵活多样的方法和有针对性的步骤，随时调整访问内容和时间，对调查过程进行较好的控制。

（4）简便性。访问调查人数可少至一人单独进行，时间可短至半小时左右，不需太多外部条件就可实施，简单易行。

2. 访问调查法的局限性

（1）主观性强。访问调查是面对面的直接调查，虽然在整个访问过程中调查者与被调查者相互影响、相互作用，但调查的主动权始终掌握在调查者手中，调查者的主观因素对访谈有直接影响，从而也影响调查结果。因此，访问调查的效果在很大程度上取决于调查者的素质。

（2）保密性差。访问调查通过口头交流方式进行调查，无法绝对保密。因而调查对象在回答问题时往往顾虑较多，尤其对于一些敏感性问题，可能加以回避或作不真实回答，这些都会对调查结果产生不利影响。

（3）成本较高。访问调查总的来说是一种费时、费力的调查方法，不可能大规模地进行，一般只适合于个案调查和典型调查。

第四节　问卷调查法

一、问卷调查法概述

问卷调查法是调查者通过事先统一设计的问卷来向被调查者了解情况、征询意见的一种资料收集方法。它实质上是访问法的延伸和发展，所需的信息在调查前通过问卷设计转换成了被调查者能够回答的一系列具体的选择题和问答题。在西方国家，问卷调查法最先应用于民意测验，后来才应用到社会调查的各个领域。在科学技术日益进步、文化教育日益发达的现代社会，问卷调查法正得到越来越广泛的使用。

问卷调查都是书面调查，而且一般都是标准化调查，即按照统一设计的有一定结构的问卷所进行的调查。在调查中，调查者一般不与被调查者直接见面，而由被调查者自己填答问卷。

二、问卷调查法的基本类型

问卷的类型根据所研究的问题、对象和方式的不同而不同。

从调查方式看，问卷有自填式问卷和访问式问卷两种。自填式问卷是通过面访或邮寄，将问卷交到被调查者手中，由被调查者自行填写；访问式问卷是在面访或电话访问中由调查者将问卷内容念给被调查者听，再由调查者根据被调查者的回答填写。

从内部结构分，问卷有结构型问卷和无结构型问卷两种。结构型问卷是根据研究目的和主题精心设计的有具体结构的问卷；无结构型问卷指的是对问卷中所提的问题没有在组织结构上加以严格的设计和安排，只是围绕着研究目的来提一些问题。

按回答问题的形式分，问卷有开放式问卷和封闭式问卷两种。开放式问卷是不给出可供选择的答案形式，由被调查者自由作答；封闭式问卷是将问题的内容和可供选择的答案作了仔细设计，被调查者只能在所规定的答案范围内进行选择。

按问卷的发放方式分，问卷有报刊式问卷、邮寄式问卷、送发式问卷、访问式问卷和电话式问卷五种。下面具体介绍这五种方式：

1. 报刊式问卷

报刊式问卷，就是随报刊的传递发放问卷，并号召报刊的读者对问卷作出书面回答，然后按规定的时间将问卷寄回。问卷内容一般印制在报刊上或作为附页夹在报刊内。报刊编辑部常用这种问卷征询读者对报刊的意见以便改进工作，也有很多机构利用报刊问卷节省费用、方便迅速的特点进行民意调查。

报刊式问卷以读者为调查对象，有稳定的传递渠道，分布面广，匿名性强，又能节省费用和时间，因此有很大的适用性。它的主要缺陷是调查对象的代表性差，非读者的意见无法反映。另外，报刊问卷的回复率低，有时甚至不足10%。

2. 邮寄式问卷

邮寄式问卷，就是调查者将设计好的问卷通过邮局寄发给选定的调查对象，被调查者按要求填答后在规定的时间内寄还调查者。为提高邮寄式问卷的回复率，调查者一般都在邮寄问卷的同时夹寄一个写好回程地址并贴上邮票的信封，有的还附上纪念卡等精美的印刷型小礼品。

邮寄式问卷有利于控制发卷的范围和对象，提高被调查者的代表性，也具有匿名性、省时间和费用低等优点，但也存在回复率低、难以控制回答过程、难以判断影响回答的因素等缺点。

3. 送发式问卷

送发式问卷，就是调查者派专人或亲自将问卷送到选定的调查对象手中，待被调查者填答完毕后，再派专人收回问卷。它具体又有个别送发和集体送发两种形式。所谓个别送发，是指调查者直接将问卷一一送发给被调查者个人；所谓集体送发，是指调查者将问卷派发给某些组织，如居委会、村委会、工会、团委、学生会等，再通过这些组织将问卷分发给被调查者个人。个别送发匿名性强，有助于提高回答质量和回复率；集体送发可以有组织地集体回收问卷，虽然保密性差，但回复率比较有保证。

送发式问卷最大的特点是回复率高，回收问卷整齐、迅速，而且便于对调查对象作某些口头宣传和解释，有利于了解和分析影响回答的因素。但其费用较报刊式问卷和邮寄式问卷要高。

4. 访问式问卷

访问式问卷，就是调查者按照统一设计的问卷向被调查者当面提出问题，然后由调查者根据被调查者的口头回答来填写问卷。调查员在访问过程中只能按问卷照本宣科，不能给被调查者回答问题的暗示或提示。当被调查者对所提问题不理解时，调查者可解释题义。

访问式问卷的最大优点是便于选择调查对象和控制访问过程，有利于灵活使用各种访谈方法和技巧，对回答的结果作出正确的分析和评价，而且回复率高、有效率高。但是，访问式问卷费时、费力、费钱，而且调查者的专业素质、被调查者的合作态度以及他们之间的相互关系都直接影响访问结果。另外，政治敏感问题和私人问题也不宜当面询问。

5. 电话式问卷

电话式问卷就是调查者通过电话，按照问卷的项目逐一询问被调查者，再按其回答填写问卷的调查方式。这种方式在欧美等国被普遍采用，其优点是速度快、费用低。但其局限性也很明显：一是要求电话普及率高；二是调查内容不能多，只能就简短的问题进行专题调查，否则时间太长。我国也已采用了这种方便快捷的问卷方式：1990 年第十一届亚运会在北京举行期间，《中国青年报》的"盼盼热线"就曾多次进行电话式问卷调查，了解北京市市民对亚运会的看法和态度。限于客观条件，电话式问卷目前在我国还不是很普及。

上述五种问卷方式的主要特点见表 5 - 1。

表 5 - 1　五种问卷方式的主要特点

方式\项目	自填问卷			代填问卷	
	报刊式问卷	邮寄式问卷	送发式问卷	访问式问卷	电话式问卷
调查范围	较广	较广	较窄	较窄	受限制
调查对象	难以控制和选择，代表性差	有一定控制和选择，代表性难估计	可以控制和选择，但过于集中	可以控制和选择，代表性较强	难以控制和选择，代表性难估计
影响回答的因素	无法了解、控制和判断	难以了解、控制和判断	有一定的了解、控制和判断	便于了解、控制和判断	无法了解、控制和判断
回复率	很低	较低	较高	高	较高
回答质量	较低	较低	较高	不稳定	不稳定
费用	较低	较高	较低	高	低
人力	较少	较少	较少	较多	少
时间	较长	较长	较短	长	短

三、问卷调查法的实施

（一）问卷调查法的程序

1. 摸底探索

摸底探索，是指调查问卷设计之前，要先熟悉、了解被研究问题和被调查对象的基本情况，以便对问卷设计中遇到的各种问题的提法和可能的回答有一个初步的考虑。具体的做法是对少量对象进行初步的非结构式访问，围绕要研究的问题与各类对象进行交谈，再利用交谈得来的信息设计有关问题的答案。

摸底访问是问卷设计的基础，是令设计出的问卷符合社会实际情况的前提，是设计问卷之前不可缺少的一个重要环节。

2. 设计问卷

在选定了问卷所要采用的形式后，就可以进入问卷的实体设计了。常用的两种设计方法是：

（1）卡片法。其具体操作步骤是：按一题一卡形式将每个问题和答案写在一张卡片上；将卡片分成若干类；将分好的每一类中的卡片分别排序（一般是按询问同类事物的逻辑顺序排列）；按整张问卷的逻辑顺序把各类卡片连成一个整体；按序阅读所有的卡片，对不当之处进行调整和补充。

（2）框图法。其具体操作步骤是：画出框图，即按研究假设和所需资料，作出整份问卷的各个部分的条框，并给条框编号；按问卷的逻辑顺序用线条连接各已编号条框；对应每一个条框，用与条框数相同张数的纸分别写上各个问题及答案；按条框的编号和排列，安排已写好的问题及答案的顺序；对所有问题进行检查、调整和补充；将调整结果整理成文，形成问卷初稿。

卡片法与框图法的区别在于：前者是从具体问题开始，然后到部分，再到整体；后者是从总体结构开始，然后到部分，再到具体问题。实际设计问卷时可以将两种方法结合起来使用，以综合二者的优点，避免其缺陷。

3. 问卷的试用和修改

问卷初稿设计出来后，不能马上用于正式调查，应该对其进行试用和修改，来提高和完善问卷质量。

问卷试用的一种做法是客观检验法。具体是将问卷初稿打印若干份（一般在 30 ~ 100 份），然后在正式调查对象中抽出一小部分，请其填答；再认真检查并分析调查的结果，从中发现问题和缺陷并进行修改。

问卷试用的另一种做法是主观评价法。具体是找出该研究领域的专家、研究人员及被调查者各几名，将问卷初稿的复印件，分送他们阅读和分析。根据他们的经验和认识对问卷进行评论，指出存在的问题和改进的意见。

对问卷初稿的修改要根据问卷试用的结果进行，分析问卷试用的回收率、有效回收率、填答内容和方式、填答完整程度等。如果回收率低于 60%，要考虑整份问卷的总体结构是否合理；

如果填答内容的错误多、答非所问，就要检查提问是否明确具体，用语是否清晰、准确；如果填答方式错误较多，就要考虑问题形式是否过于复杂或指导语不明确；如果问卷中对某几个问题普遍未作回答，就要重新设计这几个问题。

4. 问卷的发放

问卷的发放主要有报刊发行、邮寄、送发、个别访问等形式，前面已作介绍。其中，送发问卷和通过报刊发行这两种形式在我国目前的问卷调查中使用最为普遍。

问卷的发放直接影响到问卷的填答质量和问卷的回收率，因而问卷实际发放时要从有利于这两个方面考虑。如问卷通过报刊发行，可以采用一些奖励的办法来刺激广大读者填答和回复问卷的兴趣和积极性；如是送发问卷，最好是利用被调查者集中的机会。如果调查者能亲自到现场发放问卷，作些必要的解释并指导问卷的填写，对提高问卷的填答质量和回收率无疑很有好处。送发问卷还应注意征得有关组织的同意，争取他们的支持和配合。这是送发问卷调查能否取得成功的一个重要条件。

5. 问卷的回收

问卷的回收率是影响问卷调查质量的一个关键因素。回收率太低会严重影响问卷调查的结果。影响问卷回收率的因素有：① 调查组织工作的严密程度；② 调查实施人员的工作态度和负责精神；③ 问卷填写的难易程度；④ 问卷回收的可控制程度。

据统计，报刊发行问卷的回收率约为 10%～20%，邮寄问卷的回收率约为 30%～60%，送发问卷的回收率约为 80%～90%，访问问卷的回收率可达 100%。而有关专家通过研究测定得出，成功的送发问卷的回收率应达到 70% 以上，最低也应有50%，低于 50% 则调查失效，应该中止。

（二）问卷的结构

1. 说明部分

说明部分是对调查目的、意义以及填答问卷的有关事项的说明。因此，说明又可具体分为两个部分：一是"致被调查者辞"，二是"填答说明"。

"致被调查者辞"的作用是，向被调查者介绍调查的目的和意义，说明问卷调查的匿名性和保密原则，说明对被调查者的希望和要求等。

例：大学生调查问卷

亲爱的同学：

　　您好！

　　新的学期开始了。您也许有许多话要说，有许多想法要谈。那就请通过这份问卷表达一下吧！此问卷不记姓名与学校，只记录一下您的看法。我们真诚地希望您如实填写各题，不要漏答任何题目。所选答案无所谓对错。我们保证对您的选择严格保密。

　　致礼！

北京社会心理研究所

"填答说明"的作用是，向被调查者介绍填答问卷的具体方法以及有关注意事项。一般来说，由于问卷设计者的习惯和设计方法不同，各种问卷的格式不可能完全一样，被调查者也不可能熟悉每一种问卷的填答方法，对于初次接触问卷调查的被调查者尤其如此。这就需要设计者向被调查者介绍问卷填答方法，并就某些问题进行技术说明，使得被调查者能顺利完成问卷的填答。填答问卷的一般规则可作为说明词放在卷首，而某些特殊的规则则可附在相应的问题之前或之后。大多数问卷都是将"致被调查者辞"与"填答说明"合二为一的，在上例中如加上"填写问卷前请您先看清题目的要求，然后在相应的题号上打'√'即可"这样一句话，就将两者合二为一了。

　　如果采用的是访问法问卷调查，则不但要有"致被调查者辞"，还应有"致调查员辞"，以使每一位调查者能按照统一的方法进行调查。这时的"填答说明"是针对调查员而言的。

例：说明

（1）调查者可向被调查者说明此次调查的目的，尽量打消他们的顾虑，力图使调查结果具有真实性和可靠性。

（2）由调查者持问卷向被调查者逐项提问，并逐一记录调查情况，在相应选择项目的标号上打"√"即可。也可以由有一定文化水平的被调查者自己填写。

（3）问卷中的所有问题都要填写或打"√"。对有些问题确实难以或不愿回答，请说明原因。

（4）如果没有特别说明，每个问题只能选择一个答案。

（5）当被调查者对所提出的问题不明白时，请调查员详细解释，但不能诱导或暗示被调查者回答问题。

（6）如果被调查者的回答超出了选择项目范围，请调查员如实记录。

谨对各位被调查者和调查员的真诚合作表示衷心的感谢！

中国人民大学社会学系、社会学研究所

在设计问卷说明词部分时，以下四点是应该注意的：① 文字要简洁明了，可读性强。说明词应该直截了当、开门见山地介绍该次问卷调查的目的和意义，切忌啰唆、冗长。② 语气要谦虚和诚恳，平易近人。填答问卷毕竟要花费被调查者的一些时间，应该尽量取得他们的信任、理解与支持。令人感到亲切、诚恳的说明词，可收到事半功倍之效果。③ 说明词可以安排在卷首，成为问卷中的一部分，也可单独成为问卷的一封附信。④ 为了有效地指导被调查者填答问卷，可以在说明词里列举一个例子，说明填答问卷的方法。对于文化水平不高或初次接触问卷调查的被调查者来说，这样做的效果更好些。

2. 主体部分

主体部分是问卷的核心组成部分，它包括了所有的调查问题和回答方式。主体部分是每一份问卷必不可少的，因此也是问卷设计的主要内容。关于这一部分的设计技巧，在本章的以后各节将作专门的论述。

3. 编码部分

编码部分是为方便调查资料分析整理阶段的登录和运用计算机作统计分析而设置的。简言之，编码就是将被调查者填答的内容转换成便于识别的数码，这样做的目的是便于研究者对调查资料进行人工汇总分析或上机运算。在大规模的问卷调查中，调查资料的汇总分析是十分繁重和复杂的工作，一般都使用计算机来完成这一工作。这时，编码部分就显得十分重要了。

4. 结束语部分

结束语部分一般设置在问卷的最后面，用来简短地对被调查者的合作表示衷心的感谢，也可以征询一下对问卷设计和问卷调查本身有什么看法和感受。

例：您填答完这份问卷后有何感想？

A. 很有意义　　　　　　B. 可能有些用处

C. 没有意义　　　　　　D. 不知道/没回答

您以后还愿意填答问卷吗？

A. 不愿意　　　　　　B. 愿意

如果采用的是访问式问卷调查，可以在结束语部分设计有关调查过程的问题，以便研究者了解被调查者对调查的态度，以及对问卷中问题的理解程度等情况。这些情况往往是由调查员根据自己的判断记录在问卷上，不必直接询问被调查者。

例：问卷调查到此结束，谢谢您的帮助。

以下问题由调查员填写：

调查花费时间为＿＿＿＿＿分钟。

被调查者的态度如何？

A. 合作　　　　B. 应付　　　　C. 反感

被调查者对问卷中提到的问题理解如何？

A. 理解　　　　　B. 不太理解　　　　C. 不理解

（三）问题和答案的设计

1. 问题设计的要求

（1）问题的表述要准确。首先问题的表述要准确地表达调查的内容；一个句子只讨论单一事物，避免使用两个或两个以上的概念或事件。

（2）问题的表述要清晰。用语力求简洁，勿复杂，勿含混模糊；易于理解，不令读者产生理解歧义。

（3）问题表述要客观，不带倾向性，不进行诱导和暗示。如要避免"大多数人认为"、"专家发现"、"政府号召"等用语。同时，问卷设计者不能在问题中体现自己的价值观，句子中应尽量使用中性词而不是褒义词或贬义词。

（4）文字要浅显易懂，考虑调查对象的特征，不超过其理解能力；表述问题尽量使用通俗的、一般的词语，不使用专有名词和专业术语。

（5）问题和所给出的答案要协调。避免答非所问、答案不全、答案内容重复交叉。

例：您认为我国目前出现辍学率上升现象的主要原因是什么？

A. 受社会上"读书无用论"的影响

B. 家长认为农村孩子读了书也不能帮助家庭发家致富

C. 农村教育水平低下，教学水平不高

D. 农民愚昧无知，缺乏远见

E. 农村孩子受"经商热"的影响，想早日挣钱养家

以上五个答案实际上是相互交叉的，属同一个意思的不同说法而已。这样的答案没有真正深入问题的本质。

2. 问题表述的一般形式

（1）简单询问法：指用一个简短的疑问句将问题直接表述

出来。

例：您认为个人成长的最重要因素是什么？

（2）简单陈述法：指将问题用简短的陈述句表述出来。

例：您是否同意下面的说法：一个人可以追求各种各样的好东西，但必须遵循正当的途径。

（3）释疑法：指在问题前加上一段解释性文字，来消除被调查者的顾虑，或帮助被调查者正确理解题义。

例：宪法规定："中华人民共和国公民对于任何国家机关和国家工作人员，有提出批评和建议的权利。"您对您所在地方的政府机关主要负责人有何评价和看法？

（4）假定法：指用一个假言判断作为问题的前提，然后再询问被调查者的看法，常用于意愿和行为倾向调查。

例：如果有以下几项工作，您将会选择哪一项？

A. 月薪 600 元，每天工作 5 小时

B. 月薪 800 元，每天工作 8 小时

C. 月薪 1 000 元，每天工作 10 小时

（5）转移法：指将他人的回答作为答案，请被调查者作出评价。这样可以降低问题的敏感性和减轻被调查者的威胁感。

例：对于婚姻关系中的第三者，有的人认为不道德，有的人认为无所谓，有的人认为不能一概而论。您持哪一种看法？

A. 不道德　　　　B. 无所谓　　　　C. 要看具体情况

（6）情境法：指设计一个情境，将调查意图隐藏在问题之中，让被调查者设身处地地表露自己的看法和意向。

例：某企业实行改革，一位 26 岁的女工在第一轮优化组合中下了岗。您认为可能是什么原因使她失去了工作？

A. 工作不努力　　B. 人际关系不好　　C. 技术水平不高

D. 身体不好，常请病假　　　　　　E. 只因她是女性

（7）投射法：指心理学上用来测量人格的一种方法。一般是用一些刺激图景展示给被调查者，根据被调查者的反应判断其

人格类型和心理特征。具体方法可以让被调查者看一幅与调查内容有关的图片，根据其反应可以判断其态度；或是让被调查者补充一个意义不完整的句子，其内心想法就会在句子完成后被投影下来。

例：我觉得婚姻生活＿＿＿＿＿＿＿＿。

3. 回答问题的一般形式

（1）开放式：指对问题的回答不提供答案，也不规定回答的范围，由被调查者依自己想法和态度自由填答。

例：您认为家庭购置电脑后对正在读小学或读中学的孩子会有什么影响？

答：＿＿＿＿＿＿＿＿＿＿＿＿＿。

开放式回答的优点是灵活性大、适应性强。这种方式可以让被调查者自由地发表自己的看法；可收集到许多没预想到的有价值的信息；当某个问题潜在的答案太多时，用开放式回答可以使问卷变得简洁，节省版面。其缺点是使回答问题的难度增大；容易出现不准确的，甚至答非所问的无价值信息；回答资料的标准化程度低，不易进行统计分析。

（2）封闭式：指将问题的全部或几种主要答案列出，由被调查者从中选取一种或几种答案作为自己的回答。其优点是容易作答，便于对资料进行统计分析。但调查的深度、广度受到限制，现成的答案不一定能表达被调查者的真实想法。

封闭式回答又有六种主要方式：

一是两项式，即只有两种答案的回答方式。

例：您是否每天读报？（请在适合的括号里打"√"）

A. 是（　　）　　　　　　B. 否（　　）

二是多项式，即有多个答案可供选择，被调查者可选其中一个或几个答案。

例：您常阅读的报纸是：（　　）

A.《人民日报》　　　B.《南方日报》　　　C.《广州日报》

D. 《羊城晚报》　　E. 《信息时报》　　F. 《新快报》

三是排序式，即问题答案涉及一定顺序或轻重缓急时，由被调查者对所有列举出的答案进行排序。

例：您认为您所居住的城市目前存在哪些问题？（请按严重程度进行排序，将序号填写在题后横线处）

A. 交通拥挤　　　　B. 空气污染　　　　C. 流动人口太多
D. 治安较差　　　　E. 规划管理落后

请排序：＿＿＿＿＿＿＿＿＿

四是等级式，用于问题答案要表示抽象的意见、态度、感情、情绪等的强烈程度时。这类问题的答案通常是：

满意＿＿＿＿＿比较满意＿＿＿＿＿不太满意＿＿＿＿＿不满意
赞成＿＿＿＿＿比较赞成＿＿＿＿＿不太赞成＿＿＿＿＿反对
喜欢＿＿＿＿＿比较喜欢＿＿＿＿＿不太喜欢＿＿＿＿＿不喜欢

被调查者只需在所给答案适合自己的位置打"√"。

五是矩阵式或表格式：指将同一类型的若干个问题集中在一起，共用一组答案。

例：您所在的单位下列现象是否严重？（请在每一行合适的方格中打"√"）

	严重	比较严重	不太严重	不严重	不知道
迟到					
早退					
请假					
旷工					

六是条件式：指对一个问题的回答以某种条件为前提，即条件式问题只需一部分被调查者回答。

例：最近，国家教委对自费留学作了新规定，您知道该文件的内容吗？

A. 知道　　　　　B. 不知道

若您的回答是 A，请您回答：您认为该文件的内容如何？

A. 很合理　　　B. 比较合理　　　C. 不太合理

D. 很不合理　　　E. 无所谓

若您的回答是 B，请继续回答下面的问题。

条件式问题也可用嵌套式框图表示，但多重嵌套容易给人造成版面混乱的感觉，在问卷中不宜多用。

（3）混合式（又称半封闭半开放式）：指在封闭式问题和答案的最后，加上一项"其他"，由被调查者自由表达与该问题相关的未尽内容。

例：您目前在工作方面最迫切的需要是什么？

A. 调换工作岗位　B. 换一个新单位　C. 得到领导的理解

D. 增加工资　　　E. 提高业务水平

F. 其他（请说明）＿＿＿＿＿＿＿＿＿＿

这种回答方式，综合了开放式回答和封闭式回答的特点，同时避免了二者的缺点，在问卷设计时适用于很多方面的问题。

（四）问题的数目与排列

1. 问题的数目

一份调查问卷应包含多少个问题为宜，没有统一的标准。一般来说，问卷问题的多少要根据调查目的、调查内容、样本的性质、分析的方法，以及人、财、物等因素而定。根据实践经验，一份问卷所包含的问题数目，应限制在 20 分钟内能完成为宜。问卷太长，容易造成被调查者心理上的负担和引起其厌烦情绪，影响填答质量和回收率。

2. 问题的排列

问卷设计中，问题的排列十分重要。它不仅直接影响问卷的填答，还间接影响问卷的回收率。一般来说，可按以下原则来排列问卷中的问题：

（1）先易后难，先事实、行为，后观念、态度；先封闭式问题，后开放式问题。

（2）同类问题尽量集中，有利于被调查者思路的连续。

（3）可以互相检验的问题须分开，否则就起不到互相检验和印证的作用。

四、对问卷调查法的评价

（一）问卷调查法的优点

（1）问卷调查可以突破空间的限制。它可以在广阔的范围内，对众多的调查对象同时进行调查。如关于城乡居民社会状况的调查，往往涉及几十甚至上百个市县，难以想象采用问卷调查法以外的调查方法。

（2）便于对调查资料进行定量分析和研究。由于问卷调查大多是使用封闭式回答，所以可以对答案进行编码，再输入计算机进行处理和定量分析。这使得问卷调查法成为一种切实可行的大容量、高效率的现代调查方法。

（3）可以排除人际交往中可能产生的干扰。在直接调查的人际交往中，被调查者和调查者双方可能产生偏见，影响调查的顺利进行和调查结果的真实性。而问卷调查是间接的、书面的标准化调查，可以很好地避免由于人为原因造成的各种偏差，减少主观因素对调查结果的真实性所产生的不利影响。

（4）具有很好的匿名性。在问卷调查中，调查者与被调查者不直接见面，交回的问卷不要求署名，填答时被调查者单独进行，便于对被调查者的情况和调查回答内容保密。因而问卷调查法可用于调查那些不宜直接调查的内容，如个人隐私、家庭财产、伦理道德、政治态度、社会禁忌等敏感问题。

（5）节约人力、财力和时间。由于问卷调查是用问卷代替派人专访，可以在很短的时间内同时调查很多人，且不需要对大量调查员进行培训，具有很高的效率，省人、省力、省时，可以用最少的投入获取最大量的社会信息。

（二）问卷调查法的局限性

（1）只能获得有限的书面信息。问卷的设计是统一的，调查的问题和问题的答案是固定的，没有伸缩的余地，调查的灵活性和深度都十分有限，并且所获得的都是间接的书面信息，不生动、不具体。

（2）不适合文化程度普遍较低的群体。问卷调查法客观上要求被调查者能够看懂问卷，能理解问卷的含义，掌握填答问卷的方法，回答开放式问题还需具有一定的书面表达能力，这就要求被调查者必须具有一定的文化程度。这在一定程度上限制了问卷调查法的使用。

（3）回收率和有效率比较低。在问卷填答过程中，如果被调查者对该项调查兴趣不大，或不愿意合作，或因精力、水平的限制而无法完成问卷等，都会影响问卷的回收率和有效率，进一步影响问卷调查的质量。而问卷的回收率和有效率必须保证有一定的比率，否则就会影响调查的代表性和价值。

复习与思考

1. 文献调查法有何特点？
2. 简述实地观察法的种类。
3. 为什么会发生观察误差？如何减少观察误差？
4. 进行实地访问的步骤、程序是怎样的？
5. 设计问卷主体部分的问题和答案时要注意什么？
6. 自选调查对象设计一份调查问卷。

第六章 调查资料的整理

本章要点

1. 资料整理的基本要求
2. 资料整理的一般步骤
3. 定性资料整理
4. 定量资料整理
5. 统计表与统计图制作

第一节 资料整理概述

一、资料的形式

我们在社会调查中会获得各种形式的资料，这些资料主要包括：①问卷；②计算机数据库；③访谈笔记、录音；④文献的复印件；⑤网络资料；⑥读书笔记；⑦观察笔记或录像；⑧表格、地图或图标；⑨照片；⑩研究日志；⑪其他形式的资料。

在以上不同形式的资料中，我们可以辨认出两种基本类型，即定量资料（数字）与定性资料（文字）。因此，社会调查的资料整理包括定性与定量两大类别资料的整理。

二、资料整理的含义与必要性

资料整理，就是根据社会调查预设的目的，在遵循科学研究的一般规律的基础之上，按照一定的程序、方法、概念框架对通过调查所获得的定性或者定量资料进行初步的处理，使资料体系化、条理化的过程。

运用各种调查方法所获得的资料一般都是粗糙的、表面的、零碎的和缺乏体系的。审视这些资料，我们难以从资料中发现其中所包含的规律。因此，为了进一步对资料进行分析与研究，更方便地从事物的表象中探究事物的本质，得出科学结论，有必要进行资料的整理，使资料进一步明确化、条理化。

首先，通过资料整理，可以对之前进行的调查工作进行阶段性总结。

虽然我们可以在调查方案的指导下开展调查工作，但是几乎所有的调查方案的执行都是不充分的。通过资料的整理，我们可以发现调查方案真实的执行程度。已经收集到哪些资料？哪些方面的资料已经收集齐备？哪些方面的资料尚未收集？哪些资料的真实性需要进一步考察？这些资料收集方式的效果与效率如何？是否需要调整资料的收集方式？通过对以上问题的考察，我们可以在对照调查方案的基础上，对之前进行的调查工作进行阶段性的总结。

其次，资料整理，是进一步研究资料的基础。

一方面，人的理性是有限的，人不可能对大量无序的资料作出有效的处理，并从中得到隐含于资料的规律；另一方面，在资料收集阶段的指导思想偏重于资料收集的饱和性，而较少顾及其他标准，这意味着所收集的资料可能是无序的、未经考证的。这些都有可能成为进一步研究的障碍。因此，要进一步推进社会调查，有赖于对资料进行必要的整理。

再次，整理资料是社会调查保存资料与学术积累的要求。

社会调查所得的原始资料，不仅是得出调查结论的客观依据，而且对今后研究同类社会现象具有重要的参考价值。只有在资料整理的基础上，才能更有效地保存资料，提高资料的利用率。此外，可以调用整理好的资料，通过原始资料呈现的方式更好地回应对调查结论的质疑者。同时，一份整理完备的原始资料，可以方便学术同行引用，因此，资料整理对学术积累往往具有非同寻常的意义。

三、整理资料的基本要求

1. 客观真实性

客观真实性是资料整理所必须遵循的最基本的原则，是指资料整理必须是确确实实发生过的客观事实，而不能根据调查者本人的价值偏好，掐头去尾，添枝加叶，进行主观臆造。如果没有进行调查，最多得不到资料，无法得出结论；但如果资料失真，就会得出错误的结论。对于学术研究，虚假错误的结论比没有得出结论的危害性更大。客观真实是整理资料最根本的要求，整理资料不能有丝毫的杜撰与虚假。

2. 准确性

准确性，是指资料整理后要准确，特别是定量资料要准确。在整理资料的过程中，如果不注重追求数字的准确性，就会出现所谓的"蝴蝶效应"，也就是说，可能在数据的初始之处相差不远，但由此经过理论演绎得出的结论则可能大相径庭。失之毫厘，可能谬以千里。除此之外，准确性还要求结合社会调查项目的实际情况。以经济调查为例，如果是宏观研究，以亿元为计量单位即可，中观的企业研究以万元为单位可以满足要求，微观的个人收入研究则要精确到元。

3. 完整性

完整性，是指资料处理要充分注重全面地反映事实的全貌。进行案例研究时，案例相关的细节的整理显得非常重要，细节往往决定成败。如果缺乏关键性细节，就难以得出正确的结论，使资料失去研究价值。进行定量研究时，则要注意各种不同统计标准的数据的整理及其完整性，否则将有可能得出错误的判断。例如研究农民收入，如果只整理名义收入的增长率，不注重数据的完整性，就可能得出错误的结论。如 1989 年农民人均年收入的名义增长率是"10.38%"，但事实上去除通货膨胀因素后农民人均年收入的实际增长率是"−1.6%"。

4. 统一性

统一性，是指调查的指标以及资料处理的标准要统一，对调查指标的各项数值的计算方法与计量单位也要统一。例如整理定性资料，要求对定性资料进行登录时，分类的标准要统一，不能在整理资料的前半部分采用一个分类标准，在资料整理的后半部分采用另一个标准。由于登录标准的不同，定性资料之间将难以整合，也难以整理其中的逻辑关系。无论是定量资料还是定性资料，采用"双重"或者"多重"的标准都会破坏原始资料，得出错误结论。

5. 有序性、条理性

有序性、条理性，是指资料的整理要脉络清楚、有条不紊。要符合有序性与条理性的要求，必须对资料进行分类、分组。通过编写资料目录，调查资料就如同书架上的书籍一样分门别类，便于进一步研究时按图索骥，实现所需资料唾手可得，极大地提高研究效率。

6. 规范性

规范性，是指在资料整理的过程中要遵守学术规范与道德操守。规范性要求整理任何资料时必须注明该资料是如何获得的。例如，通过调查问卷获得的第一手调查数据，要说明什么时候、什么地方、什么人、发放多少份问卷、采用什么样的抽样方式等关于数据获得的相关事项。如果是统计年鉴或者其他形式的文献则要注明文献的出处，互联网的资料则要注明网址以及访问的时间。规范性的要求一方面是为学术积累提供基础，为资料的真实性提供证据；另一方面是为了尊重原创者。做到资料整理的规范性是资料整理者的基本素养。

四、整理资料的一般步骤

社会调查所获得的资料一般可以分为定量资料与定性资料，此外还有少量的实物或者视听资料，如照片、录像等。资料的整理主要是指对定性与定量资料的整理，一般步骤如下：

1. 设计资料整理方案

资料的整理方案是指资料整理的整体构想。资料整理方案主要包括资料的登录标准、登录说明、登录目录。资料的登录标准主要是资料的分组、分类的标准，只有在确立资料的登录标准之后才能对资料进行资料登录。在定性资料中，资料登录标准主要是确立登录的概念体系；在定量资料中，资料的登录标准主要是指对问卷中的答案进行赋值。登录说明是对登录的范围、方法、程序、指标体系进行简要说明，并提供必要的解释。登录目录则是资料登录的总体目录，制定登录目录是使资料条理化的重要步骤。

2. 审核资料

资料的审核主要是对调查获得的资料进行审查和核实。资料审查的工作是看资料的真实性，以及是否存在差错；审核资料要严格按照资料整理的客观真实性、完整性、准确性、规范性等要求进行。

3. 登录资料

根据整理方案中所设计的登录标准，对调查资料进行登录、分组。如果是定性资料则要编写相关的登录目录，进行分类登录；如果是定量资料，则要制作登录的赋值表，按照赋值表进行数据登录。无论是定性资料还是定量资料的登录，都要遵循登录的统一性原则，即登录的标准要一以贯之。

4. 汇总资料

资料的汇总是指根据一定的组织方式或方法对定性资料与定量资料进行汇总。如果是定性资料，要对资料的整体情况作一个整体性的描述；如果是定量资料，则要计算各种特定指标与综合指标。进行资料汇总时，既要注意资料的完整性与系统性，又要简明扼要、提纲挈领。

5. 呈现资料整理结果

定性资料的整理结果一般通过汇编的形式呈现，即根据调查的目的与要求，在逻辑梳理的基础上，以逻辑重构的方法完整地、真实地还原调查对象的真实情况。定性资料的结果呈现的基本要求是资料的结果必须要有逻辑架构，这一方面是资料整理的基本要求，另一方面是满足资料的其他阅读者进行理解或者引用的需要。定量资料的整理结果主要是通过统计图表的方式予以呈现。具体的内容将在接下来的各节中予以详细说明。

第二节　定性资料的整理

社会调查中的定性资料，主要包括以文字形式呈现的文献资料、观察记录、访问记录与问卷的答案等。整理定性资料的一般程序是审核、分类、汇编。

一、定性资料的审核

资料审核就是对资料进行辨别真伪，消除资料的错误。资料审核的主要内容一般包括对资料效度、信度的审核与文字资料的校正。

1. 效度审核

效度审核，即合格性审核。效度是指调查资料对于调查项目的有用性，即调查资料符合调查方案的要求，能够反映调查目的的程度。效度常用效度系数表示，它表示调查资料与调查项目之间的相关性。效度分为内容效度和效标关联效度。内容效度指调查内容能够代表它所要调查的目的的程度，即调查的特征要与调查的项目相关。如果一项调查存在其他客观标准，此项标准则为效标。效标关联效度指以效度调查结果与效标作相关分析来确定效标关联度。效度审核常用的方法是：邀请专家对调查项目和调查目标进行评判，以检查内容效度；选择可靠的、信度高的效标来评估效标关联效度。

2. 信度审核

信度审核，也称为真实性审核或者可靠性审核，简言之，就是辨别调查资料的真伪。一般是通过检查资料的一致性、稳定性与可信度来确定资料的真伪。一致性指不同的调查者同时调查同一对象所得结果的一致程度；稳定性指同一调查者在不同时间、地点调查同一事物所得结果的稳定程度；可信度指不同的调查者在不同的时间、地点调查同一事物所得结果的吻合程度。信度审核一般可采用三种方法，即经验法、逻辑法与来源法。经验审核一般根据以往的经验来判断资料的真实性，此方法一般需要有经验的专家或者实践经验丰富的调查人员实施。逻辑审核是以事物的内在逻辑联系来判断资料的真实性，如果发现资料明显前后矛盾或者违背事物发展的逻辑，则可判定资料是不真实的。来源审核是弄清资料的来源，并根据资料的来源渠道来判断资料的真实性。如根据资料提供者与事件的利害关系、个人的倾向与动机来分析资料夸大或者缩小的成分。一般而言，当事人反映的情况比局外人反映的情况可靠性大；文字资料比在人群中口传的资料可靠性大；多数人反映的情况比少数人反映的情况可靠性大；政治经济稳定时期的资料比不稳定时期的资料可靠性大。

3. 文字资料校正

在资料审核中发现问题应及时处理。一般方法如下：①发现资料中疑点较大、严重虚假或者谎报、漏报时，应查明原因并组织人力重新调查；②发现调查资料严重不合格，应重新研究调查目的，重新设计调查项目或补充新的调查项目，并组织重新调查；③发现调查资料有部分不完整或者不确切的应补充完整；④发现调查资料有错误并且调查者能代为更正的可由调查者更正，并说明情况；⑤在几个调查点均发现具有普遍性问题的资料要及时通报，并查明原因，纠正错误。

二、定性资料的分类

调查资料的分类，就是根据调查资料的形式、性质、内容或者特征将相异的资料区别开来，将相同或相近的资料合为一类的过程。对定性资料进行分类的关键是要编写各种分类目录。从某种意义上说，资料分类的过程就是编写资料目录的过程。

在进行定性资料分类之前，首先要给予全部的资料一个总编号，编制资料的总目录，然后再根据研究目的的需要，编写资料的子目录表，在子目录表中填上资料的总编号即可。这种总目录与子目录相结合的资料分类方式给研究提供了极大的便利。

一般而言，子目录可以按照以下的维度进行编写：

1. 定性资料的呈现方式

按照定性资料的呈现方式，可以将资料分为书面文本资料、影像材料、调查笔记、开放式问卷答案、互联网材料、实物、录音材料等。

2. 定性资料的出现时间

按照定性资料的出现时间进行分类，是指以资料出现的时间标准进行分类。例如，就中国共产党党史某一个问题的研究，可以将资料以年为单位，对资料进行分类；研究国家的公共政策如何影响房地产价格，则可以季度为单位，对国家颁布的相关政策与法律、法规文本进行分类。

3. 调查项目的子问题

任何一个社会调查项目都可以分解为几个子问题。按照研究的子问题编写子目录，是指按照研究主题中的不同组成部分对资料进行分类。例如，"农民工的利益表达机制研究"这个调查项目的资料可以按照"农民工界定的理论探讨"、"利益"、"表达机制"三个子问题进行子目录的编写。

除此之外，调查者还可以根据资料的重要程度、资料的完整程度等标准编写资料的子目录，在此不一一赘述。

总而言之，确立资料分类的标准，要充分结合调查者本身的分类偏好与调查目的，以科学性与适用性为基本的编写准则。

资料分类必须遵循两条基本原则：穷举原则和相斥原则。穷举即没有遗漏，把所有的资料都包含进去，使每一条资料都有所归属。相斥即不重复，就是同一条资料只能归属于同一类，而不能既属于这一类，又属于那一类，以致在不同类中重复出现。

三、定性资料的汇编

汇编，就是按照调查的目的和要求，对分类后的资料进行汇总和编辑，使之成为能反映调查对象客观情况的系统、完整、集中、简明的材料。

对资料进行汇编，首先应根据调查的目的、要求和调查对象的客观情况，确定合理的逻辑结构，使汇编后的资料既能反映调查对象的真实情况，又能说明调查所要说明的问题。其次是对分类资料进行初步的加工。如给资料编写备注信息，备注信息通常包括如下四方面：①资料的类型（如访谈、观察、实物）；②资料提供者的姓名、性别、职业等；③收集资料的时间、地点；④调查者的姓名、性别和职业等。

资料汇编的基本要求是：首先，要完整、系统。所有可用的资料都要汇编到一起，大类、小类的资料要井然有序、层次分明，能系统地反映调查对象的全貌。其次，要简明、集中，以尽可能简短、明了的文字集中说明调查对象的客观情况。

资料的汇编可以按照人物，也可以按照事件发生的时间线索或者事件发生的背景进行编写。例如，分析农民工利益表达问题，可以按照利益表达的方式对资料进行汇编。

除此之外，要尽可能地注明资料的来源和出处，对资料的价值要作简单扼要的述评，以供进一步研究。

第三节　定量资料的整理

定量资料的形式大致可以分为两类：一是从统计年鉴或者其他调查文献中获得的数据；二是以调查问卷的方式获得的尚未处理的数据。前者的整理方式和定性资料的方式相似，我们在这一节主要介绍调查问卷方式获得的定量资料整理。调查问卷方式获得的定量资料的整理方式也可分为两种：一是手工的资料整理方式；二是借助于计算机对资料进行整理。从历史的发展潮流以及计算机的普及程度来看，计算机辅助已经是资料整理的主流。Microsoft 公司的 Excel 软件以及社会学统计的专业软件 SPSS 等统计软件，可以通过对数据赋值的方式，自动生成各类表格，完成数据整理任务，节省大量的人力和时间。本节主要介绍在计算机辅助下如何完成定量资料的整理。

一、定量资料整理的预备知识

1. 如何确定组数

组数，就是分组的数目。可以根据如下的公式确定组数：

$$K = 1 + 3.3 \lg N$$

公式中的 N 表示资料中的总体单位数或者资料中数据的个数，K 表示分组组数的近似值。如对 100 名青年的身高资料进行分组，$K = 1 + 3.3 \lg 100 = 7.6$，所以可分为七组或八组。这只是一个参考数值，可根据实际情况进行增减。

2. 如何确定组距

组距，就是各组中最大数值与最小数值之间的差距。组距数列中，各组组距相等的叫等组距数列，各组组距不相等的叫不等组距数列。

等组距的求法是：组距 = 全距 ÷ 组数，其中全距是资料中最大数与最小数的差。

3. 如何确定组限

组限，就是组距的两端数值。一般将每组起点数值（最小数值）称为下限，将终点数值（最大数值）称为上限。组限的表现形式有两种：一种是封闭式，另一种是开口式。封闭式组限是指在变量数列中，最小组的下限值和最大组的上限值都完全确定；开口式组限是指在变量数列中，最小值的下限值或最大值的上限值不能完全确定。

划分组限时，如果某一标志值正好与组限范围的组限值一致，就应遵循统计学中"上限不在内"原则，将其划归于下限的那一组。例如，某一职工月工资收入正好是 900 元，就应划归 900 ~ 1 000 元这一组内。

4. 如何确定组中值

组中值，就是各组标志值的代表值。其计算公式为：

封闭式组距数列：组中值 =（上限 + 下限）÷2

开口式组距数列：

缺下限的组中值 = 开口组上限 −（相邻组的组距 ÷2）

缺上限的组中值 = 开口组下限 +（相邻组的组距 ÷2）

二、定量资料的整理步骤

定量资料的整理，一般要经过审核与复查、转换与登录、检验、制作统计表或统计图四个步骤。本小节主要介绍定量资料审核与复查、转换与登录、检验三个步骤。由于制作统计表或统计图比较复杂，将专辟一节介绍统计表与统计图的相关内容。

（一）定量资料审核与复查

资料的审核是资料处理的第一步工作。它是指研究者对调查所收集的原始资料（主要是问卷）进行初步的审查和核实，校正错填、误填的答案，剔除乱填、空白和严重缺答的废卷。资料的审核工作包含两方面内容：一是检查问卷资料中存在的问题，二是重新向被调查者核实情况。在实践中，资料的审核工作有两种不同的做法：一是在调查的过程中，边调查边审核，这种资料的审核方式称为实地审核；二是先将调查资料全部收集回来，然后集中时间进行审核，这种资料的审核方式称为系统审核或集中审核。

实地审核的优点是审核及时，效果较好；缺点是调查工作的组织和安排要特别仔细，调查员个人处理各种情况的能力要比较强。系统审核的优点是调查工作便于统一组织安排管理，审核工作也可以统一在研究者的指导下进行，审核的标准比较一致，检查的质量也相对好一些；缺点是调查工作的周期较长，少数个案的重新询问和核实工作因时间相隔较长或调查地点较远而无法落实。

为了确保资料的真实性、准确性，除了要对原始资料进行审核外，还要进行复查工作。所谓资料的复查，指的是调查组织者在资料收回后，又由其他人对调查样本中的一部分个案进行第二次调查，以检查和核实第一次调查的质量。复查的基本做法是：由调查组织者重新选择另外的调查员，从原来调查员所调查的样本中，随机抽取5%～10%的个案重新进行调查。

经过审核和复查，研究者可以发现并纠正原始资料中所存在的一些错误，也可以剔除一些无法进行调查但又有明显错误的问卷，还可以对资料收集工作的质量有大致的了解。

（二）定量资料转换与登录

经过资料审核与复查之后，要对成百上千份问卷资料进行分析之前，还必须先进行数据的转换与登录工作。

1. 数据转换

定量资料数据转换的步骤如下：

（1）确定问卷答案的编码。编码就是给每个问题及答案分配一个数字作为它的代码。例如，"您的性别?"的答案有两个：

"A. 男"、"B. 女"，在这个问题中，"A"可以编码为"1"，"B"可以编码为"2"，在问卷数据输入中，我们只要输入"1"或"2"即可。

（2）编写问卷的赋值表。给问卷进行编码的过程就是一种赋值的过程，为了保持数据输入的统一性，要求制作统一的赋值表。赋值表编写的要求是：格式要统一、明确，容易理解，便于操作。以下结合赋值表的实例进行介绍，如表6-1所示。

表6-1　赋值表（节选）

项目名称	变量名	标　签	栏　位	答案赋值
组	group	组别	1	1 = 财富地产公司　2 = 华强公司　3 = MORITEX　4 = 泽台　5 = 中港第四航务局　6 = 广东省公路勘察设计院
个案号	number	问卷编号	2～6	按照问卷上的数字填写
问题1	a1_1	性别	7	1 = 男性　2 = 女性
问题2	a1_2	出生年份	8－11	按照问卷上的数字填写
问题3	a1_3	出生月份	12～13	按照问卷上的数字填写，只有一位的要在前面加"0"
问题4	a1_4	实际年龄	14～15	按照问卷上的数字填写
问题5	a1_5	户口所在地	16～17	1 = 本市户口　2 = 本市以外的城镇户口　3 = 本市以外的农村户口　4 = 外国国籍

（续上表）

项目名称	变量名	标签	栏位	答案赋值
问题6	a1_6	籍贯	18～19	1=北京　2=天津　3=上海　4=重庆 5=河北　6=山西　7=陕西　8=山东 9=河南　10=辽宁　11=吉林 12=黑龙江　13=江苏　14=浙江 15=安徽　16=江西　17=福建 18=湖北　19=湖南　20=四川 21=贵州　22=云南　23=广东 24=海南　25=甘肃　26=青海 27=台湾　28=内蒙古　29=新疆 30=西藏　31=广西　32=宁夏 33=香港　34=澳门
问题7	a1_7	政治面貌	20	1=共产党员　2=非共产党员
问题8	a1_8	是否参加工会	21	1=工会成员　2=非工会成员

表6-1是为"华南地区人力资源调查"问卷编写的赋值表。"项目名称"所列的是问卷中的问题或有关项目。"变量名"则是问卷中实际测量的一个变量；在实践中，一个问题可能要拆分为几个变量。"标签"是简要地指出该变量的内涵。"栏位"是指数据输入的位置。"答案赋值"是指答案登录数据库中的编码，这一项是赋值表的核心内容；在"答案赋值"中，调查者要详细列明每一种答案的赋值安排，以及某些答案的特殊形式的赋值方式，如问题4的赋值方式。

表6-1的资料转换结果如表6-2所示。

表 6 - 2　资料转换结果表（节选）

组	华强公司	2
个案号	20016	20016
a1_ 1	您的性别是？（1）√男性（2）女性	1
a1_ 2	您的出生年份？1980	1980
a1_ 3	您的出生月份？8	08
a1_ 4	您的实际年龄？26	26
a1_ 5	您现在的户口？（1）本市户口（2）√本市以外的城镇户口（3）本市以外的农村户口（4）外国国籍	2
a1_ 6	您的出生籍贯？广东	23
a1_ 7	您是共产党员吗？（1）是（2）√不是	2
a1_ 8	您是工会成员吗？（1）是（2）√不是	2

2. 数据登录

定量资料（问卷）经过转换处理之后，其中的具体答案已经转化为 0～9 这 10 个阿拉伯数字构成的数码。接下来的工作是将这些数码输入计算机内，以便进行统计分析。

数据的登录方式有两种：一种是直接从问卷上将已经进行编码的数据登录计算机；另一种是将问卷上已经编码的数据转录到专门的登录表上，然后再从登录表上将数据输入计算机。

登录表的横栏为"问题"或者"变量"，一般而言，一个问题就是一个变量，但如果问题比较复杂，就必须拆分为两个或多个变量。登录表的纵栏为不同的个案（case）的记录数据。表 6 - 3 是数据处理软件 SPSS 登录表的一部分。

表 6 - 3　数据登录表（部分）

	group	number	a1_1	a1_2_year	a1_2_moon	a1_2_age	a1_3
1	1.00	10001.00	2.00	1960.00	4.00	46.00	1.00
2	1.00	10002.00	2.00	1962.00	4.00	44.00	1.00
3	1.00	10003.00	1.00	1957.00	5.00	49.00	1.00
4	1.00	10004.00	1.00	1955.00	10.00	52.00	3.00
5	1.00	10005.00	1.00	1984.00	1.00	23.00	4.00
6	1.00	10006.00	1.00	1968.00	6.00	38.00	1.00
7	1.00	10007.00	1.00	1976.00	8.00	29.00	1.00
8	1.00	10008.00	1.00	1978.00	3.00	30.00	1.00
9	1.00	10009.00	2.00	1981.00	7.00	25.00	2.00
10	1.00	10010.00	1.00	1960.00	10.00	45.00	3.00

数据登录应注意的四个问题：

（1）必须统一规定登录格式。如果是多人进行数据登录，为了便于登录数据合并，每个登录人员应采取统一的输入格式。例如，SPSS 统计软件可以直接在 syntax 窗口读入文本格式的数据，也可以直接粘贴 Excel 表格中的数据。但是，如果文本格式数据或者 Excel 表格中的数据的各自栏位不一致，那么各个登录人员之间数据合并之后将会出现错误。输入格式一旦确定，每个登录人员应该严格遵守，这是数据登录的基本要求。

（2）必须对数据登录人员进行必要的培训。数据登录人员一般有两种：一种是熟悉调查问卷、统计软件，具有一定的数据登录经验的人员；另一种是没有数据登录经验，第一次进行数据登录的人员。无论是第一种还是第二种登录人员，都要进行培训。针对第一种数据登录人员培训的侧重点是数据统一格式相关规定的培训；针对第二种数据登录人员培训的侧重点是培训其如何在计算机软件中进行数据的登录。

（3）必须一次登录。每个数据的登录人员应独立完成各自问卷数据登录任务。不同数据登录人员之间，以及同一个数据登录人员已登录的数据与未登录的数据之间，不能出现混乱，以免重复输入，影响登录的效率与效果。

（4）必须及时反馈。在数据登录的过程中，如发现问卷中的数据有异常情况，应及时将问卷的编号、出现异常情况的题号以及内容记录下来，并及时向问卷调查整理的负责人反馈，数据登录人员不应该擅自处理。

（三）定量资料检验

1. 定量资料错误的原因

（1）人为的错误。被调查者填写问卷时，对一些敏感问题往往会避重就轻。如月收入，为了尽可能少缴税款，有些个体户会隐瞒真实的收入。又如在计划生育方面，农村的受访者为了对付国策，往往少报生育的胎数、存活的胎数和怀胎、打胎的次数。再如在恋爱次数方面，有的人为了欺骗对方，往往少报或不报实际恋爱次数。

（2）被调查者填答错误。被调查者在填答问卷时可能对一些问题理解错误，如"每天规定工作的时间"，有些问卷的填答者误以为是"每天法定工作的时间"，结果在问卷填答处填上"8"。

（3）数据登录者的手误。键盘上的键位距离很近，特别是"笔记本"电脑，键位之间太密集，用手指头按下某键时往往触及邻键。如按下数字键"1"，却错碰了数字键"2"；除此之外，键盘上的一些键的字符很相似，如"L"的小写字母"l"与数字"1"非常相似，字母"o"与数字"0"也很容易混淆；最后一种可能是，登录者在数据登录的时候，将上一变量的数据登录到下一变量的方框之中，这种情况较常发生，数据登录者需要特别注意。

2. 定量资料的检验步骤

将定量数据登录到计算机后，可以在计算机的辅助下完成数据检验的任务。当然，也可以用手工的方法逐一对数据进行检验。用计算机进行数据的检验包括以下四个步骤：

（1）进行赋值检验。对于问卷中的任何一个变量而言，它的有效的编码值都有某种范围，而数据中的数字超出这一范围时，这个数据肯定是错误的。如在表6-1中"性别"这一变量栏中出现了数字3或者数字4、5等，我们可以马上判断这些数据是错误的，因为根据赋值表，"性别"这一变量值只有"1＝男"、"2＝女"或者是没有填答这个问题的缺省值。因此，凡是超出以上三种可能的编码值的数据都是错误的，必须进行检查、核对、纠正。

进行赋值检验有两种方法：一是手工检验；二是通过计算机上的SPSS统计软件或者其他软件进行频数统计，计算机很快会给出如下列形式的结果。如表6-4、表6-5所示。

表6-4　性别频数统计表

性　别

		Frequency	Percent	Valid Percent	Cumulative Percent
Valid	男性	36	63.2	64.3	64.3
	女性	18	31.6	32.1	96.4
	3.00	1	1.8	1.8	98.2
	1986.00	1	1.8	1.8	100.0
	Total	56	98.2	100.0	
Missing	System	1	1.8		
Total		57	100.0		

表 6 - 5 最后完成学业频数统计表

（最后上学的学校）

		Frequency	Percent	Valid Percent	Cumulative Percent
Valid	初中	2	3.5	3.6	3.6
	高中（中专/职高）	25	43.9	44.6	48.2
	大专	20	35.1	35.7	83.9
	大学本科	7	12.3	12.5	96.4
	8.00	1	1.8	1.8	98.2
	9.00	1	1.8	1.8	100.1
	Total	56	98.2	100.0	
Missing	System	1	1.8		
Total		57	100.0		

表 6 - 4、表 6 - 5 是某项调查中其中两个变量的统计，其中"性别"变量的有效赋值是"1"、"2"与缺省值，"最后上学的学校"变量的有效赋值分别为"1"、"2"、"3"、"4"、"5"、"6"、"7"与缺省值，只要是在有效的赋值范围内，我们都对其进行了标签设置，在频数统计的时候，它可以直接将数据显示为标签。通过考察表格的第一栏，我们发现在"性别"变量中有一个显示为"3"，一个显示为"1986"，在"最后上学的学校"变量中一个显示为"8"，一个显示为"9"。显然，这些数据都不在赋值表的有效范围内。

（2）标记有效赋值范围外的个案。要进行超出有效范围外的标记，首先必须对超出有效范围的个案进行查找。有两种查找方法：一是利用人工的方法对个案进行查找；二是利用计算机软件中的"查找"命令设置一定的条件进行查找。例如，在 SPSS 软件中可以利用"date"菜单中的"select case"命令进行查找。对全部的超出有效赋值范围的个案查找完毕之后，要对这些个案的问卷编号进行标记。如表6-6所示。

表6-6　超出有效赋值范围的个案查找表

	group	number	a1_1	a1_2_year	a1_2_moon
13	1.00	10013.00	1.00	1973.00	6.00
14	1.00	10014.00	3.00	1972.00	10.00
15	1.00	10015.00	1.00	1963.00	2.00
16	1.00	10016.00	1.00	1965.00	11.00
17	1.00	10017.00	1.00	1986.00	9.00
18	1.00	10018.00	1.00	1979.00	7.00
19	1.00	10019.00	1.00	1979.00	7.00
20	1.00	10020.00	1.00	1973.00	10.00
21	1.00	10021.00	1986.00	1986.00	11.00
22	1.00	10022.00	1.00	1978.00	8.00

在表6-6中，要查找变量"性别（a1_1）"=1986的个案，可在SPSS软件中通过设置一些条件，对那些不符合条件的个案标上标记。如个案21是符合查找条件的个案，观察邻栏，发现邻栏的数据也是"1986"，可以初步判定是重复输入。我们将符合条件的编号"10021"记录下来，以备查核。

（3）编制数据登录查核表。将超出有效赋值的个案记录下来之后，接下来的工作是编写数据登录查核表，并对照原始问卷查核数据。数据登录查核表一般包含以下五项内容："问卷编号"、"变量名"、"原错误数据"、"核实后数据"和"责任人"。如表6-7所示。

表6－7 数据登录查核表（实例）

问卷编号	变量名	原错误数据	核实后数据	责任人
30173	a－4－6－2	5	缺省	温健麟
30159	a－4－6－4	0	缺省	温健麟
30159	a－4－6－5	0	缺省	温健麟
30159	a－4－6－6	0	缺省	温健麟
30089	a－2－3－3	缺省	1	温健麟
30096	a－2－3－3	缺省	1	温健麟
30084	a－3－2－qita	6	1	温健麟

（4）计算数据登录质量指标。完成数据登录以及进行数据赋值检验之后，仍然会有一些错误无法检验出来。查核各类数据登录的最稳当的办法是对照原始问卷一份一份地、一个一个答案地进行校对。但在实践中，因为工作量太大，很少人采用这种方法。作为一种折中的方法，一般可采用随机抽样的方法，从样本的全部个案中，抽取一部分个案，进行数据登录校对，用这一部分的校对结果来评价全部登录数据的质量。根据样本中个案的多少，以及每份问卷中变量数和总字符数的多少，调查者往往抽取2%～5%的个案进行校对。出错率的计算公式如下：

出错率＝错误登录数据的个数÷（一份问卷登录数据总数×抽样数）

例如，一项样本为1 000的调查抽样个案，一份问卷的登录数据为300，调查者从中抽取3%的个案（30份问卷）进行查核，结果发现有3个数据登录错误。这样数据的出错率可由以上公式进行计算：3÷（300×30）≈0.03%。因此，在总共30万个数据中，可以推算大约有90个差错。根据这种推算，可以对数据登录的质量有大致的把握，并可估计调查数据登录的错误在多大程度上影响调查结果。

第四节　统计表与统计图

统计表与统计图是调查资料经过整理、汇总、分组统计后所得结果的一种呈现形式。一般而言，统计表与统计图多用于对数据进行描述，但它可以将数据以一种简洁、形象的方式予以概括，因此，统计表与统计图都非常重要。下面就最常用的统计表与统计图的类型、特点、制作要求等作一介绍。

一、统计表

1. 统计表的结构

统计表一般由表号、标题、标目（包括横标目、纵标目）、数字、注释等要素构成。

表号是表的序号，位于表的左上方，其主要是起索引的作用，便于指示与查找。标题就是统计表的名称，它的主要作用是简要说明表中资料的内容，一般写在表上居中。标目分横标目和纵标目。横标目位于表格的左侧，根据表格类型的不同具有不同的含义。纵标目通常放在表格的右上方，可以用来表示统计指标，也可以用来表示变量的一个类别。数字是统计表的实质性内容，用来表示有关指标的具体数值。它既可以是绝对数，也可以是相对数。注释是指对表格中数字的说明或者是对表格数字来源的说明，它一般位于表的下端。如表6-8所示。

表号　　　　　　　　　　　　　　标题

表6-8　　1990年全国城乡人口数量及其比重

纵标目

	人口数（亿）	比重（%）
市	2.11	18.69
镇	0.85	7.54
乡	8.34	73.77
合计	11.3	100

横标目

注释

数字

资料来源：《中国人口统计年鉴》，中国统计出版社，1991年版。

2. 表格类型

表格类型按照形式可分为简单表和复合表。复合表可以分为交互表与嵌套表。在简单表中，标目之间只有其中一个标目是在同一范畴内的分类标目，如表6-8所示，因为该表只有横标目是在同一范畴（行政层级）之下，而纵标目有两个不同的范畴。而复合表中横标目与纵标目都可以分别用一个范畴概括，如表6-9所示。

表6-9　　某单位男女性与吸烟态度的关系统计表

		性别		
		男	女	Total
态度	容忍	37	8	45
	反对	15	42	57
	Total	52	50	102

资料来源：李莉主编：《实用社会调查方法》，暨南大学出版社，2000年版。

表6-9中，横标目与纵标目可以分别用态度与性别这两个范畴予以概括，因此其属于复合表。

嵌套表则是更为复杂的交互表。如表6-10所示。

表6-10 嵌套表格示例

			非药物血压控制措施				
			调整饮食	进行运动	控制情绪	其他措施	Total
性别	男	文化程度	初中及以下	11	18	12	26	35
			高中	1	0	1	5	5
			大学专、本科	2	2	1	2	3
			硕士以上	0	0	0	0	0
			Total	14	20	14	33	43
	女	文化程度	初中及以下	12	15	13	61	69
			高中	0	1	0	7	7
			大学专、本科	3	6	4	22	23
			硕士以上	0	1	2	7	7
			Total	15	23	19	97	106
	Total	文化程度	初中及以下	23	33	25	87	104
			高中	1	1	1	12	12
			大学专、本科	5	8	5	24	26
			硕士以上	0	1	2	7	7
			Total	29	43	33	130	149

资料来源：张文彤主编：《SPSS 11 统计分析教程》，北京希望电子出版社，2002 年版。

3. 统计表制作

统计表的制作应遵循科学、规范、简明、实用、美观的原则。在制作统计表时应注意以下五个问题：

（1）统计表一般应为长方形设计，上下两端以及某些必须明显隔开的部分要以粗线或双线绘制，左右两端可以不画线，采取开口表式。

（2）表的横标目与纵标目要准确反映变量的含义，标目排列要有一定的逻辑结构。

（3）统计表的标题应简明扼要、切中要害、一目了然。

（4）表中的数据必须说明计量单位，如频数单位（人数、个数、户数等）和频率单位（百分比）。

（5）填写数据时，应注意不要留空格，无数字时要用斜线作标记。当数据上下左右相同时，也应该写出来，不应写"同上"、"同左"等字样。

二、统计图

统计图是一种以直观、形象的方式刻画数据的统计工具。它可以用以描述总体的分布趋势，也可以对不同变量之间的交互关系、数据的变化趋势进行刻画。

下面主要介绍常用的条形图、饼图与折线图。

1. 条形图

条形图是以宽度相等、长度不等的长条形表示不同的统计数字。例如，表6-11的数据可以用条形图表示。

表6-11　农村居民家庭每百户主要耐用品年底拥有量表

	单位	2000 年	2001 年	2002 年	2003 年	2004 年	2005 年
电视机	台	101.7	105.2	108.6	110.6	113.0	105.4
彩电	台	48.7	54.4	60.5	67.8	75.1	84.4
电冰箱	台	12.3	13.6	14.8	15.9	17.8	20.1
摩托车	辆	21.9	24.7	28.1	31.8	36.2	41.0
洗衣机	台	28.6	29.9	31.8	34.3	37.3	40.2
空调机	台	1.3	1.7	2.3	3.5	4.7	6.4
电话机	部	26.4	34.1	40.8	49.1	54.5	58.3
移动电话	部	4.3	8.1	13.7	23.7	34.7	50.2
家用计算机	台	0.5	0.7	1.1	1.4	1.9	2.1

资料来源：《2006年中国统计摘要》，中国统计出版社，2006年版，第118页。

首先，我们可以分别作出每年耐用品拥有量的条形图。以2005年为例，如图6-1所示。

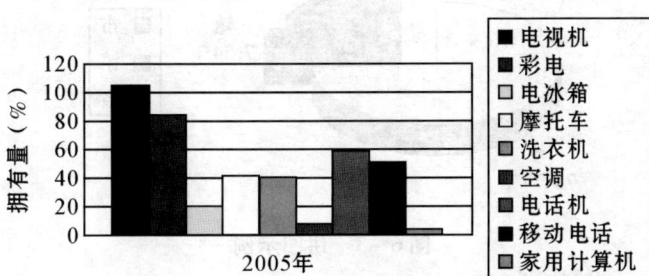

图6-1　2005年农村居民家庭每百户主要耐用品年底拥有量

其次，我们也可以作出2000—2005年每一种耐用品拥有量的条形图。如图6-2所示。

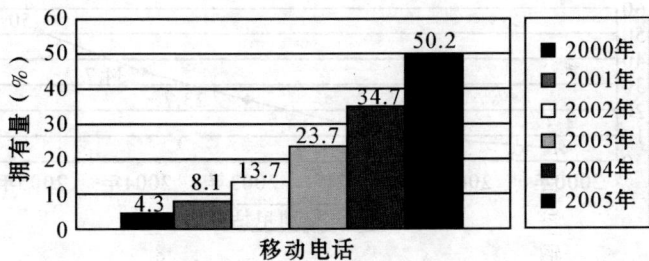

图6-2　2000—2005年农村居民家庭每百户移动电话年底拥有量

2. 饼图

饼图又称圆形图或扇形图，它以圆内面积的大小来表示总体中不同部分所占的比重，反映总体的内部结构。作扇形图一般先求出圆心角，但目前一般利用常用的计算机软件即可作出饼图。下面以表6-8的数据为例作饼图，如图6-3所示。

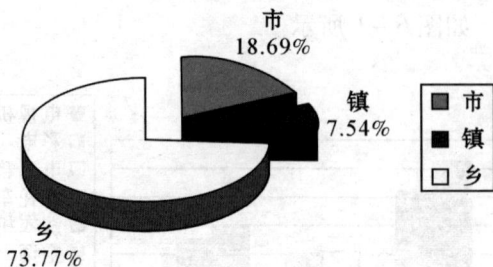

市
18.69%

镇
7.54%

■ 市
■ 镇
□ 乡

乡
73.77%

图6-3 饼图示例

3. 折线图

折线图是通过上下变化的线段来反映所要研究现象随时间变化和发展趋势的图形。折线图可以分为单式折线图与复式折线图。下面以表6-11的数据为例作折线图,如图6-4所示。

图6-4 2000—2005年农村居民家庭每百户移动电话年底拥有量

从图6-4可以看出,2000—2005年农村居民家庭每百户移动电话年底拥有量一直呈上升趋势,其中2005年上升的趋势最为明显。

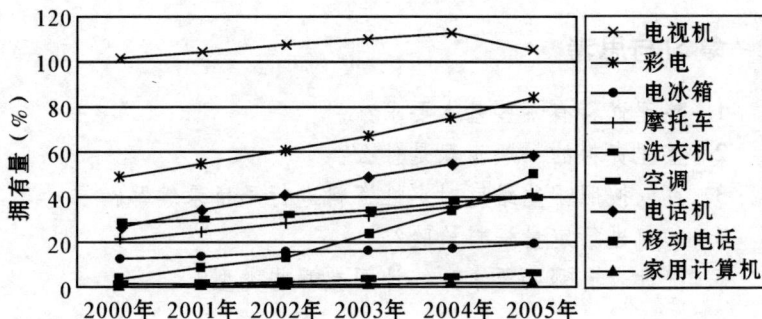

图 6 - 5　2000—2005 年农村居民家庭每百户主要耐用品年底拥有量

从图 6 - 5 可以直观地观察到 2000—2005 年农村居民家庭每百户主要耐用品拥有量如何随时间的推移而不断地发生变化。

以上介绍了三种最常用、最基本的统计图，这三种统计图一般只能用于进行数据的描述，而难以用于刻画变量之间的交互关系。

目前，作图一般都用计算机进行辅助作图，在 Excel 软件中提供了不下十种的统计图。其中的散点图可以用来探究两个变量之间的关系；在 SPSS 统计软件中则提供了更多的统计图，如箱式图、控制图、树形图等，这些统计图都有非常强大的统计描述功能。因此，利用计算机作统计图是现代调查分析者的必备技能。

统计图一般只是为进一步挖掘数据提供线索与灵感，要真正精确地刻画变量之间的关系，必须借助于统计分析。除此之外，以上的三种统计图都属于几何图，在日常的经验世界中，我们可以看到从几何图中衍生出来的意趣盎然的象形图。只要掌握几何图的制作方法，并能够阅读几何图，象形图的阅读就可迎刃而解，在这里就不一一赘述了。

复习与思考

1. 整理资料有哪些基本要求？
2. 整理资料的一般步骤是什么？
3. 可以按照哪些维度对定性资料进行子目录编写？
4. 如何进行定量资料检验？
5. 统计表有哪些要素？统计图有哪些类型？

第七章　定量分析

本章要点

1. 描述统计
2. 相关分析与回归分析
3. 统计推断
4. 计算机在定量分析中的应用

　　完成对资料的整理之后，接着就是对资料进行分析。按照信息的呈现方式，资料主要有两类：一是文字形式的资料，二是数据形式的资料。前者一般被称为定性资料，后者一般被称为定量资料。针对定性资料一般进行定性分析，而针对定量资料一般先采用定量分析。无论任何形式的分析，最终都要归结于定性分析。本章介绍定量分析。

　　定量分析主要运用统计学的原理进行分析。一般而言，统计分析偏重于对数据进行描述、推断，至于数据的真实社会含义，则要借助于定性分析予以揭示。根据统计变量的多寡，统计分析可以分为单变量分析、双变量分析与多变量分析。而根据统计分析性质，统计分析可以分为描述分析和统计推断。描述分析是对已经初步整理的数据资料进行加工，用统计量对数据的基本特征予以刻画的一种方法。它主要包括测定现象的集中趋势和离散趋势以及现象之间的相关关系等。统计推断则是在随机抽样调查的基础上，根据样本资料对总体进行推断的一种方法。它一般包括区间估计和统计假设检验。本章按照统计性质以及相关的教学要求，主要介绍描述统计与推断统计的基础知识以及如何运用计算机辅助统计分析。

第一节　描述统计

最基本与最常见的描述统计包括频数与频率描述、集中趋势描述、离散趋势描述、统计图表、相关分析与回归分析。本节主要介绍频数与频率描述、集中趋势描述和离散趋势描述。由于相关分析与回归分析相对比较复杂，将专辟一节进行介绍。

一、频数与频率描述

频数描述，是指对一组数据中不同值的个案的次数分布情况进行描述。

例如，我们访问了 412 个调查对象，询问他们对工作的满意程度，得到的回答如表 7 - 1 所示。

表 7 - 1　工作满意度频数表

工作满意度	男	女
非常满意	9	7
比较满意	81	85
满意	41	50
比较不满意	28	68
非常不满意	10	33
合　计	169	243

以上的频数统计对调查得到的数据进行了简化，以简洁的表格方式将数据的基本信息反映出来。从表 7 - 1 中可以初步了解

到，调查对象工作满意度的分布范围（从"非常满意"直到"非常不满意"共五类），还可以了解到工作满意度大致的分布情况（如"比较满意"最多，"非常满意"与"非常不满意"较少等），这为进一步的分析奠定了基础。但是，从表7-1中还难以比较出男女之间对工作满意度的差别，因此，需要引入频率表进行进一步的描述。

频率描述，是指对一组数据中不同取值的频数相对于总数的比率分布情况进行描述，这种比率通常以百分比进行表示。

频率的计算公式如下：

$$频率 = \left(\frac{f}{N}\right) \times 100$$

其中 f 代表任何一个回答选项的人数，N 代表回答所有选项的总人数。

根据以上的计算公式，可以计算出上述的工作满意度频率表，如表7-2所示。

表7-2 工作满意度频率表　　　　单位:%

工作满意度	男	女
非常满意	5.3	2.9
比较满意	47.9	34.9
满意	24.3	20.6
比较不满意	16.6	28.0
非常不满意	5.9	13.6
合　计	100	100

根据以上的频率表，我们可以清晰地看出，在调查样本中，男性的工作满意度高于女性的工作满意度。因为每 100 个男性中有接近 48 人对工作"比较满意"，接近 24 人表示"满意"；而每 100 个女性中，大约只有 35 人对工作"比较满意"，接近 20 人表示"满意"。

由于频数表示的是绝对量，而频率表示的则是相对量，因此，频率相比于频数的一个优点是其可以十分方便地用于不同总体或者不同类别之间的比较。

二、集中趋势描述

集中趋势描述是指用一个典型值或者代表值对一组数据的一般水平或者集中情况进行描述。最常见的用以描述集中趋势的数值包括众数、中位数和平均数。

1. 众数

众数（mode）是指一组数据中出现次数最多的那个数值。例如，在上述的工作满意度调查中，在 169 位男性中，有 81 位认为"比较满意"，有 9 位认为"非常满意"，28 位认为"比较不满意"，41 位认为"满意"，因此，男性工作满意度的众数是"比较满意"。又如，在"1、2、2、2、4、8、9、5、6"数列中，出现频数最多的是"2"，因此，"2"是这组数据的众数。众数一般用来概括总体的一般水平或者典型情况。

2. 中位数

中位数（median）是指一组数据按数值大小顺序排列起来处于中间位置的那个数值。中位数的数值处于这样一种情况，50% 的数据高于它，而另外 50% 的数据小于它。中位数用以表示数据集中的一般水平。

中位数的计算根据数据的不同情况可分为两种：一是未分组数据的计算，二是分组数据的计算。

（1）未分组数据中位数的计算。未分组数据的中位数计算的步骤如下：首先将数据按照大小顺序排列，然后按照（$N+1$）/2 确定中位数的位置，求得中位数。其中 N 表示数据个数，当 N 为奇数时，则居于中间位置的数据为中位数；当 N 为偶数时，那么中间位置上就有两个数据，此时的中位数就是这两个数的平均数。

例：7 个人的身高分别为 160 cm、180 cm、168 cm、165 cm、172 cm、174 cm、164 cm。求其中位数。

首先将 7 个人的身高按顺序由小到大进行排列：160、164、165、168、172、174、180。然后确定中位数所在的位置：（$N+1$）/2 =（7 + 1）/2 = 4，因此，第四个数据即为中位数，即 $M_d = 168$ cm。

例：6 个人的年龄分别为 20 岁、21 岁、25 岁、40 岁、50 岁、60 岁。确定其中位数。

在此例中顺序已排好，因此可以直接求中位数的位置。

中位数的位置 =（$N+1$）/2 =（6 + 1）/2 = 3.5

这 6 个人的年龄的中位数为第三个数据与第四个数据的平均值，即 M_d =（25 + 40）/2 = 32.5（岁）。

（2）分组数据中位数的计算。分组数据中位数的计算主要步骤是：根据总次数求中位数所在的组（$\sum f / 2$），然后应用上限公式或下限公式计算中位数：

下限公式：$M_d = L + \dfrac{\sum f / 2 - S_{m-1}}{f_m} \times d$

上限公式：$M_d = U - \dfrac{\sum f / 2 - S_{m+1}}{f_m} \times d$

其中，M_d 表示中位数，L 表示中位数所在组的下限，U 表示中位数所在组的上限，f_m 表示中位数所在组的组次数，$\sum f$ 为总次数，d 为中位数所在组的组距，S_{m-1} 为中位数所在组以下组的累计次数（不含中位数所在组），S_{m+1} 为中位数所在组以上组的累积次数（不含中位数所在组）。现以表 7－3 的数据说明中位数的计算方法。

表 7－3　中位数的计算方法

收入（元）	人数（频数）	累计频数（向上）	累计频数（向下）
100～200	10	10	100
200～300	10	20	90
300～400	40	60	80
400～500	20	80	40
500～600	20	100	20
合　计	100		

现确定中位数所在组的位置 $\sum f / 2 = 50$。中位数应在表 7－3 中的第三组内，即在"300～400"这一组内。由表 7－3 可知，$L = 300$，$f_m = 40$，$d = 100$，$S_{m-1} = 20$，$S_{m+1} = 40$，将这些数据代入公式得：$M_d = 300 + (50 - 20) \div 40 \times 100 = 375$，或者 $M_d = 400 - (50 - 40) \div 40 \times 100 = 375$。

3. 平均数

平均数是指总体各数据之和除以数据个数所得的商。在统计分析中通常用 $\overline{X}$ 表示平均数。平均数的计算公式如下：

$$\overline{X} = \frac{\sum_{i=1}^{n} X_i}{n}$$

例：一组数据分别为 20、30、35、40、50、100，求这组数据的平均数。

根据平均数公式有：

$$\overline{X} = \frac{\sum\limits_{i=1}^{n} X_i}{n} = (20 + 30 + 35 + 40 + 50 + 100)/6 \approx 46$$

如果是单值分组数据,那么,计算平均值首先要将每一变量乘以所对应的频数 f,得到各组数据之和,然后将各组数据之和全部相加,最后除以数据总数(即各组频数之和)。计算公式如下:

$$\overline{X} = \sum_{i=1}^{n} X_i f_i \div \sum_{i=1}^{n} f_i$$

表 7-4　某班 50 名学生的年龄情况表

按年龄分组（X_i）	人数［频数（f_i）］
17	12
18	27
19	7
20	4
合　计	50

由上表可知:

$$\sum_{i=1}^{n} X_i f_i = (17 \times 12 + 18 \times 27 + 19 \times 7 + 20 \times 4) = 903$$

$$\sum_{i=1}^{n} f_i = 50$$

因此,$\overline{X} = \sum\limits_{i=1}^{n} X_i f_i \div \sum\limits_{i=1}^{n} f_i = 903 \div 50 = 18.06$（岁）

以上介绍了集中趋势描述的几种描述数据类型。一般而言,对于名称衡量的等级数据,众数是比较合适的选择;对于顺序衡量的等级数据,中位数是最合适的选择;对于区间与比率衡量的等级数据,则大都使用平均数。由于计算平均数要求用到所有的数据，而求中位数只用到数值的相对位置，因而平均数比中位数更充分地利用了有关数据的信息。因此，平均数的描述一般比中位数更全面、更准确。但是，平均数容易受极端值的影响，而中位数则不会受到这种影响，因此，当样本中的数据存在比较多的极端值时，中位数反而比平均数更适合。

总而言之，我们在具体的统计实践中要综合考虑各种因素，然后再决定选择哪种描述统计量对数据进行描述。当然，最科学的态度是对集中趋势的各种描述统计量都进行计算，来进行综合的分析判断。

三、离散趋势描述

离散趋势描述是指用一个特定的数值描述一组数据之间的离散程度。用以描述离散趋势的数值类型比较常用的主要有三种：全距、标准差和异众比率。

1. 全距

全距（rang）又叫极差，是指一组数据中最大值与最小值的差，一般用 R 表示。公式为：

$$R = X_{max} - X_{min}$$

X_{max} 表示一组数据中的最大值，X_{min} 表示一组数据中的最小值。

例：有甲、乙、丙三组英语成绩：

甲组：85　85　85　85　85

乙组：70　75　80　85　90

丙组：60　75　82　90　95

因此，甲组：$R = 85 - 85 = 0$；乙组：$R = 90 - 70 = 20$；丙组：$R = 95 - 60 = 35$。

全距的意义在于：一组数据的全距越大，一定程度上表示数据的离散趋势越明显，数据越趋向于多元化，集中趋势的描述统计量的代表性就越低；反之，一组数据的全距越小，则说明这组数据离散趋势越不明显，集中趋势的描述统计量的代表性越高。如上面的例子中，甲组 $R = 0$，说明其平均数 85 非常具有代表性；相比而言，乙组的代表性与丙组的代表性就要比甲组的代表性差。但是，全距的取值只取决于两个极端值，所以具有很大的偶然性，其对于中心点周围的集中情况都无法提供任何信息，因此，它是一种最为粗略的统计量之一。要比较准确地对离散趋势进行描述，还得引入其他类型的统计量。

2. 标准差

标准差（standard deviation）是指总体中各个数据与其平均数之差的平方和的算术平均数的平方根。标准差是用得最多，也是最常用以考察一组数据离散趋势的描述统计量，其计算公式为：

$$S = \sqrt{\frac{\sum_{i=1}^{n} (X_i - \overline{X})^2}{N}}$$

式中，S 为标准差，$\overline{X}$ 为平均数，X_i 为数据值，N 为数据总个数。

标准差的意义在于：它的值越大，表明平均数的代表性越低，数据的分布面越大，数据与数据之间的差异性越强，数据整体的离散趋势越明显；它的值越小，表明平均数的代表性越高，数据的分布面越小，数据与数据之间的差异性越小，数据整体的离散趋势越不明显。根据数据的组织方式，标准差有两种计算方式：

（1）未分组数据标准差计算。

例：某厂一生产组 5 名工人日加工零件分别为 11、13、14、18、19 件。求其标准差。

首先求出 $\overline{X}$，然后再求出 S，代入公式得：

$$\overline{X} = \frac{\sum\limits_{i=1}^{n} X_i}{N} = \frac{11 + 13 + 14 + 18 + 19}{5} = 15 \ (件)$$

$$S = \sqrt{\frac{(11-15)^2 + (13-15)^2 + (14-15)^2 + (18-15)^2 + (19-15)^2}{5}}$$

$$\approx 3.03 \ (件)$$

即 5 名工人日平均加工零件 15 件，标准差约为 3.03 件。

（2）分组数据标准差计算。

分组数据的标准差计算，首先要找出各组的组中值，再按照加权形式计算标准差，其计算公式为：

$$S = \sqrt{\frac{\sum\limits_{i=1}^{n} (X_i - \overline{X})^2 f_i}{\sum\limits_{i=1}^{n} f_i}}$$

式中，X_i 为各组的组中值，f_i 为各组的权数。

下面以实例介绍分组数据的标准差的计算方法，如表 7 – 5 所示。

表 7 – 5　某公司 12 个车间企业计划完成情况标准差计算表

计划完成分组（%）	车间数（f_i）	组中值（X_i）	总完成（$X_i f_i$）	偏差（$X_i - \overline{X}$）	偏差平方（$X_i - \overline{X}$）^{2}	$(X_i - \overline{X})^2 f_i$
90～100	2	95	190	−11.7	136.89	273.78
100～110	7	105	735	−1.7	2.89	20.23
110～120	2	115	230	8.3	68.89	137.78
120～130	1	125	125	18.3	334.89	334.89
合　计	12	1 280	—	543.56	766.68	

将表中计算结果代入公式得：

$$\overline{X} = \frac{\sum_{i=1}^{n} X_i f_i}{\sum_{i=1}^{n} f_i} = \frac{1\ 280}{12} = 106.7\ (\%)$$

$$S = \sqrt{\frac{\sum_{i=1}^{n} (X - \overline{X})_i^2 f_i}{\sum_{i=1}^{n} f_i}} = \sqrt{\frac{766.68}{12}} \approx 8\ (\%)$$

由计算结果可知，12 个车间企业产值计划完成情况的标准差约为 8%，也就是相对于平均数 106.7% 发生的标准差约为 8%。

3. 异众比率

异众比率（variation ration）是指众数所不能代表的其他数据（非众数的数据）在总体中的比率。异众比率一般用 V_R 表示，其计算公式如下：

$$V_R = (N - f_0) \div N$$

式中，N 表示总次数（频数总和），f_0 为众数的次数（频数）。

异众比率的意义在于，它可以刻画众数所不能代表的其他数据在总体中的比重。因此，异众比率越大，众数所不能代表的其他数据在总体中的比重越大，各数据与众数越离散；异众比率越小，众数所不能代表的其他数据在总体中的比重越小，各数据相对与众数越聚集。

例：某班年龄状况如表 7 – 6 所示，求其异众比率。

表 7 – 6　某班年龄状况表

年　龄	人数（频数）
17	12
18	27
19	7
20	4
合计	50

由表 7-6 可知，$N = 50$，$f_0 = 27$，所以：

$V_R = (N - f_0) \div N = (50 - 27) \div 50 = 0.46$

从计算结果可知其异众比率为 0.46，即在给定的数据中，众数所不能代表的比重，占总数的 46%。

第二节　相关分析与回归分析

在第一节中主要介绍了单变量的描述统计，它对我们认识与了解社会现象，只能起到最基本的描述作用。当我们希望进一步了解社会现象之间的关系，解释社会现象的发展规律时，仅仅依靠这种描述是不够的。本节主要介绍双变量的分析方法，它可以用于探索双变量之间的关系，是探索社会现象发生、发展和变化规律的有力工具。

一、相关分析

（一）相关关系的概念

双变量之间相关是指当其中的一个变量发生变化（或取值不同）时，另一变量也随之发生变化（取值不同）。一般来说，变量分为自变量与因变量。自变量是指分析中不受质疑的，被当作预先给定的变量，它被看作是原因或是决定因变量的因素。因变量是指被假定为依赖于或者由其他变量（也就是自变量）引起变化的变量。

例如，身高和体重这两个变量，在通常情况下，身高较高的人体重也较重，即体重随身高的不同而发生变化。在这里，身高被当成是自变量，体重则是因变量，即体重受身高的影响。又如，在吸烟与肺癌这对关系中，吸烟被当成是自变量，而肺癌则被当成是因变量。

根据不同的研究角度，相关关系可以划分为不同的种类。按照变量变化的形式，可以分为线性相关与非线性相关；按照变量变化的方向，可以分为正相关与负相关；按照变量的关联程度，可以分为零相关、弱相关与强相关。

双变量的相关分析的内容主要包括两个方面：一是判断两个变量之间是否存在相关关系；二是如果两者存在相关关系，那么则要探讨相关关系的密切程度。

（二）相关关系的判断

相关关系的判断是指判断两个变量之间是否存在相关关系。其主要有两种方法：一是散点图法，二是列联表法。

1. 散点图法

散点图法是将变量间具有对应关系的数值，用点的形式在坐标系中描绘出来所形成的图形，散点图又称为散布图。

绘制散点图的方法是：以直角坐标系的横坐标表示自变量 X，以纵坐标表示因变量 Y，将数据按照自变量与因变量 (x, y) 一一对应关系标出坐标点。这些坐标点称为相关点，由此形成的图形称为散点图，如图 7 – 1 所示。

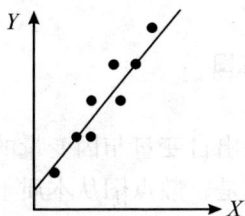 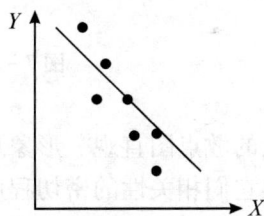

（a）正强相关　　　　　（b）负强相关

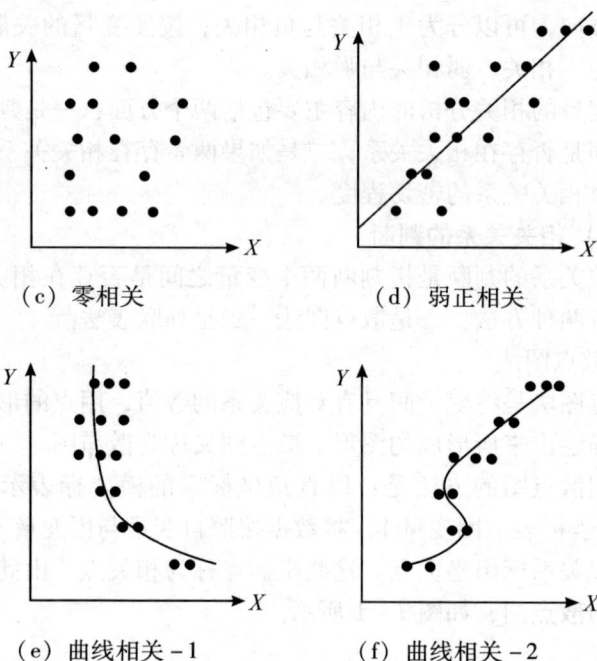

图 7 - 1　散点图

　　以上的散点图直观、形象地反映出自变量与因变量的直接关系，以及它们相关性的密切程度。但是，散点图从本质上说，仍然是一种判断两个变量之间是否存在相关关系的定性判断方法，其只能得出一个大致的结论。至于相关密切程度的准确描述，则需要借助于其他方法。

　　2. 列联表法

　　除散点图之外，另一种判断两个变量之间是否存在相关关系的方法是列联表法。

　　列联表，也称为交互表，就是根据两个变量交互产生的类别，将个案进行分类。

例如，有两个变量"吸烟"与"是否患肺癌"，它们的列联表如表 7-7 所示。

表 7-7　吸烟与是否患肺癌列联表

	患肺癌	未患肺癌
吸烟		
不吸烟		

又如，"年龄"与"教育程度"两个变量列联表则如表 7-8 所示。

表 7-8　年龄与教育程度列联表

教育程度 年龄	小　学	初　中	高中以上
青年			
中年			
老年			

根据列联表，可以判断出两个变量是否存在相关关系，如表 7-9 所示。

表 7-9　性别与吸烟态度交互分类表

吸烟态度	性　别		合　计
	男	女	
容忍	96（84.2%）	24（27.9%）	120
反对	18（15.8%）	62（72.1%）	80
合计	114（100%）	86（100%）	200

通过观察表7-9，可以判断出性别与吸烟态度之间存在相关关系。由观察自变量与因变量交互分配在边缘分布中的次数所占的比重可知，如果吸烟态度与性别没有关系，那么吸烟态度频次分配应该符合在观察数男女性别中的比重：$114 \div 86 \approx 1.326$；但是 $96 \div 24 = 4$ 以及 $18 \div 62 \approx 0.29$ 显然不等于 1.326，这说明吸烟态度与性别之间似乎存在相关关系。

以上的判断只是一种基于直觉的模糊判断，社会科学中用卡方（χ^2）对列联表中的数据是否存在相关性进行判断。因此，用列联表法判断变量之间的相关关系一般又被称为卡方检验。卡方（χ^2）的计算公式为：

$$\chi^2 = \sum \frac{(f_0 - f_e)^2}{f_e}$$

式中，f_0 为列联表中每一格的观察频数，f_e 为所对应的期望频数。f_e 的计算公式如下：

$$f_e = \frac{f_r \times f_c}{N}$$

式中，f_r 表示行边缘分布频数，f_c 表示列边缘分布频数。

下面以表7-9的数据为例进行说明：

首先我们先计算出 f_e，则 $f_{11} = \frac{120 \times 114}{200} = 68.4$

同理，$f_{12} = \frac{120 \times 86}{200} = 51.6$　$f_{21} = \frac{80 \times 114}{200} = 45.6$

$$f_{22} = \frac{80 \times 86}{200} = 34.4$$

然后将数值代入 χ^2：

$$\chi^2 = \sum \frac{(f_0 - f_e)^2}{f_e} = \frac{(96 - 68.4)^2}{68.4} + \frac{(24 - 51.6)^2}{51.6} +$$

$$\frac{(18 - 45.6)^2}{45.6} + \frac{(62 - 34.4)^2}{34.4}$$

$$= 11.14 + 14.76 + 16.71 + 22.14 = 64.75$$

然后，根据计算结果进行卡方（χ^2）检验：

首先，建立两变量虚无假设，即假设两个变量之间相互独立，互不相关。现在我们已经知道 $\chi^2 = 64.75$。我们再算出自由度 $df = (r-1) \times (c-1) = (2-1) \times (2-1) = 1$，自由度计算公式中 r 与 c 分别是列联表中的行数与列数。然后根据给定的 P 值查 χ^2 分布表，得到一个临界值。假定给出的显著性水平 $P = 0.05$，查 χ^2 分布表可查得临界值为 3.841。最后将 X^2 与临界值进行比较，如果 χ^2 大于或等于临界值，则称差异显著，并拒绝虚无假设，即认为两变量有关系；反之，如果 χ^2 小于临界值，则称差异不显著，并接受虚无假设，即认为两变量之间无关系。在上例中，$\chi^2 = 64.75 > 3.841$，所以，我们可以拒绝性别与吸烟态度之间的虚无假设，得出两者在总体中有关系的结论。

数据通过了卡方检验，只是意味着可以判定两个变量之间存在相关关系，但是还没有办法知道变量之间存在相关关系具体强弱程度。这需要进一步计算两个变量之间的相关系数。

（三）相关系数

相关系数是表明变量之间相关程度的数值，也叫做相关统计量。相关系数有一定的变化范围，其数值在 -1 与 $+1$ 之间变化。相关系数为正数时，表示变量之间呈正相关关系；相关系数为负数时，表示变量之间呈负相关关系。相关系数为 $+1$ 时，表示完全正相关；相关系数为 -1 时，表示完全负相关；相关系数为 0 时，表示无相关。相关系数的正负号表示相关的方向；相关系数的数值表示相关程度的强弱。下面介绍三种常用的相关系数。

1. λ 系数

λ 系数适用于测定两个定类变量之间的相关性，它的取值范围是（0，1）。λ 值越大，表明自变量与因变量之间的相关性越强；反之，则越弱。λ 系数的计算公式为：

$$\lambda = \frac{\sum f_{im} - F_{im}}{N - F_{im}}$$

式中，f_{im}表示X每一分类中Y的众数次数；F_{im}表示Y边缘分布中的众数次数；N表示总次数。

表7-10　性别与吸烟态度相关表

态度（Y）	性别（X）	
	男	女
容忍	96	18
反对	24	62

由表7-10可知，从X每一分类看，男性中Y分布的众数是"容忍"，次数是96；女性中Y分布的众数是"反对"，次数是62。因此，$f_{im} = （96 + 62） = 158$；再看Y的众数是"容忍"，次数为114，所以，$F_{im} = 114$。

将以上的数据代入公式得：

$$\lambda = \frac{\sum f_{im} - F_{im}}{N - F_{im}} = [（96 + 62） - 114] \div （200 - 114） \approx 0.51$$

由计算结果可知，性别与吸烟态度的相关程度为$\lambda \approx 0.51$，属于中等相关。

2. G系数

G系数适用于两个定序变量的相关测定，取值范围是（-1，1）。G系数的计算公式为：

$$G = \frac{N_s - N_d}{N_s + N_d}$$

式中，N_s表示X和Y两变量变化顺序一致的数目，即同序对数目；N_d表示X和Y两变量变化顺序相反的数目，即异序对数目。

下面以实例说明 G 系数的计算方法。表 7-11 是由两个顺序等级变量组成的 3×3 表，其中自变量为教育程度，因变量为工资收入。

表 7-11　教育程度与工资收入相关表

教育程度		低	中	高	合　计
工资收入	低	20	6	4	30
	中	10	15	5	30
	高	8	11	21	40
	合　计	38	32	30	100

由于表 7-11 中的两个变量的排列已经具有次序高低的特征，从左往右是由低到高，而从上往下也是由低到高，因此计算 N_s 与 N_d 可以采用如下的方法：

N_s 等于列联表中所有左上角与其对应的右下角和之积之总和；

N_d 等于列联表中所有右上角与其对应的左下角和之积之总和。

表 7-11 中求 N_s 和 N_d 图示如下：

20			6			
15	5		5	10		15
11	21		21	11	21	21

		4			6	
10	15		10		5	15
8	11		8		8	11	8

根据上面的计算方法，表7-11中 N_s 和 N_d 分别为：

$N_s = 20 \times (15 + 5 + 11 + 21) + 6 \times (5 + 21) + 10 \times (11 + 21) + 15 \times 21 = 1\ 831$ （对）

$N_d = 4 \times (15 + 10 + 11 + 8) + 6 \times (10 + 8) + 5 \times (8 + 11) + 15 \times 8 = 499$ （对）

因此，$G = \dfrac{N_s - N_d}{N_s + N_d} = (1\ 831 - 499) \div (1\ 831 + 499) \approx 0.57$

计算结果显示，教育程度与工资收入之间存在着较强的相关性，相关强度为 0.57。

3. γ 系数

γ 系数是由英国的统计学家皮尔逊用积差方法推导出来的，因此又称为皮尔逊系数或积差系数。γ 系数用于两个定距或者定比变量之间的相关测定，γ 系数的取值范围是（-1，1）。用它判断两变量间的相关程度，一般有四个标准，如表7-12所示。

表7-12　相关程度强弱表

γ 系数	0.3 以下	0.3~0.5	0.5~0.8	0.8 以上
相关程度	轻微相关	低度相关	中度相关	高度相关

γ 系数的计算公式为：

$$\gamma = \frac{\sum (X - \bar{X}) \times (Y - \bar{Y})}{n \times S_x S_y} = \frac{\sum (X - \bar{X}) \times (Y - \bar{Y})}{\sqrt{\sum (X - \bar{X})^2} \times \sqrt{\sum (Y - \bar{Y})^2}}$$

式中，X、Y 分别是相应变量的值；$\bar{X}$、$\bar{Y}$ 分别是相应变量的平均值；S_x、S_y 分别是相应变量的样本的标准差。

下面举例说明 γ 系数的计算方法。假定对 10 名工人进行调查，得到表7-13，试求工人年龄与他们收入之间的相关程度。

表7-13　年龄与收入表

个案	1	2	3	4	5	6	7	8	9	10
年龄	25	32	41	28	37	50	44	54	33	26
收入	280	300	350	300	380	360	400	420	260	250

先求出 $\overline{X} = 37$，$\overline{Y} = 330$，然后将上表制作成相关系数的计算表，如表7-14所示。

表7-14　年龄与收入相关系数计算表

年龄 (X)	收入 (Y)	$X - \overline{X}$	$(X - \overline{X})^2$	$Y - \overline{Y}$	$(Y - \overline{Y})^2$	$(X - \overline{X}) \times (Y - \overline{Y})$
25	280	−12	144	−50	2 500	600
32	300	−5	25	−30	900	150
41	350	4	16	20	400	80
28	300	−9	81	−30	900	270
37	380	0	0	50	2 500	0
50	360	13	169	30	900	390
44	400	7	49	70	4 900	490
54	420	17	289	90	8 100	1 530
33	260	−4	16	−70	4 900	280
26	250	−11	121	−80	6 400	880
合计			910		32 400	4 670

将数据代入 γ 系数的计算公式得：

$$\gamma = \frac{\sum (X - \overline{X}) \times (Y - \overline{Y})}{\sqrt{\sum (X - \overline{X})^2} \times \sqrt{\sum (Y - \overline{Y})^2}} = \frac{4\ 670}{\sqrt{910} \times \sqrt{32\ 400}} \approx 0.86$$

$$\gamma^2 = (0.86)^2 \approx 0.74$$

从计算结果可知，工人的年龄与收入之间相关程度很高，而且是正相关，即年龄越大收入越高。

λ、G、γ 是三种比较常用的相关系数，除此之外，还有 ϕ 系数、C 系数、τ（Tau）系数、ρ（Rho）系数与 η^2（Eta）系数。ϕ 系数与 C 系数主要用于列联表的分析。τ 系数与 λ 系数类似，适用于两个定类变量之间相关系数的测定。但是 τ 系数与 λ 系数的区别在于：τ 系数利用列联表中的每一个数据进行分析，λ 系数则只是利用众数进行预测。ρ 系数适用于两个定序变量相关关系测定，它与 G 系数相似，取值范围也是（-1，1），但在社会科学中运用 G 系数要比运用 ρ 系数广泛得多。η^2 系数则适用于一个定类（定序）变量与一个定距变量的相关系数测定，其取值范围是（0，1）。在测定变量之间的相关关系时，关键是针对变量的数据属性，选择适合的相关系数进行测量。表 7 - 15 归纳了如何根据数据属性选择适合的相关分析统计量。

表 7 - 15 数据测量类型与相关系数选择表

		自变量		
		定　类	定　序	定距/定比
因变量	定类	列联表 卡方检验 ϕ、C 系数 τ 系数 λ 系数	列联表 卡方检验 λ 系数	η^2 系数
	定序	列联表 卡方检验 λ 系数	列联表 卡方检验 ρ、G 系数 λ 系数	η^2 系数
	定距/定比			λ 系数

二、回归分析

（一）回归分析的含义

回归分析是根据已知现象对未知现象进行预测的科学方法，它根据大量的调查数据，归纳出变量之间的相互关系的数学模型，建立回归方程，然后根据回归方程进行估计和预测。"回归"这个名词由法兰西·高尔登始创。1985年，高尔登从事人类身高的研究。他发现高个子父母的子女有矮于其父母的趋势，而矮个子父母的子女却往往有高于其父母的趋势。从整个人口范围考察，高个子的人"回归"于人口的平均身高，而矮个子的人则作相反的"回归"。后来这个名词为许多统计学家所沿用。

回归分析按变量变化的表现形式不同，可分为线性回归与非线性回归；按照涉及变量的多少，可以分为简单回归与多元回归。简单回归是指只涉及两个变量之间的回归，多元回归是指两个以上变量之间的回归。本节主要介绍简单线性回归。

（二）回归分析与相关分析的关系

回归分析与相关关系之间有密切的联系。两者研究的现象都具有相关关系。相关分析是回归分析的基础，回归分析则是将变量之间相关关系进行更为准确的刻画。因为回归分析用拟合回归方程的方法表明相关现象之间的数量关系，将相关关系转变为函数关系。广义的相关分析包括回归分析。

同时，回归分析与相关分析存在区别。首先，两者分析的目的不同。相关分析的目的是确定事物之间相关方向及其密切程度，但不能从一个变量的变化估计和预测另一个变量的变化；回归分析的目的是对数据的关系进行函数刻画，达到根据已知数值进行预测的目的。其次，两者的侧重点不同。相关分析侧重于对数据进行描述，而回归分析则侧重于对数据进行推理。再次，两者研究结果的形式不同。相关分析的结果主要是一些相关统计量，相关分析的各个变量之间是并列、对等关系，不需要区别自变量与因变量；回归分析的结果则是拟合出回归模型，其一般以函数方程式出现，同时变量之间要区分自变量与因变量。例如在"年龄"与"收入"的回归分析中，"年龄"是自变量，"收入"是因变量，将两者颠倒过来则没有意义。

（三）进行简单线性回归分析的步骤

简单线性回归分析可以分为三个步骤：相关分析、建立回归方程和进行回归预测。下面结合实例，介绍如何进行简单线性回归。

表 7 – 16　教育程度与年收入表

个　案	年收入（千元）	教育程度（年）	个　案	年收入（千元）	教育程度（年）
1	18	16	6	9	9
2	6	6	7	14	12
3	12	15	8	11	9
4	23	16	9	15	12
5	15	9	10	17	16

1. 相关分析

简单线性回归分析的前提是相关分析，应该首先判定两者之间是否存在相关关系。因此，我们首先作出表 7 – 16 中数据的散点图，如图 7 – 2 所示。

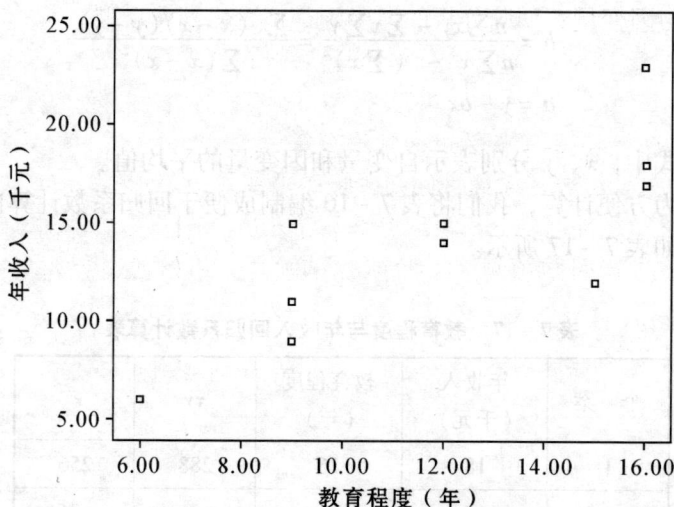

图 7 - 2 教育程度与年收入散点图

观察图 7 - 2 可知，二者之间存在相关关系，经过计算，"年收入"与"教育程度"之间的皮尔逊系数为 0.8。根据以上对数据相关关系的判断可知，对数据可以进行进一步的回归分析。

2. 建立回归方程

简单线性回归分析的关键是建立回归方程。一般用 x 表示自变量，y 表示因变量。简单回归方程的基本形式为：

$$y_e = a + bx$$

式中，y_e 表示 y 的估计值或者预测值；a 表示回归直线的截距，表示当 x 为 0 时 y 的估计值；b 表示回归直线的斜率，即 x 每变动一个单位时 y 的平均变化量，在回归分析中，b 又称为回归系数。

现在的关键是计算 a 与 b 的值，它们的计算公式为：

$$b = \frac{n \sum xy - \sum x \sum y}{n \sum x^2 - (\sum x)^2} = \frac{\sum (x - \bar{x})(y - \bar{y})}{\sum (x - \bar{x})^2}$$
$$a = \bar{y} - b\bar{x}$$

式中，$\bar{x}$、$\bar{y}$ 分别表示自变量和因变量的平均值。

为方便计算，我们将表 7 – 16 编制成便于回归系数计算的表格，如表 7 – 17 所示。

表 7 – 17　教育程度与年收入回归系数计算表

个　案	年收入（千元）	教育程度（年）	xy	x^2
1	18	16	288	256
2	6	6	36	36
3	12	15	180	225
4	23	16	368	256
5	15	9	135	81
6	9	9	81	81
7	14	12	168	144
8	11	9	99	81
9	15	12	180	144
10	17	16	272	256
合　计	140	120	1 807	1 560

将表 7 – 17 的数据代入 b 的计算公式得：

$$b = \frac{10 \times 1\,807 - 120 \times 140}{10 \times 1\,560 - 120^2} = \frac{1\,270}{1\,200} \approx 1.058$$

将 b 代入 $a = \bar{y} - b\bar{x}$ 中（其中 $\bar{x}$、$\bar{y}$ 分别等于 12、14），得：

$a = 14 - 1.058 \times 12 = 1.30$

将 a、b 代入回归方程 $y_e = a + bx$，可得：

$y_e = 1.30 + 1.058x$

回归方程表示，教育每增减一个单位（年），年收入将增减 1.058 个单位（千元）。

3. 进行回归预测

简单线性回归分析的目的是为了实际工作的应用预测。根据回归方程，当自变量取一定的数值时，就可以推算出相应的因变量的预测值。

例如，若受教育程度为 12，那么年收入为：

$y_e = 1.30 + 1.058 \times 12 = 13.996$（千元）

预测值与实际值 14、15 分别相差 0.004（千元）、1.004（千元）。

回归方程可以用于预测。若受教育程度为 17，在其他条件稳定时，预测年收入为：

$y_e = 1.30 + 1.058 \times 17 = 19.286$（千元）

第三节　统计推断

社会调查的目的是希望通过描述样本的情况了解总体的特征和状况，描述性统计只是对样本的情况进行描述，要了解总体的情况必须借助于统计推断，推断总体的情况。统计推断，简单而言就是利用样本的统计值对总体的参数值进行估计。统计推断包括两个方面：一是区间估计，二是假设检验。

一、区间估计

区间估计，就是根据样本的统计值来估计总体参数的可能范围。区间的大小取决于可信度（置信度）的高低。可信度在数学上叫做概率，它所反映的是估计的可靠性或把握性，一般用 P

表示，P 的取值范围为 $0 \leqslant P \leqslant 1$。区间估计的结果可以采取以下的方式表述："有95%的把握认为，农民的年收入在1 524元至1 638元之间。"或者："全省人口中，男性占 $48\% \sim 49\%$ 的可能性为95%。"在同一总体和同一抽样规模的前提下，如果要求的可信度越高，则总体参数的可能范围越大。这个可能的范围叫估计区间，也叫置信区间。

1. 区间估计的一般步骤

（1）确定可信度。在社会统计中，可以根据不同的需要，确定不同的可信度。常用的可信度分别是90%、95%、99%，它们的抽样误差范围可以通过 Z 检验表查得，一般用 $z_{(1-a)}$ 表示，以上三个可信度的抽样误差范围（$z_{(1-a)}$）分别是 ± 1.65 SE、± 2.33 SE、± 2.58 SE。

（2）计算标准误差。

（3）根据样本统计值和标准差确定估计区间。

在社会调查中，一般认为样本超过30，即可看作大样本，这种样本的分布近似正态分布。下面以实例介绍总体平均数、百分比的区间估计。

2. 总体平均数的区间估计

在大样本情况下，总体平均数的区间估计计算公式为：

$$总体平均数估计区间 = \overline{X} \pm z_{(1-a)} \frac{S}{\sqrt{n}}$$

式中，$\overline{X}$ 为样本的平均数；S 为样本的标准差；$z_{(1-a)}$ 为可信度所对应的 Z 值；n 为样本的规模。

例：某市随机抽样400名职工，400个样本的月平均工资是1 256元，标准差为52.3元，可信度为95%，求总体的估计区间。

由上述的总体平均数的区间估计计算公式得：

$$\text{总体平均数估计区间} = \overline{X} \pm z_{(1-a)} \frac{S}{\sqrt{n}} = 1\ 256 \pm 1.96 \times \frac{52.3}{\sqrt{400}} =$$

$1\ 256 \pm 5.13$

所以，总体平均数的估计区间为 $1\ 250.87 \leqslant \overline{X} \leqslant 1\ 261.13$。

从计算的结果可知，该市职工的月收入在 $1\ 250.87$ 元与 $1\ 261.13$ 元之间，这一估计的可信度是 95%。而月收入不在这个范围内的可能性只有 5%。

3. 总体百分比的区间估计

总体百分比的区间估计计算公式为：

$$\text{总体百分比估计区间} = p \pm z_{(1-a)} \sqrt{\frac{p(1-p)}{n}}$$

式中，p 为样本的百分比，n 为样本的规模。

例：对某地区 1998 年参加高考的理科考生随机抽样 100 名，发现有 10 人英语成绩在 650 分以上，如果可信度要求为 95%，求该地区理科考生英语分数在 650 分以上的百分比估计区间。

先求出 $p = \frac{10}{100} = 0.1$，因此，$\sqrt{\frac{p(1-p)}{n}} = \sqrt{\frac{0.1(1-0.1)}{100}}$ $= 0.03$。

代入总体百分比的区间估计计算公式得：

$$\text{总体百分比估计区间} = p \pm z_{(1-a)} \sqrt{\frac{p(1-p)}{n}} = 0.1 \pm 1.96 \times$$

$0.03 = 0.1 \pm 0.059$

因此，总体百分比的估计区间为 $0.041 \leqslant p \leqslant 0.159$。

计算结果表明，该地区理科考生的英语成绩在 650 分以上的百分比估计区间为 4.1% ~ 15.9%，这一个估计的可信度为 95%。

二、假设检验

(一) 假设检验及其相关概念

假设检验,是指先对总体作出某种假设,然后用样本的数据去检验原假设,以决定是接受还是拒绝假设。

进行假设检验一般要设定研究假设与虚无假设。研究假设是经过探索性的研究,根据抽样调查数据而对总体作出的假设,一般用 H_1 表示;虚无假设是与研究假设相对立的假设,它表示所观察到的差异或者在样本中可能存在的变量关系在总体中不存在,一般用 H_0 表示。例如,经初步研究认为,某县农民的年均收入已经超过 3 000 元,这就是研究假设;与此相对应的虚无假设则为该县农民的年均收入少于或等于 3 000 元。

如果结果显示拒绝虚无假设,则意味着样本中存在的变量关系在总体中也存在;如果结果显示接受虚无假设,则意味着总体中不存在样本中观察到的差别或者变量关系。

(二) 假设检验的步骤

假设检验的步骤一般为:①建立研究假设与虚无假设;②根据需要选择适当的显著性水平;③根据样本的数据计算出统计值,并根据显著性水平得到对应的临界值;④将临界值与统计值相比较,判定虚无假设 H_0 能否被接受。

下面以平均数的检验介绍假设检验。

(三) 平均数的检验

对总体单值的平均数检验,一般有两种检验方法:一是 Z 检验,二是 t 检验。在大样本($n \geqslant 30$)的情况下采用 Z 检验,在小样本($n < 30$)的情况下采用 t 检验。

1. Z 检验

大样本 Z 检验的公式为:

$$Z = \frac{\overline{X} - \mu_0}{SEx} = \frac{\overline{X} - \mu_0}{S/\sqrt{n}}$$

式中，$\overline{X}$ 为样本平均数；μ_0 为虚无假设的平均数；S 为样本的标准差；n 为样本容量。

例：对某企业随机抽取 100 名职工进行调查，调查得到样本中职工的平均工资 $\overline{X} = 115$ 元，$S = 43.89$ 元，问该企业职工的月平均工资是否在 110 元以上。

首先，作出研究假设与虚无假设。研究假设 H_1：该企业（总体）月平均工资在 110 元以上；虚无假设 H_0：该企业职工的平均工资为 110 元。

其次，确定显著性水平。显著性水平取 0.05（在社会调查中，显著性水平常取 0.01、0.05）。

再次，根据样本的数据计算出统计值，并根据显著性水平得到对应的临界值。

将 $\overline{X} = 115$ 元，$S = 43.89$ 元，$\mu_0 = 110$ 元，$n = 100$ 代入 Z 检验的公式得：

$$Z = \frac{115 - 110}{43.89/\sqrt{100}} \approx 1.14 \text{ （SE）}$$

因为 H_1 的方向难以判定，故采用双尾检验（否定域在两端）。查正态分布表，当显著性水平等于 0.05 时，显著性水平上的否定域为 $|Z| \geq 1.96$。

最后，将临界值与统计值相比较，判定虚无假设 H_0 能否被接受。因为 $1.14 < 1.96$，所以应当接受虚无假设，否定研究假设 H_1，即该企业职工的平均工资为 110 元。

2. t 检验

小样本 t 检验的公式为：

$$t = \frac{\overline{X} - \mu_0}{SEx} = \frac{\overline{X} - \mu_0}{S/\sqrt{n-1}}$$

式中，$\overline{X}$ 为样本平均数；μ_0 为虚无假设的平均数；S 为样本的标准差；n 为样本容量。

例：某校研究一种新的教学方法的效果。教改前，学生英语平均成绩为70分；教改后，抽取12名学生，经测定样本平均成绩为82分，标准差为12分。如果以0.05的显著水平加以检验，试推断该校总体的英语成绩在教改后有无效果。

由于教改前的英语平均成绩为70分，而教改后样本中的平均成绩为82分，存在差异，现在主要是判断这种差异在总体中是否也存在。因此，研究假设 H_1 应为：在总体中，教改前英语成绩与教改后的成绩存在差异；与此相对应的虚无假设 H_0 应为：在总体中，教改前英语成绩与教改后的成绩不存在差异。

将 $\overline{X} = 82$ 分，$S = 12$ 分，$\mu_0 = 70$ 分，$n = 12$ 代入 t 检验的公式得：

$$t = \frac{\overline{X} - \mu_0}{SEx} = \frac{\overline{X} - \mu_0}{S/\sqrt{n-1}} = \frac{82-70}{12/\sqrt{12-1}} \approx \frac{12}{3.6} \approx 3.33$$

由于未指明 H_1 的方向，因此采用双尾检验，查 t 分布表得：当显著性水平等于0.05时，临界值 $t \geq 2.201$。

因为 $3.33 > 2.201$，所以，可以拒绝虚无假设。结论是该校总体英语教学改革有显著的效果。

第四节　计算机在定量分析中的应用

20世纪50年代，计算机开始应用于社会调查资料的整理分析。计算机的引入是社会科学史上的一场革命。针对数据的处理与分析，目前已经比较成熟地开发出各类数据处理软件，如比较常用的 Excel，比较专业的 SAS、BMPD、S–PLUS，以及界面非常友好、操作相对简单的 SPSS 等软件。计算机在社会科学研究中应用十分广泛，目前，人类不但用计算机对定量数据进行分析，同时，也已经开发出针对于文本等定性资料的处理软件，如 Ethnography、Code–A–Text 等。在社会科学中应用计算机进行辅助研究，已经是大势所趋。这主要是因为计算机在资料处理，尤其是定量资料的处理与分析方面，有许多人工方法所无法比拟的优点。

一、计算机在定量分析中的优点

计算机在定量分析中的优点主要表现在以下五个方面：

（一）处理数据精确

经过一定的预处理之后，计算机可以对调查所得的定量资料进行精确的、复杂的科学计算，只要数据的输入不出错，计算机就能得到精确的处理结果，它可以根据调查者的要求，输出调查者要求精确到的小数点位数。如图 7－3 所示。

（二）处理数据效率高

计算机可以快速、大批量地处理数据。当数据超过几千个，不但求相关系数、回归方程等比较困难，而且计算平均值、累计、方差、标准差等基本统计量的工作量也非常大，而计算机可以在瞬间计算出样本的各类统计量以及总体参数。

图 7－3　用 Excel 求出的精确到小数点后 9 位的 Pearson 相关系数

表 7 - 18　样本超过 1 000 的描述统计（由 SPSS 13.0 统计软件制作）

	N	Range	Minimum	Maxinum	Sum	Mean	Std. Devitation	Variance
AGE OF RESPOND	1 847	67	22	89	88 489	47. 91	16. 334	266. 798
Valid N (listwise)	1 847							

如表 7 - 18 所示，SPSS 统计软件可以快速计算出样本各种基本统计量。表 7 - 18 显示，样本数为 1 847，其中有效数据 1 847，数据的全距是 67；在 1 847 个样本中，年龄最小的是 22，最大的是 89，平均年龄是 47. 91，标准差是 16. 334，方差是 266. 798。

（三）处理结果便于阅读

利用计算机进行处理，可以生成各种各样美观大方的表格与图像。几乎全部的数据处理软件都能自动生成各种图像，例如，在 Excel 中可以生成饼图、柱形图、散点图，在 SPSS 中利用数据整理成的图像则接近 20 种。将原始数据图像化，大大提高了数据的形象性与可阅读性。除此之外，数据处理软件还可以将数据整理成简洁的表格，制作各种复杂的内嵌表格，这极大地提高了数据的浓缩性。如图 7 - 4 所示。

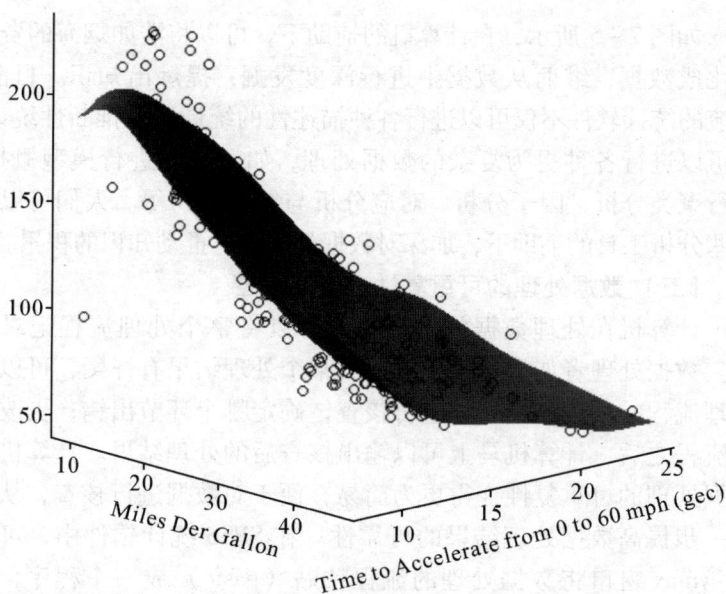

图 7 - 4　三维散点与拟合曲面图（SPSS 13.0 制作）

图 7 - 4 的散点三维图，一目了然地刻画了三个变量之间的关系，而且图中给出了散点图的拟合曲面。通过观察散点图与拟合曲面图，对三个变量之间的关系会有更直观的认识。

（四）数据发掘深化

利用计算机进行辅助研究，可以让数据的发掘深化，有助于知识的提炼。

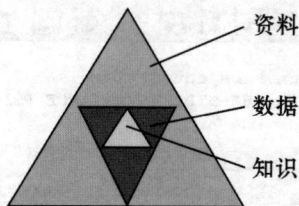

图 7 - 5

如图 7 - 5 所示，在计算机的辅助下，可以将浩如烟海的资料转化成数据，继而从数据中进行深度发掘，提炼出知识。目前，主流的统计软件不仅可以进行各种描述性的统计以及推断性统计，还可以进行各种更为复杂的数据处理，如对数据进行模型概括，进行聚类分析、因子分析、对应分析与结合分析等。人们可以在这些分析工具的辅助下，加深对数据的认识，推动知识的积累。

（五）数据处理的可重复性，便于核查

计算机在处理数据的过程中，可以将整个处理流程记录下来。数据处理者如果对某个数据、某个处理结果有怀疑，可以将处理流程的文档调出来，进行核查，确定哪个环节出错；更改处理流程之后，计算机马上可以输出核查后的处理结果。计算机使数据处理的可重复性变得更为简易，便于对数据进行核查，从而进一步提高数据处理结果的可靠性。在 SPSS 统计软件中，可以在 syntax 窗口将数据处理的流程粘贴（paste）成一个程序，如发现数据处理哪个环节不当，只要根据需要增加、删减或者修改该环节的程序，再运行新的程序，即可输出新的处理结果。而在 SPSS clementine 中，数据处理的流程完全图标化，对流程的记录更为人性化，数据处理人员可以根据需要更改其中环节，输出新的处理结果。如图 7 - 6、图 7 - 7 所示。

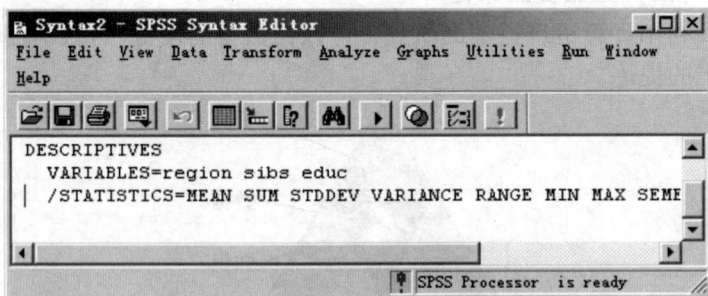

图 7 - 6　SPSS 13.0 syntax 窗口

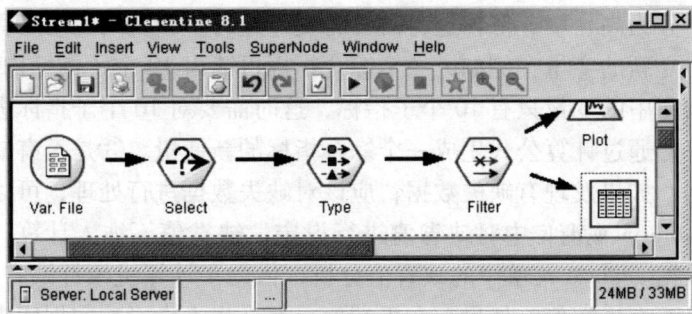

图 7 – 7　SPSS clementine 8.1 中的数据处理流程图

二、计算机定量分析的步骤——以 SPSS 统计软件为例

在 SPSS 统计软件中，定量分析一般有四个步骤：建立数据库、处理数据、分析数据以及整理和保存数据分析报告。

（一）建立数据库

建立数据库是指建立数据文档。它包括定义变量、数据的输入与数据的预分析［数据探索（explore）］。定义变量是指对将要输入的数据的性质进行定义，如变量的名称、数据类型输入的宽度、标签测量方式等。数据的输入有多种方式，既可以在 data view 窗口直接输入数据，也可以输入纯文本格式或者 Excel 表格等，再读入 SPSS 软件。数据的预分析是指对数据进行探索性分析，考察数据是否出现输入的失误，一般用 frequency 或者 explore 子菜单下的命令对数据进行探索，经过数据探索之后，数据得到了进一步的核查。

（二）处理数据

处理数据是指对输入数据库中的数据进行粗加工。一般而言，主要考虑以下四个问题：①是否需要对变量进行重新编码？

例如，家庭收入是一个连续性变量，可以考虑将其转化成次序变量，分为高、中、低，这时需要对变量进行重新编码。②是否需要建立新的变量？例如，一个综合指标可能由 10 个子指标构成，数据库中的变量只有 10 个子指标，这时需要对 10 个子指标进行汇总，通过计算公式生成一个综合指标的新变量。③是否有缺失数据？如果发现有缺失数据，应该对缺失数据进行处理，可以在 variable view 窗口中对缺省值进行设定，缺省值不纳入计算，也可依据 analyze 菜单中的缺省值分析，借助于计算机填补缺省值。④是否有极端值？如果存在极端值，那么将大大影响数据库中数据的真实含义。对极端值可以采用剔除或者将整个数据转变为自然对数等方式予以处理。

（三）分析数据

分析数据是指根据实际的需要对数据进行分析。例如，对数据进行描述性统计、频数统计、卡方检验、方差分析、相关性检验、回归分析、判别分析等。在分析数据的过程中，既可以采用表格的方式输出数据，又可以采用图像的方式对数据进行分析。其具体方式的选择一方面要考虑分析结果的需要，另一方面也要考虑数据分析结果是否符合阅读者的阅读偏好。

（四）整理和保存数据分析报告

数据分析者为了发掘数据的真实含义，可能会对数据进行全面的分析，同时，SPSS 会输出大量的数据分析报告。但并不是全部的分析报告对数据报告的阅读者都有用。因此，要有选择地将有用的报告整理成一个文档，将全部的分析报告整理成另一个文档，以备查用，或者根据数据报告阅读者的实际需要整理分析报告，然后再以不同的文件夹予以保存。

三、计算机辅助定量分析应注意的问题

利用计算机进行辅助定量分析应该注意以下三个问题：

1. 避免出现 GIGO 现象

GIGO 是"Garbage In，Garbage Out"的英文缩写，中文译为"无用输入，无用输出"，是指如果计算机输入不正确的资料，会产生不正确的结果。计算机的优点之一是计算高度精确性，它只能保证计算过程不出错，如果资料本身不正确，那么输出的报告也必然不正确。这要求在进行计算机辅助定量分析的时候，要充分强调输入正确的资料。避免 GIGO 现象出现的方法主要是要充分审核资料本身的正确性，同时数据输入者要认真细致，防止手误。

2. 充分的知识与技能准备

利用计算机进行辅助定量研究涉及三个方面的知识与技能：一是计算机技能；二是统计学知识；三是对资料进行编码的技能。

计算机技能要求分析者要掌握计算机操作系统，掌握统计软件的具体操作。统计学知识是指统计学的相关知识。目前的统计软件如 SPSS 能够输出非常丰富的统计图表，但是，如果分析者缺乏统计学的相关知识，则无法阅读输出的统计图表。对资料进行编码的技能是指如何对数据进行编码的能力。例如调查问卷，一道题目通常被设置为一个变量，但如果是多选题，则有可能将每个选项设置为一个变量。同时，这种对资料进行编码的能力要运用到问卷设计与数据搜集阶段，要体现出先见之明，否则就可能出现尽管采集到大量资料却无法进行编码的情况。

3. 不应过度依赖计算机

根据计算机的输出分析报表，可能会得出和常识相悖的结论。出现这种情况要小心求证，而不能过度依赖计算机，妄下结论。尤其是在缺省值的处理上，因为它有多种的处理方式，具体到实际的定量分析中，选择何种处理方式，往往依赖于分析者在某个学科领域的专业知识素养以及因长期的分析实践形成的技术直觉。从这个意义上说，利用计算机进行定量分析乃是一门艺术，而不是一门机械刻板的技术。

复习与思考

1. 集中趋势可以用哪些统计值描述？
2. 离散趋势可以用哪些统计值描述？
3. 常用的相关系数有哪些？如何根据数据的测量方式适当地选择适用的相关系数？
4. 计算机在辅助定量分析中有哪些优点？计算机辅助定量分析应注意哪些问题？

第八章　定性分析

本章要点

1. 定性分析的功能与一般步骤
2. 定性分析的思维方式
3. 比较思维方式
4. 因果思维方式
5. 结构—功能思维方式
6. 归纳与演绎的思维方式

第一节　定性分析概述

一、定性分析的含义

定性分析，是指运用抽象思维方式，对经过审核整理的调查资料进行思维加工，解释事物的本质与内在联系，形成系统的、理性的认识。定性分析一般又称为理论分析。

定性分析有以下三个特征：①定性分析是对客观事物本质和内在联系的认识，而不是对客观事物的现象和外在联系的认识；②定性分析所得到的对事物的认识是一种理性的认识，是借助概念、判断和推理的形式作出的判断；③定性分析得到的认识是系统的认识，而不是零碎的、杂乱的认识。

社会调查一般从感性认识入手研究社会现象，其最终的目的是通过对事物表象和外部联系的研究，揭示社会现象背后的规律。社会调查能否达到这样的目的，关键在于是否能够进行有效的定性分析。无论是对定量资料的分析，还是对定性资料的分析，其最终都要归结于定性的结论，因此，定性分析在社会调查中具有非同寻常的意义。

二、定性分析的功能

定性分析在社会调查中，主要有以下四个方面的功能：

1. 有助于充分理解数据的真实含义

在社会调查中，仅仅只是通过对数据本身的描述，很难看出事物的变化规律。通过定性分析，如通过对数据的纵向的历史比较分析，可以看出数据的真实含义。

2. 有助于揭示事物的本质

在社会调查中所获得的原始资料通常是分散的、不系统的，在没有经过分析之前，它们只是一堆零碎的资料。定性分析的功能之一就是对原始资料之间的逻辑关系进行梳理，找出资料之间的本质的联系。

3. 有助于调查结论的理论提升

结论是调查的最终结果，在社会调查中，无论采用何种理论框架或者理论视野，最终都要归结于定性结论；而如果在得出结论之前没有进行必要的定性分析，那么，调查的结果就难以上升到理论的高度。

4. 有助于评价调查成果

在调查完成之后，调查者会对整个调查过程进行必要的反思，进行反思的前提是对社会调查的成果进行评价。此项社会调查在理论上有哪些突破？有哪些应用价值？有哪些不足？这些问题都是对社会调查本身的定性评价，这些定性评价必须借助于定性分析的过程才能完成。

三、定性分析的一般步骤

（一）进行定性分析准备

1. 全面掌握调查所得的各种资料

所有定性分析都是建立在对全部调查资料全面掌握、了解基础之上的，这是所有定性分析的基本前提条件。因此，定性分析的第一步是浏览各种形式文献与整理出来的报表。进行阅读时应注意批判性阅读。应该有意识地进行提问：作者是谁？作者的立场是什么？作者有哪些偏见？文献是什么时候产生的？为什么要产生这一文献？它是如何产生的？为了什么目的？文献产生的背景是什么？它的基本假定是什么？等等。

2. 理论知识准备

定性分析要求研究人员有比较好的理论直觉。一般而言，理论直觉来自研究人员长时间的研究经验的一种积淀。当研究人员对正在调查的项目了解不深时，其应该有意识地、有针对性地通过阅读调查资料做好理论准备。

（二）制订定性分析的方案

定性分析的方案包括分析的目标与定性分析的思维方式等。定性分析的目标是在总体上把握资料之后，分析者在形成总体印象前提下得到对资料的总体判断：根据资料能分析什么？能得到什么结论？分析有何意义？定性分析的思维方式包括比较的思维方式、因果链条的思维方式、系统的思维方式、归纳与演绎的思维方式以及直觉与猜想等。

（三）实施定性分析

1. 检验与分析

社会调查一般是在一定的理论框架下进行收集资料，在定性分析阶段，必须对调查方案所提出的理论框架进行检验。在检验分析阶段，要注意将调查方案的理论框架与既定的定性分析方式相结合。如果原有的理论框架被"证实"，那么，应该对此项社会调查的理论有何推进进行评价。如果理论被"证伪"，那么，应该分析为什么被"证伪"，是案例选择或文献的搜集不具有典型意义，还是资料整理与分析的过程存在问题？

2. 得出结论

经过检验与分析之后，一个社会调查的各个部分都可能已经得出一些局部结论，社会调查最终成果的呈现方式是一个总体性的结论，所以，在进行检验与分析之后，有必要对所有的小结论进行"通盘式"思考，其目的在于将各个部分的理性认识综合起来，形成完整、统一的具有内在逻辑自洽性的定性结论。

3. 解释研究成果

在解释研究成果之前，首先要对社会调查的性质进行定性，即它是理论检验性的社会调查，还是应用对策性的社会调查。如果是理论检验性的社会调查，在解释研究成果时，重点在于具体说明该项社会调查在理论上有何突破，解决了哪些方面的理论问题，还有哪些问题值得进一步研究。如果是应用对策性的社会调查，则重点解释被调查的社会现象产生的原因，产生该社会现象的内在机理，如何解决问题，有哪些切实可行的建议。在解释研究成果时，切忌对研究的成果定位不清，驴象不分。

第二节　定性分析的思维方式

定性分析的思维方式有很多种，一般根据社会调查对象的性质以及调查的取向选择不同的思维方式。常用的思维方式有：比较分析的思维方式、因果链条的思维方式、系统的思维方式、"结构—功能"的思维方式、归纳与演绎的思维方式、直觉与猜想的思维方式、矛盾辩证的思维方式、动态—静态的思维方式、现象与本质的思维方式等。这些思维方式之间有重合与交叉，下面主要介绍比较分析的思维方式、因果链条的思维方式、"结构—功能"的思维方式、归纳与演绎的思维方式四种方式。

一、比较分析的思维方式

（一）比较分析的思维方式的含义

比较分析的思维方式，是确定认识对象之间差异点和相同点的逻辑思维方式。在对调查资料的定性分析中，当需要通过比较两个或两个以上事物或者对象的异同来达到对某事物的认识时，就需要采用比较分析的思维方式。可以说，比较分析的思维方式是人类最基础的一种理性思维方式，它也是在定性分析中应用最广泛的思维方式。

（二）比较分析的思维方式的种类

比较分析的思维方式可分为两大类：一是事实之间比较的思维方式；二是理论与事实比较的思维方式。

1. 事实之间比较的思维方式

事实之间比较又可分为两类：一是基于时间维度的历时性比较；二是基于空间维度的共时性比较。

（1）历时性比较的思维方式，又称纵向比较，就是根据社会调查对象在不同时期的具体特点进行比较。例如，对我国政府不同历史时期的农村支农政策特点进行比较，对不同年份农民的人均年收入、人均年收入的增长率进行比较。

（2）共时性比较的思维方式，又称横向比较，就是在同一时间段的前提下，对不同的对象进行比较的思维方式。它既可以是同类对象之间的比较，也可以是不同类事物以及同一事物不同方面之间的比较。例如，对 1979—1986 年各个不同省份的农民实际收入进行的比较、对城市居民与农民收入的比较以及农民实际收入与名义收入的比较，就是共时性的比较。

2. 理论与事实比较的思维方式

理论与事实比较，就是把某种理论观点与客观事实进行比较的方法。理论与事实比较的思维方式可能是社会调查中应用最为广泛的思维方式。几乎所有的社会调查都是在一定的理论框架的指导下进行资料的收集，因此，几乎所有的社会调查都可以通过理论与事实的比较去检验理论，得出结论。下面结合实例对这种方法进行解释。

比较分析实例

城中村治理结构的变迁研究

——以广州市×××村为个案的经验考察

研究城中村的治理结构，我们构造了"国家—社会"的二维图（见图 8-1），从两个维度对权力的结构进行解析：一是权力的国家化组织程度（图中的 Y 轴），二是权力的社会化组织程度（图中的 X 轴）。

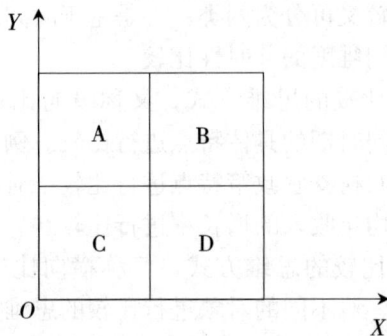

图 8-1 城中村治理结构假设图

区域 A 表示国家权力主导；

区域 B 表示社会与国家双强时期；

区域 C 表示社会与国家双弱时期；

区域 D 表示权力组织的社会化时期。

经过个案的经验研究，我们基本证实了理论假设，城中村的权力结构在历史过程中大致出现了三个阶段性特征：第一阶段：1949 年之前，村庄的权力结构主要处在区域 D，其特征是国家权力的组织化程度低，社会权力的组织化程度高，村庄主要依靠村庄中的大姓大族维持村庄的秩序。第二阶段：1949 年至人民公社结束时期，村庄的权力结构主要位于区域 A，其特征是国家的权力渗透到村庄，这一时期权力的国家组织化程度占有压倒性的优势。第三阶段：改革开放以来至现在，村庄的权力结构主要位于区域 B，其特征是国家权力的组织化程度与社会的组织化程度呈双强局面，一方面国家的组织化程度比第二阶段有所降低，另一方面社会组织开始复苏，包括旧的血缘家族组织的出现以及市场经济引入之后，利益性、自律性组织开始出现。

（三）应用比较分析思维方式应注意的问题

1. 准确定位比较分析的类型

进行比较分析较易犯的一个错误是对比较分析的定位不清楚。例如，用理论与事实比较的思维方式，对事实与事实进行比较，结果在比较过程中掺和主观因素；用历时性的数据进行共时性的比较，得出错误的结论。

2. 制定统一科学的比较标准

在进行事实与事实之间的比较时，标准不统一，就无法进行比较；没有科学、正确的标准，就不可能进行合乎客观事实的比较。例如，对中国与美国的国民人均收入进行比较，如果只按照汇率进行换算而不考虑人民币的实际购买力与美元的实际购买力的比较，得出的结论可能不符合客观事实。

3. 设定比较框架

人在认识事物的时候总会选择一定的视角，视角就是理论的观察角度。人只有借助于一定的视角才能认识事物，因此，在进行比较时也必须有一定的视角。在理论与事实之间进行系统的比较，要求调查者设定一定的理论观察角度；即使是对象与对象之间的比较，也需要有比较的理论框架。例如，对两个城市的文化，就可以采用价值观念、心理习惯、制度文化、物质文化的理论框架进行比较。之所以要求调查研究者进行定性比较分析应有一定的比较框架，是因为比较框架不但有助于定性分析，而且为资料收集的方向提供了指引。

二、因果链条的思维方式

（一）因果链条思维方式的含义

因果链条思维方式，是探求事物前后发展或者前后现象之间的必然性或者概然性联系的思维方式，是一种逻辑推理方式。例如，我们认为"现象 A 导致了现象 Z"，这就是一个因果关系的判断，但是它必须满足以下三个条件：① 在时间上，A 发生在前，Z 发生在后；② 在时间和空间上，A 和 Z 是相互邻近的；③ A 和 Z 总是同时出现。除此之外，因果关系应当区别于相关关系。例如，儿童鞋子的尺码与其识字能力有正相关关系，鞋的尺码越大，识字能力越强。但显然，鞋的尺码与识字能力之间不是因果关系。在这个例子中，第三个变量是年龄，年龄越大，鞋的尺码越大，识字能力当然也越强。因此，我们必须注意，相关关系不一定等于因果关系。

（二）因果关系类型

按照原因与结果联系的紧密程度，可以将因果关系分为直接因果关系和间接因果关系。按照原因与结果数量关系，可以分为一因一果、多因一果和多因多果。按照原因在结果中的作用进行区分，可以将因果关系分为主要因果关系与次要因果关系。从因果关系的本质而言，因果关系的本质是事物发生（结果）的条件（原因），因此，因果关系乃是一种条件概论关系。

（三）因果链条思维方式的工具——因果链条图

进行因果关系的理论分析，可以采用因果链条的思维方式。因果链条图又称为路径图，最早出现于 20 世纪 20 年代统计学分析中，50年代风行于经济学与社会学的研究。

一般而言，因果链条图包括自变量、因变量、中间变量、条件变量、因果联系符号等五个要素。

自变量是路径图或解释性理论中作为原因的现象。

因变量是路径图或解释性理论中作为结果的现象。

中间变量是因果路径图中作为中间现象的变量，它由自变量引起，并引发因变量。

条件变量是构成前提条件的变量，它制约着自变量或中间变量对因变量和其他变量的影响程度。

因果链条图就是用以上元素进行表示，并用图示的方式对某一事物发生的因果关系进行描述。如图8－2所示。

$$A \Longrightarrow q \Longrightarrow r \Longrightarrow B$$

图8－2 简单的单因果链条图

在图8－2中，A是自变量，B是因变量，q和r是中间变量，它们事实上是A如何引起B的一种机制性的解释。

我们还可以加上条件变量，它可以通过倍数符号"×"来表示。如图8－3中的C就是一个条件变量，它表示A对q的影响随着C的变化而变化。如果C增大，那么A对q的影响也增大；如果C减小，那么A对q的影响也减小。如图8－3所示。

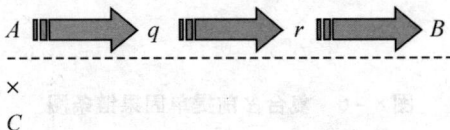

$$A \Longrightarrow q \Longrightarrow r \Longrightarrow B$$
$$\times$$
$$C$$

图8－3 单前提单因果链条图

这样的例子，又如图 8-4 所示。

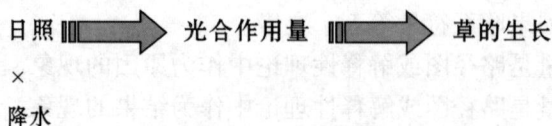

日照 ➡️ 光合作用量 ➡️ 草的生长
×
降水

图 8-4　简单的单前提单因果链条图实例

图 8-4 只是最简单的因果链条图。我们还可以对自变量 A 进行进一步的扩展与挖掘，即挖掘出 A 更深层次的原因，这对社会调查中的深度个案研究非常有用。我们可以用 Y 和 Z 表示造成 A 的原因，如图 8-5 所示。

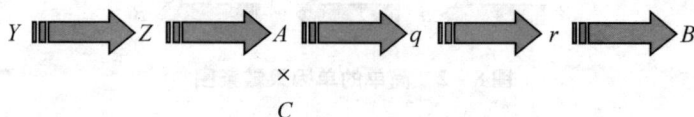

Y ➡️ Z ➡️ A ➡️ q ➡️ r ➡️ B
×
C

图 8-5　改进的单前提单因果链条图

我们也可以探求更多的前提条件，如图 8-6 所示。

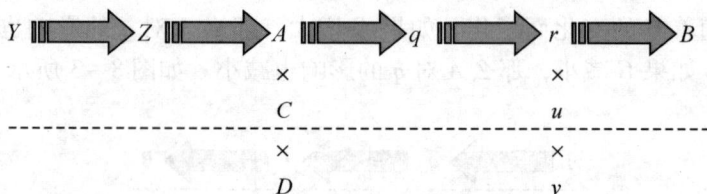

Y ➡️ Z ➡️ A ➡️ q ➡️ r ➡️ B
× ×
C u

× ×
D v

图 8-6　复合多前提单因果链条图

在原因变量与结果变量之间的因果链条上，可以增加更多的路径。例如，我们可以在 A 和 B 之间的关系上增加两个因果链条（通过 f 和 g 两个中间变量），如图8－7所示。

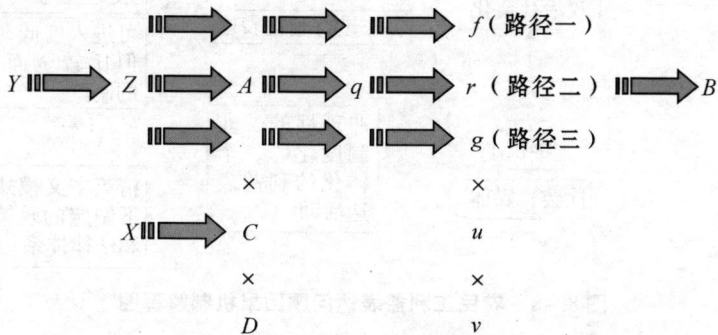

图8－7　复合多前提多因果链条图

图8－7中，原因变量 A 可以通过路径一（以 f 为中间变量），也可以通过路径二（以 r 为中间变量）或路径三（以 g 为中间变量）演变成结果变量 B。

因果链条分析实例

农民工非理性利益表达的原因探讨

在现实世界中，我们可以观察到农民工通过自残、自杀、爬塔楼等非理性的方式进行讨薪或者其他利益的表达。经过调查，农民工选择非理性方式表达自己利益的因果发生机制如图8－8所示。

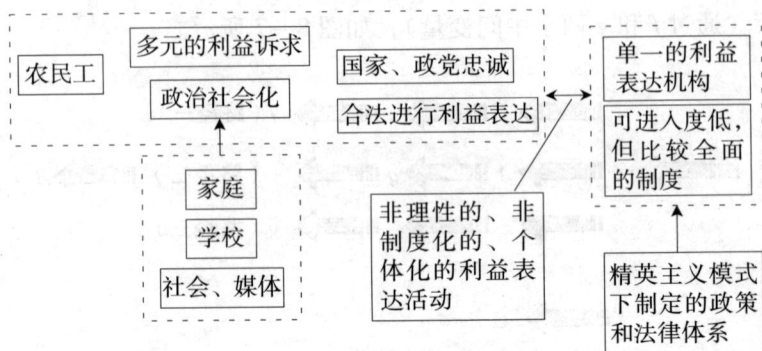

图 8-8 农民工利益表达问题因果机制解释图

三、"结构—功能"的思维方式

（一）"结构—功能"思维方式的含义

"结构—功能"的思维方式，有时也称为系统思维方式，是由实证主义的早期提出者孔德与斯宾塞的观点衍生出来的一种思维方式：任何一个社会实体或者社会现象，不论其是一个社会组织或者是一个社会事件，都处于有机联系之中；一个社会组织或社会事件都由不同的部分组成，对于整个系统的运作而言，每一个部分都有功用。运用"结构—功能"思维方式理解一个组织或者一个事件，意味着必须将其重新置入组织或事件所在的系统进行考察。

结构，就是构成事物的各个要素所固有的相对稳定的组织方式或联结方式。功能，是指构成事物的各个要素之间所发生的相互作用与影响。"结构—功能"思维方式的具体运用，就是通过考察事物的结构和功能来认识事物与分析事物。

例如，人身体的每个部分（如心、肺、肾、皮肤和大脑等）都各司其职。除非每个部分都发挥作用，否则一个人将无法存活。同时，每个部分脱离了人体也无法存在。

（二）"结构—功能"思维方式的步骤

"结构—功能"思维方式可以按照以下的步骤进行：

1. "结构—功能"概况描述

它是指分析任何一个社会组织或者社会事件时，应该首先明确构成社会组织或者社会事件结构和功能的承担者。例如，阿尔蒙德在分析政府的结构与功能时，首先将政府划分为行政领导部门、议会、官僚机构这三个部分。

2. "结构—功能"的结构分析

在确定事物系统的概况之后，接着就是对构成系统的各个部分进行结构分析，因为事物各个因素之间的相互作用模式是相对稳定的，构成一个事件中的人物角色也是相对固定的，这意味着事物的结构具有稳定性、有序性与可识别性，因此，可以通过对事物结构的描述来认识事物。例如，我们可以通过分析企业的组织结构的方式来了解企业。按照企业内部的角色配置，企业的组织方式有直线制、职能制、直线职能制、H 型组织结构、M 型组织结构、矩阵制组织结构与多维立体组织结构等。

3. "结构—功能"的功能分析

事物的功能分析包括两个方面，一是事物的内部功能分析，二是事物的外部功能分析。事物的内部功能分析是指构成事物各个要素各自作用的分析。其主要包括以下几个方面：要素产生了哪些具体的作用？要素是怎么产生这些作用的？其内在的机理是怎样的？要素所产生的作用对事物整个系统有什么意义与价值？事物的外部功能分析是指将要研究的对象与现象视为一个"黑箱"，将其重新置入一个更大的系统之中，考察其对这个更大系统的作用与影响。其主要包括以下几个方面：将研究对象视为大系统中的子系统，考察其在大系统中的作用；分析研究对象是如何与大系统中的其他子系统发生作用的；研究对象的功能是正功能还是负功能，是长期功能还是短期功能，是明显功能还是潜在功能等。

"结构—功能"分析实例

阿尔蒙德的政府行政领导部门"结构—功能"
分析若干国家政治行政领导的类型（结构分析）

表 8－1　若干国家政治行政领导的类型表

实职的	虚职的
个人的	
美国总统	瑞典国王
瑞典总统	西德总统
西德总理	英国女王
英国首相	日本天皇
苏共中央总书记	苏联最高苏维埃主席
墨西哥总统	印度总统
印度总理	
坦桑尼亚总统	
伊朗国王	
集体的	
英国内阁	英国王室
日本内阁	苏联最高苏维埃主席团
苏联共产党政治局	
中国共产党政治局	
瑞士联邦委员会	

政治行政领导的功能分析：

（1）政治行政领导通常执行重要的体系功能。

（2）政治行政领导在录用中的作用显然是重要的。

（3）政治领导部门在政治交流中发挥着中心的作用，而其中的最高领导人则起着关键性的作用。

（4）政治行政领导在执行功能过程中具有决定性的意义。

（三）运用"结构—功能"思维方式应注意的问题

1. 尽可能掌握研究对象的相关细节

运用"结构—功能"思维方式的前提是要掌握尽可能多的细节，无论是进行结构分析还是功能分析，都要尽可能地掌握细节，因为关键性的细节将影响对结构或者功能的定性，关键性细节的缺失将可能导致截然不同的判断。

2. 尽可能保持温和的价值中立

在进行结构分析时，保持价值中立是容易的，因为结构分析主要是对研究对象进行描述；而进行功能分析时，保持价值中立则比较困难，因为涉及功能价值评价时，将引用研究者本人的价值标准。"结构—功能"思维方式经常为人所诟病的是，研究者对社会现象的解释是为既得利益者辩护。例如，要从社会功能的角度说明歧视问题，就是放任歧视的继续存在，因此，忽视对社会及其病症的研究且缺乏社会使命感，无疑使研究变得没有意义。一方面，运用"结构—功能"思维方式要求研究者在研究开始的时候要有价值立场；另一方面，在研究的过程中又要警惕价值渗入，防止扭曲事实。

3. 尽可能与比较分析的思维方式联用

纯粹地运用"结构—功能"思维方式得到的结论将很难得出研究的意义，同时也很难理解研究的结果。因此，在运用"结构—功能"的思维方式时，要尽可能地与比较分析的思维方式联用，只有通过横向的空间比较与纵向的时间序列的比较，才能真正赋予研究对象以意义。

四、归纳与演绎的思维方式

（一）归纳的思维方式

归纳的思维方式是从个别出发以达到一般性，发现一种模式，在一定程度上代表所有给定事件的秩序。根据归纳对象的不同特点，归纳法可分为完全归纳和不完全归纳。在社会科学中，应用最为广泛的是约翰·斯图亚特·穆勒的"五法"推理的思维方式。下面介绍这五种归纳思维方式：

1. 求同

求同的归纳模式是：如果在所研究的现象出现两个或两个以上的实例中，只有一个是共同的，那么，这个共同情况可以归纳为这种现象出现的原因。其分析模式如表8-2所示。

表8-2　求同法模式表

实　例	先前事项	被研究的现象
1	A, B, C	a, b, c
2	A, B, E	a, b, c
3	A, C, E	a, b, c
⋮	⋮	⋮
n	A	a

因此，A 可以被归纳为 a 的原因，因为观察到的凡是出现 A 的实例中都出现了现象 a。

2. 察异

察异的归纳模式是：如果在所研究的现象出现的实例中，只有一点不同，即在一个实例中有某种情况发生，但在另一个实例中这种情况又不发生，那么，这种情况可以被归纳为被研究对象的原因。其分析模式如表8-3所示。

表8-3　察异法模式表

实　例	先前事项	被研究的现象
1	A, B, C	a, b, c
2	B, E	b, c

因此，A 可以被归纳为 a 的原因，因为在观察到的实例中，凡是有 A 的情况就有 a，凡是没有 A 的情况就没有 a。

3. 求同察异

求同察异的归纳模式是：如果在所研究现象出现的几个实例中，都存在一种共同的情况，而在所研究的现象不出现的几个实例中，都没有出现这种情况，那么，这种情况可以归纳为所研究现象的原因。其分析模式如表 8-4 所示。

表 8-4　求同察异法模式表

实　例	先前事项	被研究的现象
1	A, B, C	a, b, c
2	A, D, E	a, d, e
3	B, M, N	b, m, n
4	D, O, P	d, o, p

因此，A 可以被归纳为 a 的原因，因为在观察到的实例中，凡是有 A 的情况就有 a，凡是没有 A 的情况就没有 a。

4. 共变

共变的归纳模式是：如果每当某一现象发生一定程度的变化时，另一现象也随之发生一定程度的变化，那么，前一个现象可以归纳为后一个现象的原因。其分析模式如表 8-5 所示。

表 8-5　共变法模式表

实　例	先前事项	被研究的现象
1	A_1, B, C	a_1, b, c
2	A_2, B, C	a_2, b, c
3	A_3, B, C	a_3, b, c

因此，A 可以归纳为 a 的原因，因为在观察到的实例中，当先前事项中的 A 变成 A_1、A_2 和 A_3 时，被研究的现象中都相应地出现 a_1、a_2 和 a_3，而其他条件都没有变化。

5. 剩余

剩余的归纳模式是：如果已知某一复合现象是另一复合现象的原因，同时又知前一现象是后一现象中某一部分的原因，那么，前一现象的其余部分可能是后一现象的其余部分的原因。其分析模式如表 8-6 所示。

表 8-6 剩余法模式表

实 例	先前事项	被研究的现象
1	A, B, C	a, b, c
2	B	b
3	C	c

因此，A 可以归纳为 a 的原因，因为在观察到的实例中，只有当先前事项中有 A 时，被研究的现象中才有 a。

"穆勒五法"是归纳法中更为复杂的形式，它所得出的结论都只具有或然性，不能据以认定最终归纳出的先前事项与被研究现象之间就一定存在着因果必然性关系。所以，只能把"穆勒五法"视为探求现象之间的或然性的"因应关系"的技术性方法，而不能视为探求因果必然性的方法。

（二）演绎的思维方式

演绎的思维方式，是从一般性的前提推出个别性结论的逻辑思维方式。演绎的思维方式分为三个步骤：一是确立演绎的公理或基本的假定，二是从公理或者基本的假定推出个别性的结论，三是运用观察检验个别性结论的真实性。

例如，通过演绎推理解释以下命题：

在其他条件不变的情况下，人们宁可对同辈团体的成员行窃，而不愿对外人行窃。

首先，假定窃贼希望最大化自己的相对财富，他会想一下对同辈团体（也就是拿来和自己相比较的一群人）或外人下手，哪一个更容易达到目的。不论对谁下手，偷窃会增加"实际的所有物"，但是"比较性的所有物"则不同。因为如果对同辈团体下手，可以减少其他成员的所有物，而相对增加他自己的所有物。假设团体中只有两个人，并假设各自有100元。如果偷窃者从外人身上偷了50元，偷窃者的相对财富增加50%，偷窃者与团体中另一个人财富的比例为150：100。而如果偷窃者从团体中的另一个人直接偷走50元，那么偷窃者的财富就会增加200%：偷窃者有150元，而团体中另一成员由于被窃走50元，只剩50元。因此，对同辈团体行窃最能达到偷窃者增加财富的目的。

以上只是基于假设的演绎，它通过演绎的推理解释了为什么"在其他条件不变的情况下，人们宁可对同辈团体的成员行窃，而不愿对外人行窃"，至于这个结论是否真实，则必须借助经验世界中的观察予以验证。

在社会调查中，演绎的思维方式一般在两种情况下运用：一种是在调查尚未开始的时候，需要对研究的问题提出研究假设，提出各种概念，并将概念转化为变量，发展出一系列的操作性定义的时候需要采用演绎的思维方式；另一种是在完成资料的归纳整理之后，需要进行一般阐明与深化研究结论，这时候也需要采用演绎的思维方式。

（三）归纳与演绎的关系

在理论分析的过程中，归纳与演绎是两种互相对立，又相互联系的思维方式。一般而言，社会调查的目的是更真实地了解社会真相或者认识社会规律，这需要对复杂的经验世界进行简化，而归纳的思维方式是简化经验世界的有力工具，因此，归纳是认识的基础。演绎则是从归纳中得到的认识，进一步推论尚未观察的经验的大致情况；演绎是从"为什么"推演到"是否"，从已知推论到未知。

归纳与演绎都是达到科学认识的有效途径，这两者的结合可以让人们寻求对事物更有力、更完整的理解。如图8-9所示。

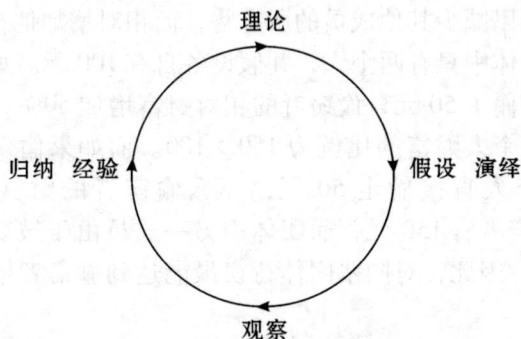

理论

归纳　经验　　　　　　　　　假设　演绎

观察

图8-9　归纳与演绎循环图

但是，归纳与演绎在社会调查中的具体运用步骤则不同。
归纳法的步骤如图8-10所示。

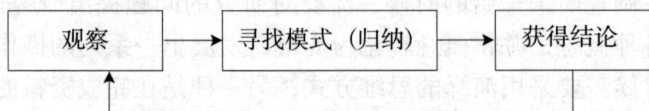

观察　→　寻找模式（归纳）　→　获得结论

图8-10　归纳法步骤图

演绎法的步骤如图 8-11 所示。

```
┌─────────────┐     ┌─────────┐     ┌──────────────────┐
│ 假设（演绎）│ ──→ │ 观  察  │ ──→ │ 接受或拒绝假设    │
└─────────────┘     └─────────┘     └──────────────────┘
       ↑
```

图 8-11　演绎法步骤图

从图 8-10、图 8-11 可以看出，运用归纳或者演绎的思维方式的步骤存在差异性。运用归纳的思维方式，要求首先进行观察，再对观察的现象进行归纳，之后获得结论；而运用演绎的思维方式，则要求研究者首先必须在社会调查开始前，通过演绎的方法得到待验证的框架，之后进行观察，最后通过比较观察与假设的差异得到结论。因此，社会调查者是采用归纳的思维方式还是演绎的思维方式，要求在整个调查未开始之前要有通盘的考虑。

在社会调查中进行理论分析大致有三个层次：一是未经过任何思维方式训练，最粗糙的分析；二是经过思维方式训练，有运用思维方式的自觉，能适当地选择思维方式进行理论分析；三是对思维方式的运用达到融会贯通，不机械地套用思维方式进行理论分析，而是利用直觉与猜想进行理论分析。第三个层次的理论分析已经是一种研究的艺术，而不仅是一种科学，所谓"运用之妙，存乎一心"，这需要社会调查的研究者不断地积累丰富的研究经验和不断地对研究实践进行反省。

复习与思考

1. 定性分析有哪些功能？它的一般步骤是怎样的？
2. 定性分析有哪些思维方式？

3. 应用比较分析的思维方式应注意哪些问题？

4. 应用"结构—功能"的思维方式应注意哪些问题？

5. 归纳的思维方式具体有哪些？

6. 归纳的思维方式与演绎的思维方式的步骤有哪些不同？

第九章　调查报告的撰写

本章要点

1. 调查报告的特点和基本格式
2. 调查报告的写作程序和技巧

第一节　调查报告概述

一、调查报告的含义

调查报告是一种常用的以叙事为主的应用文体。它是根据调查研究所得到的材料，经整理、研究，用以反映实际情况、总结调研成果的一种书面报告，属于公文中的说明性文体。但它又不同于一般的公文应用文体和一般的新闻体裁，而有其自身的许多特点。

要写好调查报告，必须要了解调查报告的社会作用、一般特点和主要类型，在此基础上掌握调查报告的格式、结构和写法。

二、调查报告的作用

（一）参考作用

调查报告犹如一面镜子，能从不同的侧面和角度真实地反映社会情况和存在的问题。犹如摄影师的照相机，利用它可如实地将社会现象记录下来，透过它可以窥见社会现象的发展变化及其本质。作为内部参考资料，调查报告可以在单位或部门之间沟通情况、交流经验；而作为研究成果公开发表时，调查报告中具有普遍意义的经验、教训及所揭示的问题和规律将会更有力地作用于有关单位和部门，并将由于社会性的传播而在更大范围内发挥作用。除了普遍的参考作用外，在进行具体决策时，调查报告可以作为决策的参考依据。因为正确的决策单凭以往的经验方法是远远不够的，科学决策的前提是深入实际、调查研究，了解新情况、发现新问题、总结新经验，所以，正确的政策和措施总是植根于社会实际，来源于及时、深入的调查研究。对于政策的制定者和实施者，正可通过调查报告这一"窗口"观察社会、发现问题，作为决策依据。

（二）桥梁作用

调查报告对有关部门情况的沟通、经验的交流可以起到促进作用；而当报告所反映的现象和问题、所提供的经验和教训具有普遍意义时，调查报告就成了社会舆论的一种反映形式。由于调查报告来源于具体、细致的调查，来源于基层实际，因而能真实地反映大众愿望，体现社情民意，这就在党和政府同人民群众之间架起了一座沟通的桥梁，有利于党和政府同人民群众保持密切的联系。

（三）警示作用

调查报告常常反映被人忽视的现象，揭露不为人知的问题，对问题、隐患或失误进行披露，对社会有一种警示作用。特别是揭露社会生活的阴暗面、消极面的调查报告，往往是根据某些线索和迹象，在认真、客观地分析调查研究材料的基础上，总结出具有说服力的数据，以确凿的事实得出发人深省的结论，不但指出问题的严重性、危害性，有时还提出解决问题的建议和具体方法，有助于采取措施解决、消除隐患或纠正失误。特别是公开发表的调查报告，其警示作用更为明显。如果由报刊等新闻媒介加以传播，解决问题、消除隐患和纠正失误的过程还会得到社会舆论的监督。

（四）教育作用

调查报告也是对广大人民群众进行思想政治教育的生动材料。由于调查报告是以事实说话，数据具体，叙述客观，因而具有不可争辩的说服力。以大量翔实材料反映社会面貌和人的精神风貌的巨大变化的调查报告，能给人以希望和力量，催人奋进；介绍某些典型经验和先进人物的调查报告，给人以启发；揭露问题和指出隐患的调查报告，发人深省；而阐述事物发生、发展的全过程，介绍带有一定普遍意义的重大活动的调查报告，则可用于指导当前的工作，在较大层面上提高人们的认识。

三、调查报告的特点

（一）求实性

调查报告建立在大量事实材料的基础上，用事实说话，这是调查报告的一大特点。它既不用抒情的描写去感染人，也不用纯理论的思辨去说服人，而是在对调查所得材料进行分析、概括的基础上，通过大量的数据以及事实材料来说明具体问题并促进问题的解决。调查报告的内容必须是真实的、具体的、准确的，而不是虚假的、笼统的、抽象的、含糊不清的，更不能歪曲事实。如果调查报告的材料不能真实地反映客观事实，或事实不具体、数据不准确，那么，调查报告的作用就会大打折扣甚至作用尽失。

（二）针对性

针对性，是指调查报告要目的明确，做到有的放矢。

首先，要明确调查报告的目的。任何调查报告都是以解决一定的理论问题或现实问题为目的的，必须紧紧围绕这个中心，不能泛泛而谈，要针对某一思想倾向、某一具体事件或实际问题。如要反映、解决什么问题？是理论问题还是现实问题？褒扬、赞成什么？贬抑、反对什么？必须向读者交代清楚。这要求调查研究人员在撰写调查报告时要有明确的指导思想。其次，调查报告的针对性也表现在它必须有明确的读者对象：是面向上级、同级部门、科研工作者还是面向群众？领导、决策机关和职能部门非常关心社会动态，希望听取对现行政策的意见和评价，希望从报告中得到决策的依据，最欢迎针对性强的建议；科研工作者主要关心社会现象的原因和发展趋势，对原有理论的充实和突破较感兴趣；群众一般主要关心正在发生的社会变化，特别是与切身利益有关的问题，希望得到有说服力的解释。针对不同的读者，调查报告的目的、内容、侧重点以及表述形式亦不同。

（三）创新性

调查报告应该用真实可靠的事实，说明新的观点，形成新的结论，而不是叙述人们已了解的事实，提出陈旧落后的观点，形成众所周知的结论。调查报告必须选用新颖生动的材料，才能表现出新鲜活泼的内容，才能吸引人、激励人。因此，报告的作者要善于观察新事物，研究、分析新问题。应在发现了新事物、确立了新课题以后，选择比较新的角度去说明问题。只有这样得出的调查结论，才能达到提高人们认识、指导人们行动的目的。

（四）时效性

调查报告要回答现实问题，就必须讲求时间效果。如果调查报告延误了时间、错过了时机，不能及时回答人们迫切需要了解的问题，成了"马后炮"，那么，调查报告就会失去应有的社会意义。

四、调查报告的类型

（一）根据调查课题的目的不同，可分为学术性调查报告和应用性调查报告

1. 学术性调查报告

学术性调查报告是以学术研究为目标而撰写的报告。其目的是得出证明或补充质疑某个学术理论观点或揭示事物的本质及其

发展规律。这类报告最突出的特点是科学研究性，对所有研究的问题力求运用科学理论去理解、分析，从所研究分析的事物或现象中揭示矛盾、探索规律，一般不就实际工作提具体建议。这类调查报告往往要交代收集资料的方法，以证明调查资料的有效性和可靠性。陈述资料的方法也主要为理论论证服务。并且，在分析论证的方法上特别注意选择恰当的方法，使理论观点的提出或证明符合逻辑要求，令人信服。学术性调查报告在写作上的特点是：调查材料要确保真实、系统、完整，论证过程要有严密的内在逻辑。研究结论要鲜明、正确和新颖，有时还要对调查过程、调查方法作一些必要的说明，对不同观点进行一些论辩或反驳。一些侧重历史的考察报告既旁征博引历史事实，又分析现实状况，也可归入此类。

学术性调查报告因主要为理论研究服务，一般见之于专业性强的学术报刊或专著。我国社会学、民族学、经济学等现实性较强的学科都有很多这类调查报告。

2. 应用性调查报告

应用性调查报告是为了满足实际工作需要，如制定政策、预测、决策、处理问题等而进行社会调查研究后写成的调查报告。我国党政机关、企业中的调研咨询部门、社会科学工作者和实际工作者撰写的许多调查报告都属于这种类型。应用性调查报告因具有广泛的用途和促进实际工作的意义而受到普遍重视。

应用性调查报告根据具体目的和内容的不同，又可分为认识社会的调查报告、政策研究的调查报告、总结经验的调查报告、揭露问题的调查报告、反映新生事物的调查报告等几种。

（1）认识社会的调查报告主要是告诉人们客观事实和对事实认识的全过程，起认识社会现象、了解社会现状、掌握社会脉搏的作用。在写法上以突出事实为主，对事实的叙述全面、具体、深入、系统。如恩格斯的《英国工人阶级状况》、毛泽东的《寻邬调查》和《兴国调查》，就是这类调查报告的典范。

（2）政策研究的调查报告主要为正确制定政策和执行政策服务。其特点是思想性、政策性比较强。这类调查报告内容上不仅要叙述必要的调查材料，而且要进行深入的分析论证，阐述利弊、权衡得失，并对今后的工作提出具体的意见和建议。如毛泽东的《湖南农民运动考察报告》就属于此类。《红旗》杂志1981年第17期刊载的《联产责任制发挥了社会主义集体农业的优越性——皖鲁豫三个地区联产责任制的调查》，充分肯定了联产责任制这种新形式，把它作为典型经验来推广，在当时社会，尤其是农村，引起了较大反响，是典型的政策研究的调查报告。

（3）总结经验的调查报告是调查者带着明确的目的和意图，到实际生活中进行调查研究，对大量感性材料进行分析、比较、归纳、综合，得出正确的认识和结论而写成的。总结经验的调查报告着重说明经验产生的具体历史意义等。它告诉人们的不是原始材料，而是带有倾向性的结论，对现实工作有一定的指导性。如《光明日报》1989年2月19日刊载的《成功的秘诀——蛇口"三资"企业管理状况调查》，用经过提炼的事实把蛇口的一些"三资"企业在树立企业形象，建立、完善管理体系等方面的做法、经验、人们的反映等如实介绍出来，说服力强，对总结、推广先进经验有积极的促进作用。

（4）揭露问题的调查报告主要是揭露社会生活中的阴暗面、消极面，以达到提高认识、吸取教训、改进工作的目的。这类调查报告往往是根据某些线索如实地揭露问题，目的明确，针对性强。写作时不仅要反映问题，还要客观地分析原因，准确地判明性质，指出问题的严重性和危害性，有时还可提出解决问题的办法和处理问题的具体建议。如《人民日报》1982年11月15日刊载的《南阳地区干部利用职权建私房情况严重》的调查报告，1987年7月11日刊载的《苍松公司捣的什么鬼——揭露一个以承办"馈赠肥料"为名的诈骗活动》的调查报告，就属于这一类。

（5）反映新生事物的调查报告主要是通过反映新人、新事、新思想、新风尚、新文明、新创造等，以肯定、支持新生事物，扶持新生事物的发展。这类调查报告应着重说明新生事物"新"在何处，它是在什么历史条件下产生的，经历了哪些发展阶段，遇到了哪些矛盾和困难，是怎样解决和克服的，特别要揭示它的成长规律，阐述它的作用和意义，指明它的发展方向以及应该采取的措施。这就要求作者有饱满的政治热情、敏锐的洞察力和较高的政策水平，才能及时发现新事物。由国家科委、国家教委等七个单位联合组成的调查组撰写的《中关村"电子一条街"的调查报告》，就是一篇很好地反映新生事物的调查报告。这篇调查报告向人们展示了中关村"电子一条街"的发展历程、几年来的成就、技术优势带来的高效益、出现的必然性以及发展趋势等，并肯定了它在开拓新思路方面的作用，有相当的社会意义。

学术性调查报告与应用性调查报告的区分不是绝对的，一方面，任何实际建议都只能而且必须通过一定深度的理论研究才能提出来；另一方面，任何理论研究最终都必须为实际服务。事实上，应用性调查报告也常常作出理论概括，而学术性调查报告也往往对实践有一定的指导意义，也可为现实工作服务。

（二）根据调查范围和内容不同，可分为综合性调查报告和专题性调查报告

1. 综合性调查报告

综合性调查报告是将调查得来的大量原始材料和数据，经过整理、分析和归纳，得出完整的综合材料，将某一地区、某一单位、某项社会活动、某一历史事件的基本情况，全面系统地反映出来，又往往称为社情（社会基本情况）调查报告。这种调查报告偏重客观地进行说明，因其涉及的问题比较广泛，反映的情况比较丰富，篇幅一般也较长。

综合性调查报告的主要特点是对调查对象的基本情况作比较全面和系统的描述，调查结果常常涉及调查地区的各方面情况，诸如地理、人口、阶层、政治、经济、文化等，但有一条主线。如毛泽东的《寻乌调查》就对寻乌的地理、交通、商业、手工业、农业、政治、土地革命等方面一一作了描述，使读者对寻乌的社会经济状况有大致的了解，而主线则是旧中国农村各阶级经济状况和政治态度，在此基础上深刻地揭露了旧中国农村的各种剥削方式，生动地反映了农民土地斗争的情况，起到了解剖"麻雀"的作用，有极高的社会价值。

2. 专题性调查报告

专题性调查报告主要交代围绕某个专门问题进行调查的情况和结果，其作用是及时研究亟须解决的具体实际问题，迅速反映群众的意向、意见和要求，揭露现实生活中的矛盾，根据调查结果提出对策和建议。由于问题比较集中，内容也较单一，故其材料要具体翔实，有较强的说服力；主题要鲜明、针对性强，观点应有明显的倾向性，且篇幅一般不是很长。如《加强中小学师资队伍建设刻不容缓——陕西省铜川市中小学师资队伍调查》（1986 年 5 月 4 日《人民日报》），就是言简意赅的专题性调查报告，全文只有 3 000 多字，却有事实、有数据、有分析、有建议，颇具现实意义。

当然，综合性调查报告与专题性调查报告的区别也是相对的。一般来说，综合性调查报告的内容较广、较"全"；而专题性调查报告的内容较窄、较"专"。如恩格斯的《英国工人阶级状况》、毛泽东的《湖南农民运动考察报告》，从调查对象的专一性而言，可看作专题性调查报告，但从调查内容的广泛、全面性而言，也可看作是综合性调查报告。

第二节 调查报告的基本格式

一、标题

标题即调查报告的题目。它是调查报告内容的浓缩点。标题的拟定对于一篇调查报告是非常重要的，好的标题能确切地把报告内容的精华表达出来，令读者一目了然和耳目一新，收到良好的效果。

（一）标题的五种具体形式

（1）直叙式标题：指用调查对象和调查的主要问题作标题。如《当代大学生思想状况调查》、《湖南农民运动考察报告》等。这类标题简明、客观，但比较呆板，缺乏吸引力。

（2）主题式标题：指用一定的判断或评价作标题，以标明观点、突出主题。如《择友不当是青少年犯罪的重要原因》、《城乡协作的一种好形式——威海市"厂队挂钩、产品扩散"的调查》、《要重视科技干部的培训——北京市经委科技干部培训的调查》等。这类标题的优点是既表明了作者的态度，也揭示了主题，又富有吸引力。但调查对象和所要研究的问题不易交代清楚，因此往往在主标题后面加上副标题，用以补充、说明调查对象、内容和范围，使标题更加具体、贴切。

（3）提问式标题：指报告的标题是一个设问句，而调查报告的内容就是回答这个问题。这种标题表达的主题必须是群众关心的问题，而且又能将报告的基本内容醒目地提示给读者。如《××县干部建私房为什么制止不住？》、《××厂先进典型为什么不吃香？》。这种标题尖锐、鲜明，有较大的吸引力，一般用于揭露问题的调查报告。

（4）抒情鼓动式标题：带有强烈的感情色彩，虽然用得较少，却比较醒目，能令读者在看第一眼时就被吸引住。如《还我美好河山——桂林风景区的保护和治理工作亟待加强》、《托起明天的太阳——对贫困地区儿童失学问题调查》等。

（5）形象拟人化标题：不仅生动，而且还能引起读者的联想，有助于理解调查报告的内容，多用于通讯式的调查报告。如《手持金钥匙的人——××市教师队伍状况的调查》。

（二）调查报告标题的要求

在进行调查研究时，标题往往早已存在于调查报告的作者的脑子里。多数情况下，主题的确定就意味着标题的大致确定。但在调查活动中，随着调研进行中了解到的情况的变化，主题的变化也是经常的。因此，标题的确定应尽量避免原来框框的限制，要在对现实材料进行系统分析、高度概括的基础上来具体拟定标题。

无论哪种类型的调查报告，其标题应该符合以下四点基本要求：

（1）概括。标题要能总括全篇的内容。

（2）简洁。用简洁的文字点出报告的主题。

（3）贴切。标题必须切合报告的内容，标题的"宽窄度"与报告内容范围正好相称。

（4）新颖。标题要给人新鲜感，醒目，打破俗套，让人见了耳目一新、为之一振。

二、前言

（一）前言的作用与要求

好的调查报告应该有好的开头，调查报告的前言对整篇报告起着重要作用。

（1）引出报告的主题。报告的前言应选择最恰当的角度，便于整篇报告内容的展开。

（2）固定报告的调子。报告调子的高与低、节奏的快与慢、结构的松与紧都由开头决定。开头不好、定调不准，调查报告的风格就难以把握好。

（3）吸引读者。报告开头可以运用议论人们最关心的问题的手法，令读者产生先睹为快之感。

总之，调查报告的开头既要精彩，又要注意朴实，力求引人入胜。

（二）四种常见的前言写法

（1）情况交代法。情况交代法是在报告的开头简要介绍调查对象或事物的基本情况，或概括调查报告的主要内容。其目的是让读者一开始就对调查报告的内容有个初步把握，以便按兴趣或需要读下去。这种前言一般包括三方面内容：调查的原因和目的；调查的对象和范围；调查的具体时间、地点等。如空军政治部调查组《关于改革开放形势下部队政治工作的几个问题》的前言部分就简要交代了调查时间（1984 年 11 月至 1985 年 1月）、调查地点（4 个军区空军的 46 个团以上单位、80 个飞行大队和连队）、调查对象（1 293 名干部和 702 名战士）、调查方法（访谈法）、调查目的（研究改革开放形势下如何加强部队政治工作）等，简洁明了。

（2）主旨直述法。这种方法是开门见山直接点出报告的主题，使读者一下子抓住报告的中心，有助于读者了解调查者的目的和意图，具体把握调查报告的主要宗旨和基本精神。如《加强中小学师资队伍建设刻不容缓——陕西省铜川市中小学师资队伍的调查》（1986 年 5 月 4 日《人民日报》）的开头直接说明："最近，我们对铜川市的教师队伍、师范教育、师资培训等情况进行了调查，旨在寻求如何培养新教师、提高现有师资队伍的有效方法。"

（3）结论先行法。这种前言是在报告的一开头就单刀直入提出调查的结论，使读者心中有数，在后面报告的主体部分中再逐步论证调查结论。如《青年职工人生追求的多元化》的开头："当代青年的人生目标取向，不但在内容上有多元化，而且在表现形式上呈现出多元化的倾向——这是我们对唐山煤矿青年矿工以随机抽样方法进行问卷调查时有着颇深感触的一个问题。"（北京成人教育杂志社编：《成人教育调查报告选》，北京出版社，1984年版，第127页）这种开头，给人一种观点鲜明、干脆利落的感觉。

（4）提问设悬法。总结经验或揭露问题的调查报告常用提问式开头。如《武汉市科技人员兼职活动调查报告》（《人才研究》，1986年第6期，武汉市科技干部管理局调研处）一开头就提出问题："到底应当怎样认识科技人员的兼职？目前的现状如何？存在什么问题？怎么解决？……"这种开头点出了报告的主要问题，比较容易吸引读者。

调查报告的前言部分还有其他一些写法，如场景描写法等。究竟采用哪种方法，要视调查报告的种类、目的、主体部分所使用的材料，以及报告的篇幅等情况作适当选择。不管采用哪种形式开头，都应切合主题的要求，叙述清楚简明，力求能够紧紧吸引读者。

三、正文

正文部分是调查报告的主体，调研得到的全部观点和材料，都要通过这一部分组织表现出来。它是调查报告的中心部分，占报告的绝大部分篇幅。正文部分写得如何，直接决定着调查报告质量的高低、作用的大小。

正文部分根据调查的目的和任务，比较完整地反映调查的结果，提供能反映调查对象本质特征的真实情况，这一部分要通过大量事实得出作者对所调查的问题的具体认识。这些事实包括指导思想、具体做法、困难障碍及其解决的方法、获得的成效及其意义等，从而用调查结果和具体材料说明调查课题的新发现，或总结出具有普遍意义的新经验，或通过分析调查材料探得客观规律。

主题、材料、结构是报告正文的三要素。

调查报告正文部分的写作应处理好主题与材料、主题与布局、主题与写作方法三方面的关系。主题作为调查报告的灵魂与统帅，决定着写作方法、材料、布局的选择和运用；而布局的谋划、材料的运用、写作方法的选择，则是为了表现主题。如果把主题比作调查报告的灵魂，把材料比作调查报告的血肉，那么结构就是调查报告的骨架。对于一篇高水平的调查报告来说，要求深刻的主题、丰富翔实的材料、恰当匀称的结构，三位一体，缺一不可。

因此，在正文部分里，必须根据主题表现的需要，认真谋划布局，组织材料，选好写作方法，才能写出高质量的调查报告。

在正文部分，至关重要的是要安排好调查报告的结构。调查报告的结构是指报告内容各部分的组合方式。调查研究所得到的全部观点和材料都要通过结构组织起来。通常人们所说的调查报告的结构是指报告主体的结构。它是调查报告的骨架，起着沟通主题与材料、论点与论据、作者与读者的作用。报告结构的安排应该先后有序、主次分明，详略得当、重点突出，逻辑严密、层层深入。

调查报告常用的结构形式有纵式结构、横式结构、纵横式结构三种。

（一）纵式结构

纵式结构也可称为自然顺序结构，即按事物发生、发展的先后顺序或调查过程的进行顺序来组织材料、叙述事实。采用纵式结构，报告内容的前面部分常常是后面部分的前提和条件，后面部分往往是前面部分的进程和发展结果，以事物的发展层次为线索，层层递进，从而揭示事物发展的来龙去脉。如《中关村"电子一条街"的调查报告》（1988 年 3 月 12 日《人民日报》）就是按调查对象的发展顺序，先从介绍中关村的概况入手，从"电子一条街"科技创业的雏形开始，按时间顺序逐年交代"电子一条街"的发展历史，再概括其成就表现，总结其成功经验，阐述其意义在于提供了新思路；同时还指出了目前存在的问题，并提出了调查者的建议。

纵式结构的优点是事实完整、过程清楚，易于做到历史和逻辑的统一，使整篇报告脉络清晰、结构畅通。一事一议的调查报告，反映新生事物的调查报告，典型调查、个案调查、考察历史的调查报告多采用这种结构方法。

（二）横式结构

横式结构也叫做逻辑顺序结构，就是把调查到的事实和形成的观点根据材料内容的内在联系，按照所反映的性质和类别分成几个并列的部分，分别叙述，从不同的角度共同说明调查报告的主题。如《成功的秘诀——蛇口"三资"企业管理状况调查》（1989 年 2 月 19 日《光明日报》）就分三个部分，每个部分用小标题标出分论点，从三方面介绍了蛇口"三资"企业的管理经验。三部分都紧扣报告的主题，有着合理的逻辑顺序，使报告内容充实、结构清晰、逻辑性强，具有很强的说服力。

横式结构的优点是问题易展开、论述较集中、条理清楚、观点突出，对于认识社会、总结经验、政策研究、思想教育等非时序类逻辑关系的调查报告比较适用。

（三）纵横式结构

单独使用纵式结构或横式结构往往不利于材料的组织和主题的表述，因此，有的调查报告将纵式结构和横式结构结合起来运用，这就形成了纵横式结构。在运用横式结构，按问题的逻辑顺序来叙述时，其中各个问题又有发生、发展变化的过程，需要在横式结构下用纵式结构；而运用纵式结构，按时间顺序交代事物的发展时，也牵涉许多方面的问题，如一因多果、一果多因，这就又得用横式结构了。如调查报告《他山之石，可以攻玉——关于佛山市大规模引进先进技术的调查》（1985 年 2 月 9 日《光明日报》）在介绍佛山市经济腾飞的情况时，采用了逐年对比的纵式结构；在探究腾飞的原因、分析佛山市所具备的优势和怎样发挥这种优势时，采用的则是横式结构。在优势的发挥这一部分列举市委、市政府所采取的措施时，又根据材料情况在横式结构下采用了纵式结构，可谓纵中有横、横中有纵。纵横交错的结构既有利于按照历史轨迹交代清楚问题的来龙去脉，又有利于按问题的性质、类别展开深入的论述。在报告主题需用多种逻辑关系表现，材料又比较丰富，只用纵式结构不能在一定深度上阐述主题，或只用横式结构不能交代清楚历史脉络时，应该用纵横式结构。内容丰富、背景广阔、材料翔实、综合性强的大型调查报告多采用纵横式结构。调查报告主体部分的结构是多种多样的，选择哪种结构须以表现报告内容、突出报告主题的需要为标准。无论采用哪一种结构，都要不拘一格、勇于创新、依势布局、巧作安排，把丰富深厚的内容与完美得体的结构有机地结合起来，从而达到揭示主题、深化主题的目的。

四、结尾

结尾的形式及长短要视调查报告主题表达的需要及文章总体结构而定。常见的结尾有以下五种：

（1）概括式结尾。概括地提出调查报告的结论，说明其主要观点，可深化主题、增强报告的感染力和说服力。如《关于当前农村党群关系问题的调查与研究》（1991 年 10 月 16 日《人民日报》）的结尾："总之，党群关系是当前亟待研究解决和一个至关重要的课题，我们一定要贯彻落实以江泽民同志为核心的党中央的一系列决策，认真研究和处理好党群关系中存在的问题。"

（2）总结式结尾。这种结尾是以点带面，从较高层次上来总结经验、说明观点，形成调查的基本结论。如《他山之石，可以攻玉——关于佛山市大规模引进先进技术的调查》的结尾："古人云：'他山之石，可以攻玉'。佛山市党政领导能够面对大变革时期，把握良机，引进技术，振兴经济，赋予了这一古语崭新的内涵。"

（3）建议式结尾。这种结尾是针对所调查的情况和问题，最后提出解决问题或改进工作的具体建议。如《沈阳市第三产业发展情况》（1985 年第 10 期《红旗》杂志），在指出沈阳市第三产业当前存在的问题后提出了具体建议："为了改变上述落后局面，沈阳市在近期要重点抓好'五个市场'，即消费品市场、生产资料市场、金融市场、技术市场、劳务市场；发展'四个行业'，即旅游业、服务业、交通运输业、房地产业。要继续坚持实行国家、集体、个人一起上，高、中、低档一起上；市、区（县）、街（镇）一起上的方针，使第三产业有个大的发展，以适应振兴沈阳、实现四化的客观需要。"

（4）展望式结尾。这种结尾指通过说明所调查的问题的意义，在结尾部分对调查对象的发展作出预测和展望，以鼓舞人心。这种结尾多适用于对正在发展的事物的调查所形成的报告。

（5）启发式结尾。这种结尾是在报告正文结束时，根据调查对象的发展状况提出引人深思的问题，引导读者进一步思考文章的主题。它多适用于探讨性或揭露问题的调查报告。如《为什么这样大量挤占教育经费——对河北省邢台等地区的调查》的结尾："究竟抓生产要不要同时抓好教育？生产的投资和教育的投资要不要有一个合理的比例？挤占已经很少了的教育经费是'保生产'还是'妨生产'？这些问题，确实有弄清楚的必要。"

调查报告的结尾还有号召式、引用式等。结尾部分是整篇报告分析问题、解决问题的必然结果，但并不是硬凑上去的"尾巴"。因此，在意思已经表达完整的情况下要及时收尾，做到"有话则简、无话则免"，恰到好处，切忌画蛇添足、损害正文或拖泥带水。

五、附录

附录是调查报告的附加部分，对正文起补充作用。正文包容不了或没有说到而又需要附带说明的问题、情况，可将其附于正文之后，以便读者查阅和更详尽地了解报告内容。

附录的内容主要是：

（1）关于调查内容与调查工具：问卷、量表、主要计算公式、抽样方案、主要数据，正文中未用而能在某种程度上说明问题的图表、数表、计算机程序等。

（2）文献目录：参考书籍、内部文件资料、公开资料（报、刊等）及其他有关资料。调查者在将调查材料具体整理、撰写成文时，也有多种不同的表现方式。

第三节　调查报告的写作程序和技巧

一、调查报告的写作程序

一般来说，调查报告的写作程序大致是：确立与提炼主题、研究和选择材料、拟定提纲、撰写成文、修改定稿。

（一）主题的确立与提炼阶段

主题是调查者对全部调查材料的思想意义的准确概括，是作者说明事物、阐明道理所表现出来的基本思想和基本观点，在调查报告中居于灵魂和统帅的地位。主题的确定和提炼，对写好调查报告起着决定性的作用。

调查报告主题的要求是：

（1）正确。要反映调查对象的现状、本质和规律，对社会有积极的、进步的作用。

（2）集中。调查报告内容要精练，突出主题。要小而实，以中心主题贯穿报告始终，不要大而空。

（3）鲜明。调查报告的主题及基本思想十分明确，统率整篇报告，并且鲜明清晰。

（4）新颖。新颖的主题是调查报告新意和价值的重要表现。因此，要选择好的角度提炼主题，在广泛收集资料、研究前人经验的基础上有所发展，发掘他人没有研究或尚未深入研究的东西。

（5）深刻。它是指深入揭示事物的本质，挖掘调查材料的内在联系，而不满足于只对某些社会现象的初级本质的认识。

要使调查报告的主题集中、鲜明、新颖、深刻，就必须在确定主题时注意调研的最初目的，考察调研中所得到的基本材料，根据调查中发现的、现实中亟须回答的问题确定主题。

（二）材料的研究和选择阶段

调查报告的特点是用大量的调查材料来说明观点。确定主题后，就要围绕调查报告的主题选择和材料运用来说明观点、表现主题。选用的材料要真实、准确、新颖、生动，以充分适应表现主题的需要。

通常情况下，下列五方面的材料有助于报告主题的表达：

一是典型材料。典型材料就是具有代表性的材料，往往具有深刻的含义和较强的说服力，是能表现调查对象本质和发展趋势的材料。

二是综合材料。综合材料是指面上的材料，它能够说明事物总体的概貌和发展趋势，有助于认识整体、掌握全局。运用综合材料时须注意处理好综合材料与典型材料的关系，使问题更具深度和广度。

三是对比材料。运用历史与现实、成与败、新与旧、先进与落后等对比材料，可以使调查报告的主题更加突出，给人以深刻的印象。

四是统计材料。事物的质是通过量表现出来的。真实、准确的数字有较强的概括力和说服力，运用得当可产生锦上添花、画龙点睛的效果，大大增加报告的科学性、准确性。

五是排比材料。用若干不同的材料，从不同角度、不同侧面多方面说明观点，可以使报告观点更深刻有力。

在进行材料的具体取舍时，首先要有针对性，围绕主题从调查材料中寻找与主题相关的材料。尤其在调查资料很多时，只应选取其中最能反映事物本质规律的材料，将那些与主题无关的、次要的、非本质的、琐碎的材料剔除掉。其次要注意材料的多样性和新颖性，选用能表现时代气息的材料，如新鲜的、别人没有使用过的材料。切忌运用别人已经使用过的材料。如非用不可，一定要注意改换角度，或者巧妙地与现实结合，赋予材料以新意。

另外，还要注意对材料进行认真检验，摒弃那些不符合实际的材料，认清材料的性质，判断材料的真伪，估计材料的意义，掂量材料的作用，舍去不可靠、虚假的材料，留下真实的、可靠的材料。要本着客观、中肯和实事求是的态度，不要凭个人好恶去决定取舍，也不要因某个权威的意见决定取舍。

还应指出的是，材料必须充足。如果材料不足、事实交代不清楚，结论就会很牵强而站不住脚，读后令人困惑而不易信服，整篇调查报告就不足以作为解决问题、处理工作的依据，甚至没有多大参考价值。

（三）拟定提纲阶段

要写出一篇好的调查报告，一个扎实、细密、周详的提纲是非常必要和重要的。实际上，拟定提纲的过程也是对调查材料进一步分析研究的过程。提纲的拟定，确定了调查报告的大致轮廓和框架，使报告内容避免重复、凌乱和结构失衡，从而使报告结构严谨、层次清晰。同时，在拟定提纲的过程中还可以发现调查过程中存在的问题、失误和不足。所以，拟定提纲是写好调查报告的必不可少的环节。

拟定提纲实际上是围绕调查研究主题，按调查研究的内在逻辑、内容，对材料进行排队、分类和概括，所以，提纲是调查报告逻辑网络的集中体现。它大致应包括以下内容：

（1）本篇调查报告的论题。

（2）说明论题的材料。

（3）结构或各层次的内容及安排。

（4）各部分标题、分论点及内容概述。

拟定提纲时要考虑各部分在报告中的地位和作用，以及各部分之间的内在联系和报告的结构内容、表达方式等其他因素，才能使提纲具有较好的逻辑性，从而使写出的报告中心明确、结构严谨。

（四）报告的成文阶段

提纲拟定后，便进入了报告的具体写作阶段，此时，需认真提炼观点，选择例证，做到观点与材料的有机统一；同时要精心安排结构，使之重点突出、层次井然；还要讲究语言的运用，做到准确、简洁、朴实、生动。

在报告的写作阶段须注意的问题是：要在材料完备或对原始文献分析透彻的情况下开始写作，确保引用资料和数据的代表性、准确性及出处的可靠性，并深入研究、抓住特点、写深写透。同时，要注意报告的读者的特点，结合读者特点考虑调研内容材料的确定与取舍、考虑报告表达方式的选择。如读者是同行专家，报告要简练、突出自己的观点；如读者是部门领导，则应注意观点明确、说理充分。另外，还要注意写作中对报告主题的再研究。写作阶段可以看作是调研活动的继续，具有最终完善研究结论、核实论据、纠正错误的特殊作用。所以，在写作中要随时检查、判断和鉴别资料是否齐全、数据是否准确、论据是否充分、结论是否恰当，以便发现问题并及时纠正，从而在写作中增进认识、深化主题。

（五）报告的修改阶段

报告写完并非大功告成，还需精心修改。报告的修改和完善是行文阶段的延续。不管是对内容的修改还是对形式的修改，都要认真进行。

在对报告进行修改时须注意以下三个方面：一是当同类材料太多或材料的运用不准确、不全面，或一时找不到恰当的材料表现主题和观点，以致出现材料淹没观点或观点游离材料之外的情况，这时就需要对材料进行增删，力求达到观点与材料的统一。二是由于主题表达的需要，或主题、观点材料的调整影响到结构，这时就需要对结构进行调整。一般是调整报告的层次、段落、开头、结尾等各部分的详略、衔接等，以符合主题、观点表达的需要。三是由于认识上及客观上的原因，写作中难免出现片面的甚至错误的提法，有时随着写作过程的继续和作者对调查研究材料进行再研究，使作者对调查事物的本质和规律的认识加深，这时亦需修正观点和调整报告主题。一般来说，拟定提纲时要慎重，报告写出来后不要轻易调整、改变主题。

最后，还要从以下五个方面对报告进行审视：

（1）报告中心明确否，主题突出否。

（2）运用的材料丰富否、说服力强否。

（3）谋篇布局（结构）紧密恰当否。

（4）事物逻辑和文法逻辑合理否。

（5）格式文面规范、美观否。

如这五方面都较满意，则只需对报告语言进行修饰润色就行了。

二、调查报告的语言运用艺术

语言的运用在调查报告的撰写中是一个十分重要的问题，也是写作调查报告的一个基本技巧，毕竟报告的内容和观点都是通过报告的书面文字传达给读者。因此，报告语言的表达和运用直接影响着调查报告作用的发挥。

（一）调查报告语言表达的要求

调查报告作为一种以叙事为主的说明性文体，有着自己的语言风格：准确、简洁、朴实、生动。

1. 报告的语言要准确

准确是报告语言的首要要求，它关系到报告的可信度和说服力。准确有两重含义：一是表达上要合乎客观事物逻辑、用词恰当、造句合法、搭配合理，语句合乎语法规则和语言习惯；二是行文时对事实的陈述要真实可靠，引用数字要准确无误，尽量避免"好像"、"大概"、"也许"、"差不多"等给人模糊印象的词语。还要注意把握分寸，对事实绝不任意拔高或贬低。

2. 报告的语言要简洁

简洁的要求就是用最少的文字表达最多的内容，在字、句、段上尽量节约，行文开门见山，表达事实直截了当。对事实的叙述，不作过多的描绘；对观点的阐释，不作烦琐的论证；不拐弯抹角，坚决删去一切不必要的文字。为达简洁，在报告中运用数字和表格是重要的途径。数字既能说明问题，又能代替其他语言；而表格作为调查成果的重要的初级表现形式，集数字、文字、认识于一体，使用之不仅能节约篇幅，还能让人一目了然。

3. 报告的语言要朴实

调查报告的社会性和应用性较强，用通俗易懂、朴实、自然的语言直接描述事物、说明观点是这种文体所特有的要求。因此，报告行文要使用大众化的语言，避免生僻、深奥的术语和堆砌华丽的辞藻，更不要随便使用夸张的手法和奇特的比喻。但须注意，追求语言的朴实时，勿将朴实与生动对立起来，同时，朴实也不等于将不经加工的"大白话"和多数人不懂的方言土语搬到调查报告里。

4. 报告的语言要生动

调查报告的写作不宜过分铺陈，但在准确的前提下力求生动是十分必要的。语言的生动活泼是报告的可读性的重要前提，故应增加报告语言的形象性、幽默感和新鲜感。为此可在叙述观点时结合产生这一观点的生活实践的感性材料来论述发挥，避免空洞的说教，必要时还可适当引用群众语言和通俗的比喻，多用动词来表现运动状态的事物，以充分体现客观事物的微情妙旨。

（二）调查报告语言运用中应注意的问题

1. 注意语言色彩的一致性和语言表达的连贯性

调查报告的语言要准确、简洁、朴实、生动，是针对微观而言的。在整个语言的宏观表达上，则应注意语言色彩的一贯性。即不要时而明快，时而低沉；时而以记述为主，时而以议论为主。要有一个统一的格调，否则会大大降低报告的表现力。但语言色彩的一致性与局部存在的差异性并不矛盾，局部的差异性正是报告记述翔实、议论得当、错落有致的重要前提。

2. 注意语言的逻辑性

注意逻辑性，是调查报告自身文体的要求。作为一种较为特殊的应用文体，调查报告不像文学体裁那样以形象表现事物，而是直接表现调研事物的本质和规律，因此，只有逻辑性的语言才能清晰、明确地表达观点和主题，才能抓住并说服读者。所以，应力求做到调研事物的逻辑性和调研报告的逻辑性以及报告语言的逻辑性的统一。

3. 报告语言的修饰

调查报告写成后，一般来说语言较为粗糙、表现力不强，要根据主题表达的需要进行修饰。对报告语言进行修饰的具体方法有增删字句、修改语病和锤炼语言。

（1）增删字句是在报告初稿不足以表现所要传达的内容时，就要增加说明性的语句，而多余的字句则要坚决删去，要摒弃偏僻、干瘪的言词和别扭的句子，反复琢磨每处语言表达，力求用词用句在分量、分寸上恰到好处。

（2）修改语病是指从语法逻辑上调整不合适的句子结构和表达方式，以求文理通畅，准确地表现报告的主题。

（3）锤炼语言是通过推敲和润色使语言更具表现力，使报告语言内容和体系更为精练。如为了增加语言的生动活泼感而调整句式音节，防止句式单调、呆板。经过锤炼的语言，可令语言的容量增加，使行文更具鲜明的表述特色。

复习与思考

1. 调查报告的特点是什么？
2. 调查报告的基本格式是怎样的？
3. 调查报告应该有怎样的语言特色？

附　录

随机数字表

03 47 43 73 86	36 96 47 36 61	46 93 63 71 62
97 74 24 67 62	42 81 14 57 20	42 53 32 37 32
16 76 62 27 66	56 50 26 71 07	32 90 79 78 53
12 56 85 99 26	96 96 63 27 31	05 03 72 93 15
55 59 56 35 64	38 54 82 46 22	31 62 43 09 90
33 26 18 80 45	60 11 14 10 95	16 22 77 94 39
27 07 36 07 51	24 51 79 89 73	84 42 17 53 31
13 55 38 58 59	88 97 54 14 10	63 01 63 78 59
57 12 10 14 21	88 26 49 81 76	33 21 12 34 29
06 18 44 32 53	23 83 01 30 30	57 60 86 32 44
49 54 43 54 82	17 37 93 23 78	87 35 20 96 43
57 24 55 06 88	77 04 74 47 67	21 76 33 50 25
16 95 55 67 19	98 10 50 71 75	12 86 73 58 07
33 21 12 34 29	78 64 56 07 82	52 42 07 44 38
09 47 27 96 54	49 17 46 09 62	90 52 84 77 27
84 26 34 91 64	18 18 07 92 45	44 17 16 58 09
83 92 12 06 76	26 62 38 97 75	84 16 07 44 99
44 39 52 38 79	23 42 40 64 74	82 97 77 77 81
99 66 02 79 54	52 36 28 19 95	50 92 26 11 97
08 02 73 43 28	37 85 94 35 12	83 39 50 08 30
79 83 86 19 62	06 76 50 03 10	55 23 64 05 05
83 11 46 32 24	20 14 85 88 45	10 93 72 88 71
07 45 32 14 08	32 98 94 07 72	93 85 79 10 75

00	56	76	31	38	80	22	02	53	53	86	60	42	04	53
42	34	07	96	88	54	42	06	87	98	35	85	29	48	39
70	29	17	12	13	40	33	20	38	26	13	89	51	03	74
56	62	18	37	35	96	83	50	87	75	97	12	25	93	47
99	49	57	22	77	88	42	95	45	72	16	64	36	16	00
16	08	15	04	72	33	27	14	34	09	45	59	34	68	49
31	16	93	32	43	50	27	89	87	19	20	15	37	00	49
17	76	37	13	04	07	74	21	19	30	68	34	30	13	70
70	33	24	03	54	97	77	46	44	80	74	57	25	65	76
04	43	18	66	79	94	77	24	21	90	27	42	37	86	53
12	72	07	34	45	99	27	72	95	14	00	39	68	29	61
52	85	66	60	44	38	68	88	11	80	29	94	98	94	24
55	74	30	77	40	44	22	78	84	26	04	33	40	09	52
59	29	97	68	60	71	91	38	67	54	13	58	18	24	76
48	55	90	65	72	96	57	69	36	10	96	46	92	42	45
66	37	32	20	30	77	84	57	03	29	10	45	65	04	26
68	49	69	10	82	53	75	91	93	30	34	25	20	57	27
45	07	31	66	49	68	07	97	06	57	16	90	82	66	59
53	94	13	38	47	15	54	55	95	52	11	27	94	75	06
35	80	39	94	88	97	60	49	04	91	35	24	10	16	20
16	04	61	67	87	11	04	96	67	24	38	23	16	86	38
90	89	00	76	33	40	48	73	51	29	31	96	25	91	47
83	62	64	11	12	67	19	00	71	74	60	47	21	29	68
06	09	19	74	66	02	94	37	34	02	76	70	90	30	86
33	32	51	26	38	79	78	45	04	91	16	92	53	56	16

42 38 97 01 50	87 75 66 81 41	40 01 74 91 62
96 44 33 49 13	34 86 82 53 91	00 52 43 48 85
02 02 37 03 31	66 67 40 67 14	64 05 71 95 86
38 45 94 30 38	14 90 84 45 11	75 73 88 05 90
02 75 50 95 98	68 05 51 18 00	33 96 02 75 19
48 51 84 08 32	20 46 28 73 90	97 51 40 14 02
27 55 26 89 62	64 19 58 97 79	15 06 15 93 20
11 05 65 09 68	76 83 20 37 90	57 16 00 11 66
52 27 41 14 86	22 98 12 22 08	07 52 74 95 80
07 60 62 93 55	59 33 82 43 90	49 37 38 44 59
04 02 33 31 08	39 54 16 49 36	47 95 93 13 30
01 90 10 75 06	40 78 78 89 62	02 67 74 17 33
05 26 93 70 60	22 35 85 15 13	92 03 51 59 77
07 97 10 88 23	09 98 42 99 15	61 71 62 99 15
63 71 86 85 85	54 87 66 47 54	73 32 08 11 12
26 99 61 65 53	58 37 78 80 70	42 10 50 67 42
14 65 52 68 75	87 59 36 22 41	26 78 63 06 55
59 56 78 06 83	52 91 05 70 74	34 50 57 74 37
06 51 29 16 93	58 05 77 09 51	85 22 04 39 43
44 95 92 63 16	29 56 24 29 48	09 79 13 77 48
32 17 55 85 74	94 44 67 16 94	88 75 80 18 14
13 08 27 01 50	15 29 39 39 43	90 96 23 70 00
98 80 33 00 91	09 77 93 19 82	74 94 80 04 04
73 81 53 94 79	33 62 46 86 28	08 31 54 46 31
73 82 97 22 21	05 03 27 24 83	72 89 44 05 60
22 95 75 42 49	39 32 82 22 49	02 48 07 70 37
39 00 03 06 90	55 85 78 38 36	94 37 30 69 32

参考文献

[1] 水廷凯等编著：《社会调查教程》，北京：中国人民大学出版社，1988 年版。

[2] 姜樊富等：《社会调查研究科学方法》，上海：上海社会科学出版社，1994 年版。

[3] 宋林飞：《社会调查研究方法》，上海：上海人民出版社，1990 年版。

[4] 戴建中：《社会调查研究方法》，北京：人民出版社，1989 年版。

[5] 唐晓阳主编：《社会调查研究理论与方法》，广州：华南理工大学出版社，1994 年版。

[6] 李哲夫、杨心恒：《社会调查与统计分析》，北京：人民出版社，1989 年版。

[7] 查尔斯·伯克斯朵姆等：《调查研究实用指南》，周运清等译，武汉：武汉测绘科技大学出版社，1990 年版。

[8] 朱庆芳：《社会指标的应用》，北京：中国统计出版社，1992 年版。

[9] 吴增基等主编：《现代社会调查方法》，上海：上海人民出版社，1998 年版。

[10] 柯惠新、刘红鹰编著：《民意调查务实》，北京：中国经济出版社，1996 年版。

[11] 郭志刚等编著：《社会调查研究的量化方法》，北京：中国人民大学出版社，1989 年版。

[12] 张文彤主编：《SPSS 统计分析教程（基础篇）》，北京：北京希望电子出版社，2002 年版。

[13] 艾尔·巴比：《社会研究方法（第十版）》，邱泽奇译，北京：华夏出版社，2005 年版。

[14] 斯蒂芬·范埃弗拉：《政治学研究方法指南》，陈琪译，北京：北京大学出版社，2006 年版。